neue akzente religion 6

Ein Apfelbäumchen pflanzen

Lebensentwürfe und Zukunftserwartungen

Arbeitsbuch Religion – Sekundarstufe II

herausgegeben von Georg Bubolz und Klaus Otto

bsv patmos

Inhalt

Was Sie in diesem Buch erwartet ...

Liebe Schülerinnen und Schüler,
von Martin Luther soll das Wort stammen:

Und wenn morgen die Welt untergeht, so will ich dennoch heute ein Apfelbäumchen pflanzen und meine Schulden bezahlen.

Gleich ob dieser Ausspruch tatsächlich auf Luther selbst zurückzuführen ist oder nicht, es wird hier eine zutiefst christliche Einstellung deutlich: Angesichts des erwarteten Endes dieser Welt und das heißt auch angesichts des individuellen Todes lohnt es sich, die Hoffnung hochzuhalten – gegen jede anders lautende Aussicht. Und es lohnt sich sogar, seinen Verpflichtungen anderen gegenüber nachzukommen, selbst wenn diese keinen realen Nutzen mehr davon haben sollten ...

Das an Kompetenzerwerb (→ S. 162) orientierte Buch »Ein Apfelbäumchen pflanzen« verfolgt das Ziel, der Hoffnungsstruktur des Glaubens nachzuspüren. Dabei ist es wichtig, dass Sie sich zunächst selbst darüber klar werden, welche Fragen, Probleme und Zweifel bei Ihnen angesichts des weiten Feldes »Zukunft« aufkommen. Eine Hilfestellung dabei bietet der Einstieg des Buches an. Er ermöglicht, erste Fragen zu stellen. Vielleicht wird auch Ihr Interesse an den weiteren Kapiteln des Arbeitsbuches geweckt, in denen die entsprechenden Fragestellungen vertieft werden. Dabei ist die Unterscheidung zwischen Adventus und Futurum leitend, zwischen schicksalhaft Zufallendem und dem bewusst Gestalteten.

Wenn im I. Kapitel »Lebensentwürfe und die Sinnfrage« thematisiert werden, steht dahinter der Gedanke, dass das Ende des Lebens nicht von der Geburt und der weiteren Entwicklung getrennt betrachtet werden darf. Und es gilt auszuloten, ob bzw. inwiefern dem Leben durch eigenes Handeln Sinn verliehen wird oder solcher Sinn als Geschenk zufällt.

Um die Deutung des endlichen Lebens geht es in Kapitel »II. Zukunftserwartungen – Vom Tod als Ende und Vollendung des individuellen Lebens«. Dabei werden nicht nur christliche Deutungen vorgestellt, sondern auch Zugänge von Wissenschaften, Weltanschauungen und Religionen. Was haben sie zum Sterben zu sagen? Was ist ihre Botschaft von einem »Danach«?

Die Beschäftigung mit dem Ende des einzelnen Menschen ist zu ergänzen durch die Vorstellungen vom Ende der Welt im Ganzen. Dies geschieht im Kapitel »III. Apokalypse – Vom Ende der Welt und der Zeit«. Manchen bereitet es Schwierigkeiten, eschatologische Aussagen angemessen zu verstehen. »Himmel« – »Hölle« – »Jenseits« – Was ist damit gemeint? Bei allen Aussagen über Themen der Eschatologie stoßen wir an Verständnisgrenzen. Daher stellt sich die Frage nach einer »Hermeneutik eschatologischer Aussagen«, die auch um die Kontingenz solchen Sprechens weiß.

Zum Abschluss des Arbeitsbuches zu Fragen eines Grundes für Hoffnung ist das Phänomen »Zeit« selbst zu thematisieren. Es gilt darüber nachzudenken, was unter »Zeit und Wirklichkeit« verstanden werden kann und wie mit der Zeit angesichts der Ewigkeit sinnerfüllt umgegangen werden kann. Dabei wird deutlich: Nur der Augenblick ist verfügbar. Er ist zu ergreifen. Carpe diem.

Die Elemente jedes Kapitels sind nach folgenden Gesichtspunkten geordnet. Unter dem Stichwort »Wie Sie einsteigen können …« finden Sie die Möglichkeit eines anregenden Zugangs zur Thematik. *(Kompetenz: Wahrnehmungs- und Darstellungsfähigkeit – religiös bedeutsame Phänomene wahrnehmen und beschreiben.)* Im Weiteren erlauben Ihnen Texte und Bilder, sich ein eigenes Urteil in der Vielfalt unterschiedlicher Meinungen und Glaubensauffassungen zu bilden. *(Kompetenz: Urteilsfähigkeit – in religiösen und ethischen Fragen begründet urteilen.)*
Schließlich wird am Ende jedes Kapitels unter der Überschrift »Was Sie wissen sollten …« ein Überblick in komprimierter Form zur Ergebnissicherung angeboten. Der unmittelbar anschließende Abschnitt »Kompetenzen: Was Sie können sollten« dient der Überprüfung des Lernfortschritts.
Unter den Texten sind zumeist Leitfragen zu finden, die Sie auf Möglichkeiten des eigenen Nachdenkens und Gestaltens aufmerksam machen. *(Kompetenz: Gestaltungsfähigkeit – religiös bedeutsame Ausdrucks- und Gestaltungsformen verwenden.)* Zusätzlich können Sie die heute übliche Form der Aufgabenstellung in Klausuren und Abschlussprüfungen kennenlernen und sich entsprechend vorbereiten. Damit Sie selber sehen können, wann es eher um Reproduktionsleistungen, wann um Reorganisations- und Transferleistungen und wann um Problemlösung und eigene Urteilsbildung geht, sind die Aufgaben jeweils farblich gekennzeichnet. Die genaue Definition der jeweils geforderten Leistungen auf den drei Niveaus kann im Abschluss unter dem Stichwort »Operatoren« nachgeschlagen werden.
Zwecks Erleichterung eigenständiger Texterarbeitung findet sich ein Glossar am Ende des Buches. Durch die Erläuterung von Fremdwörtern und Fachbegriffen können die Texte zum großen Teil auch ohne die Hilfe der Religionslehrerin/des Religionslehrers verstanden werden.
Die Materialien müssen nicht alle chronologisch erarbeitet werden, um einen Kurs zu gestalten. Gelegentlich bietet es sich an, eine Auswahl zu treffen.

Am Ende des Bandes sind *Methoden der Bilderschließung* in einem Modell skizziert. Die »Kleine Sehschule« unterstützt den Erwerb methodischer Kompetenz.

Dem thematischen Aufriss des Buches entsprechen *leitmotivisch* Worte aus dem Matthäusevangelium. Dort heißt es 25, 1–13:

1 Dann wird es mit dem Reich der Himmel sein
wie mit zehn Jungfrauen, die ihre Lampen nah-
men und hinausgingen, dem Bräutigam entge-
gen. 2 Fünf aber von ihnen waren töricht und
fünf klug. 3 Denn die Törichten nahmen ihre
Lampen und nahmen kein Öl mit sich; 4 die Klu-
gen aber nahmen Öl in ihren Gefäßen samt ih-
ren Lampen. 5 Als aber der Bräutigam auf sich
warten ließ, wurden sie alle schläfrig und schlie-
fen ein. 6 Um Mitternacht aber entstand ein Ge-
schrei: Siehe, der Bräutigam! Geht hinaus, ihm
entgegen! 7 Da standen alle jene Jungfrauen auf
und schmückten ihre Lampen. 8 Die Törichten
aber sprachen zu den Klugen: Gebt uns von eu-
rem Öl! Denn unsere Lampen erlöschen. 9 Die
Klugen aber antworteten und sagten: Nein, da-
mit es nicht etwa für uns und euch nicht ausrei-
che! Geht lieber hin zu den Verkäufern und
kauft für euch selbst! 10 Als sie aber hingingen
zu kaufen, kam der Bräutigam; und die bereit
waren, gingen mit ihm hinein zur Hochzeit und
die Tür wurde verschlossen. 11 Später aber kom-
men auch die übrigen Jungfrauen und sagen:
Herr, Herr, öffne uns! 12 Er aber antwortete und
sprach: Wahrlich, ich sage euch, ich kenne euch
nicht. 13 So wacht nun! Denn ihr wisst weder den
Tag noch die Stunde.

Die 10 Jungfrauen an der Marienkirche in Osnabrück. Die mittelalterliche Darstellung bietet gleich eine Deutung an. Auf der Seite der klugen Jungfrauen ist eine zusätzliche Figur angebracht, die Ecclesia, die die Kirche symbolisiert. Auf der rechten Seite übernimmt die Gestalt der Synagoga, das Judentum, die Deutungsfunktion.

Ein vom Herbststurm gebrochener Ast in einem Fluss lässt die Vergänglichkeit des Lebens bewusst werden. Mitten im Leben spendenden Wasser verfärben sich die Weidenblätter und sterben ab.

In einer »Predigt zum Ewigkeitssonntag im Berliner Dom« erläutert Wolfgang Huber:

Wir fragen über den Tod hinaus: Was trägt uns wirklich? Unser Leben ist endlich – und was folgt? Wen haben wir verloren in diesem Jahr? An wessen Grab haben wir gestanden? Für viele ist solches Erleben noch ganz frisch, die Trauer noch nicht zur Ruhe gekommen.
Doch nicht eine Beerdigung, sondern eine Hochzeitsfeier wird uns im Evangelium [...] vor Augen gestellt. Jesus erzählt ein Gleichnis vom Reich der Himmel. Und er fasst dieses Reich, in dem aller Abstand zwischen Gott und den Menschen überwunden ist, wie so oft in das Bild einer Hochzeitsfeier. Wie bei jedem gelungenen Fest kommt es ganz besonders auf die Vorbereitung an. Die Rede ist von zehn jungen Frauen, die im Haus der Braut auf den Bräutigam warten. Mit ihm zusammen wollen sie die Braut auf dem Weg zum Haus des Bräutigams begleiten. [...] Fackeln sind es, die Braut und Bräutigam den Weg zeigen.
Eine peinliche Geschichte. Nun begegnet uns einmal eine biblische Erzählung, in der Frauen die Hauptrolle spielen, sogar zehn an der Zahl. Doch gleich sind sie in kluge und törichte auseinander dividiert. Dazu Jungfrauen – welch altmodisches Wort. Gäbe es nicht Eiger, Mönch und Jungfrau, gäbe es nicht die Jungfrau unter den Tierkreiszeichen, käme nicht die Jungfrau sogar im Glaubensbekenntnis vor – wer würde heute noch von Jungfrauen sprechen? Und doch: Der Brauch, dass das Brautpaar von Brautjungfern begleitet wird, ragt irgendwie noch in unsere Gegenwart hinein. Bei Hochzeiten schaut man ganz besonders auf die jungen Frauen, denen selbst das Fest noch bevorsteht, das einen Höhepunkt im Leben bildet und an dem sich so viel entscheidet. Auch heute ist das so.
Die jungen Frauen wissen das und bereiten sich darauf vor. Der Bräutigam lässt auf sich warten, aber die Fackeln brennen schon. Allmählich ist das Öl in den Gefäßen aufgebraucht. Die einen haben vorgesorgt, die anderen nicht. Die einen können nachfüllen, die andern schauen ins Leere. Jetzt wäre Teilen angesagt. Doch Teilen hilft hier nichts. Wenn das Öl nicht für alle reicht, würden beim Teilen alle Fackeln zu kurz brennen. Dann wären am Ende alle Fackeln finster,

bevor der Hochzeitszug am Ziel ist. [...] Die klugen Jungfrauen haben Recht, wenn sie nicht teilen. Wer nicht vorgesorgt hat, muss selbst für Nachschub sorgen. [...]. Teilen hilft nicht.

Natürlich stellen wir uns schnell auf die Seite der klugen Jungfrauen. Wir wollen dazu gehören. Wir sorgen rechtzeitig vor. Wir wollen das Entscheidende nicht verpassen. Auch in Glaubensdingen soll das gelten. [...]

Aber so einfach ist es nicht. So wach sind wir nicht immer. [...] Wir kennen das Gefühl, die Tür zum Festsaal sei längst zugefallen, das Leben sei an uns vorbeigegangen. Wir sehen die Lichter und hören die Musik, aber das spielt sich hinter den Fenstern ab – und wir sind draußen. Es geht uns so, wie Meister Eckhart, einer der großen Mystiker der Christenheit, es beschrieben hat: *Gott ist allezeit bereit, wir aber sind sehr unbereit; Gott ist uns nahe, wir aber sind ihm fern; Gott ist drinnen, wir aber sind draußen.* [...]

Der Beter des 90. Psalms sagt: *Herr, lehre uns bedenken, dass wir sterben müssen, auf dass wir klug werden.* So klug wie die fünf Jungfrauen, die nicht wissen, wie lange die Zeit währt, sich aber auf das Kommen ihres Bräutigams einrichten. Wann es so weit sein wird, bleibt uns verborgen. *Wachet, denn ihr wisst weder Tag noch Stunde,* heißt es in unserem Gleichnis. [...]

Heute geben wir der Erfahrung Raum, dass Tod unser Leben umgibt. Einige von Ihnen haben diese Wahrheit im zu Ende gehenden Jahr schmerzlich erlebt, als ein naher Angehöriger, der Ehemann, die Mutter, der Lebenspartner oder gar ein Kind verstorben ist. Todesfälle sind uns nahe gegangen [...]. Der Tod trat uns entgegen auf Friedhöfen, in Krankenhäusern oder auf der Fahrt über die Brandenburgischen Landstraßen, an denen viele Kreuze und Blumen an die Verkehrstoten erinnern.

Mitten im Leben bin ich vom Tod umgeben. Aber mitten im Tod weiß ich mich vom Leben umfangen. Denn der Bräutigam kommt. In seinem Licht ist jeder Tag kostbar, der uns geschenkt wird. Der Tod lähmt nicht mehr. Die Trauer bindet uns nicht mehr die Hände. Mit offenen Händen nehmen wir unsere Tage als kostbares Geschenk, weil wir von ihrer Begrenztheit wissen. *Nur ein Herz, dem der Tod nichts Unbekanntes ist, kann das Geschenk des Lebens mit einem so tiefen Gefühl der Freude würdigen,* sagt Daniela Tausch-Flammers, eine todeserfahrene Autorin. Und sie zitiert Hermann Hesse: *Atmen in vollkommener Gegenwart. Mitsingen im Chor der Sphären. Mitlachen im ewigen Lachen Gottes. Das ist unsere Teilhabe am Glück.*

Dieser Sonntag stellt uns alle vor die Vertrauensfrage. Was ist unser wichtigster Halt im Leben und im Sterben? Dem Tod halte ich nur stand, wenn ich mich auf eine Kraft verlasse, die mir meine Lebens- und Todesangst gemeinsam überwinden hilft. Es geht um einen Glauben auf Leben und Tod. Meiner Angst vor dem Sterben tritt ein Vertrauen auf Gott entgegen, der mein ganzes Dasein, mein Leben und mein Sterben hält und trägt.

Unser Glaube gibt angesichts des Todes die Antwort auf die Vertrauensfrage: Auch wenn ein Mensch aufhört, sich zu sich selbst verhalten zu können – kraftlos am Ende seiner eigenen Möglichkeiten –, auch dann verhält sich Gott weiterhin zu ihm. *Das stärke und bewahre dich im Glauben zum ewigen Leben.* Das ist die Antwort auf die Vertrauensfrage: Auch im Tod fallen wir nicht in die Verhältnislosigkeit. Wir fallen in Gottes Hand. Wohin der Tod auch kommt – Gott ist immer schon da. Und wo Gott ist, da ist das Leben. Deshalb ist der Tod kein »hoffnungsloser Fall«, weil ich immer in der Liebe Gottes geborgen bleibe. Auch ohne mein Zutun. Und so sind auch unsere Verstorbenen durch Jesus Christus – durch sein Sterben und Auferstehen – in der selben Liebe Gottes geborgen, die auch uns Lebende umfängt. Mag kommen, was will: Gott wird bei uns sein: mit seiner Hilfe, auf die wir trauen können, mit seiner Zusage, in Christus verbürgt, mit seinem Wort, das nicht vergeht. Aber dennoch: Seid wachsam und bereitet euch auch darauf vor. Denn ihr wisst weder Zeit noch Stunde. Amen.

Wolfgang Huber

Fragen und Probleme zur Annäherung an die Thematik

Ein Gang über den örtlichen Friedhof kann nachdenklich stimmen und zum Fragen anregen. Die Gräber und Inschriften auf den Steinen konfrontieren den Besucher mit dem Leben von Menschen, die nicht mehr sind. Welches Leben haben sie geführt? Was war ihnen wichtig? Welche Pläne wollten sie verwirklichen? Was konnten sie praktisch umsetzen? Was blieb nur Stückwerk, vielleicht weil etwas schicksalhaft dazwischenkam? Ist nicht jedes Leben nur halb? Bleibt es nicht immer unvollkommen? Wie haben sie ihr Sterben empfunden? War es für sie ein endgültiges Ende? Glaubten sie an ein Danach? Ist nicht nur das Leben des Einzelnen endlich? Hat nicht auch das von Völkern ein Ende? Geht unsere Welt als Ganze vielleicht sogar dem Untergang entgegen? Woher kommt da Zuspruch und Hoffnung? Wie kann ein Leben angesichts der Begrenztheit aussehen, das als sinnvoll empfunden wird? Was bedeutet die Tatsache, sterben zu müssen, für mich? Welche Antworten bieten Religionen und Weltanschauungen auf alle diese Fragen an?

Der Einstieg »Fragen und Probleme zur Annäherung an die Thematik« motiviert zur Beschäftigung mit den zunächst nur angerissenen Fragen. In den weiteren Kapiteln werden die Fragestellungen sodann vertieft aufgegriffen.

Der Abschnitt (1) lässt in mehreren Angängen über den Sinn von Lebensläufen diskutieren.

Um sich nicht nur auf einer theoretischen Ebene mit dem Leben und Sterben zu beschäftigen, ist es erforderlich konkret zu werden. Anhand von Sterbegeschichten (2) wird – konturiert und kontrastiv – das Sterben in früheren Zeiten, im Krankenhaus und im Hospiz thematisiert und problematisiert. Wie sterben Menschen heute? Sicherlich ist ein Sterben in Geborgenheit nicht unbedingt die Regel.

Manche Menschen haben Sterbeerfahrungen in ihrem Leben bereits gemacht. Jedenfalls gibt es Berichte von »Nahtoderlebnissen« (3), die nicht übergangen werden sollen. Aber können solche Erfahrungen als Beweise für ein individuelles Leben »danach« gelten?

Alle, die solche Nahtoderlebnisse hatten, sind in ihr Leben zurückgekehrt. Die irreversible Schwelle zum Tod haben sie nicht überschritten. Kann man über das »Jenseits« Aussagen machen? Was antworten Religionen und Weltanschauungen auf die Frage »Was kommt ›nach‹ dem Tod?« (4), wenn sie ihre Glaubensposition vorstellen?

Mit der Auseinandersetzung um Fragen von Leben und Tod werden auch terminologische Schwierigkeiten bewusst, die geklärt werden müssen. So ist es erforderlich, vor einer weiteren Vertiefung danach zu fragen, was mit dem Begriff »Tod« definitorisch alles gemeint sein kann (5).

Jeder Mensch bewegt sich seit seiner Geburt auf das Ende seines individuellen Lebens zu. Aber steht nicht auch die gesamte Menschheit irgendwann vor einem Ende? Apokalyptische Vorstellungen kommen immer wieder an die Oberfläche. Weltuntergangsstimmungen greifen vor allem an Zeitenwenden um sich. Stehen biblische Aussagen aus der Apokalypse damit in Einklang? Wie sind die biblischen Visionen vom Ende der Welt (6) zu verstehen?

Angesichts der Endlichkeit des individuellen wie auch gemeinschaftlichen Lebens ist zu fragen, wie mit der begrenzten Zeit umgegangen werden soll (7). Die Suche danach, wie dem Leben Sinn abgewonnen bzw. gegeben werden kann, hängt eng damit zusammen.

Generell ist bei jeder Beschäftigung mit Zukunft zu bedenken, was in der Gestaltungsmacht von Menschen und was außerhalb ihrer Möglichkeiten liegt und nur anzunehmen ist. Die Unterscheidung von Adventus und Futurum (8) ist bei vielen Überlegungen zu einem Leben im Horizont von Hoffnung hilfreich.

Grabeskirche St. Elisabeth, Mönchengladbach

es sterben immer nur die anderen

1. Lebensentwürfe und Zukunftserwartungen angesichts der Begrenztheit menschlichen Lebens

a// Ein denkwürdiges Erlebnis – Aus einem Roman von Maarten 't Hart

Einen Tag nach dem Jahreswechsel besuchte ich meine Mutter, um ihr ein gutes neues Jahr zu wünschen. [...] Alles schien unverändert, das machte mich glücklich, die Uhr tickte mit derselben Nachdrücklichkeit wie früher, und jeden Augenblick konnte die Tür aufgehen, um meinen Vater hereinzulassen. Beim Eintreten würde er sagen: »Alldieweil wir in diesem Zustand leben ...«

Er hatte diesen Satz nie zu Ende gesprochen, und ich hatte auch nie nach dem Schluss gefragt, nicht weil ich nicht neugierig darauf gewesen wäre, sondern weil ich meinte, dass ich ihn im Voraus sagen konnte: Alldieweil wir in diesem Zustand leben, müssen wir uns in das Unvermeidliche fügen. Das Wort »leben« hatte er gebraucht. Dass er tot war, daran konnte ich mich einfach nicht gewöhnen.

»Ich will noch mal eben nach draußen«, sagte ich nach dem Essen.

»Bei diesem Wetter?«, fragte meine Mutter.

»Es ist trocken«, sagte ich.

»Ja, aber es ist furchtbar kalt.«

Doch sie hielt mir schon die Tür auf, sie winkte mir sogar nach, obwohl ich am selben Abend zurückkehren würde, und ich war mutterseelenallein auf der Straße, an einem Sonntagabend. Der Tag nach Neujahr wurde von vielen Leuten anscheinend noch als Feiertag angesehen, denn in den Häusern sah ich Menschen um festlich gedeckte Tische sitzen, auf denen sich das Kerzenlicht im Silberbesteck spiegelte. Schon nachdem ich an drei solchen Häusern vorbeigekommen war, spürte ich, wie meine Stimmung sich besserte. Wenn ich an 365 Häusern vorbeiginge, in denen so gefeiert wurde, bestand die Aussicht, dass ich ein ganzes Jahr lang verschont bleiben würde von Träumen, in denen Schiffe ohne mich wegfuhren, vor allem wenn ich über diesen Häusern den Turm der Grote Kerk sehen konnte. Die Turmuhr schlug ruhig und gleichmäßig, während ich auf dem Deich entlangging, und es kam mir vor, als könnte ich jeden einzelnen Schlag riechen. Das lag vielleicht nur daran, dass ich bei jedem Schlag tief einatmete. Schon hier hing der Geruch von Mehl und Teeröl in der Luft, gleich, auf dem Hafenkai, würde ich ihn geradezu fühlen können. [...]

Ich beschleunigte meinen Schritt. Was schon den ganzen Tag über gedroht hatte, passierte merkwürdigerweise, als ich den Hafen erreichte. Es begann, leicht zu regnen. Aber ich lief ruhig weiter, ohne mir irgendeiner Gefahr bewusst zu sein. Ich ging zur Mitte des Hafenkais, der abschüssig angelegt war, damit das Wasser, das bei Flut manchmal hinaufkroch, von selbst zurückfloss, wenn der Mond anderswo Flut verursachte.

Hier war jetzt Flut, das sah ich, aber das Wasser würde heute nicht weiter steigen. Zwischen dem Rand des Kais und der Wasseroberfläche waren bestimmt noch anderthalb Meter. Ich ging unbekümmert weiter, obwohl ich merkte, dass das Gehen schwieriger wurde, weil der Regen auf den Steinen gefror. Ich musste allmählich immer langsamer gehen, um nicht auszurutschen. Das störte mich nicht, denn weit und breit war kein Mensch zu sehen. Der Hafenkai gehörte mir allein, und das würde bei Glatteis auch so bleiben. Kein Mensch würde sich jetzt noch hinauswagen. Dieser Gedanke machte mich auf einmal so glücklich, dass ich einen Hüpfschritt probierte, dort, mitten auf dem Kai. In diesem einen so kurzen Augenblick, in dem ich keinen Boden mehr unter den Füßen hatte, wusste ich schon, dass ich einen Fehler gemacht hatte, und bereitete mich auf einen gefährlichen Sturz vor. Alle meine Muskeln spannten sich; ich hob meine Arme, aber ich stürzte nicht, als ich den Boden wieder berührte, ich schwankte nur merkwürdig mit dem ganzen Körper, so dass jedes Bewusstsein dafür, wohin Glieder und Kopf normalerweise gehören, für ein paar Sekunden verlorenging. Als ich wieder einigermaßen wusste, wo mein Kopf war, merkte ich, dass ich noch immer aufrecht stand, jedoch auf dem Kai in Richtung Wasser glitt. Das war ein ganz angenehmes Gefühl, vor allem weil es so langsam ging. Es musste jetzt spiegelglatt sein. Ich hob einen Fuß, um einen Schritt zu tun, aber dadurch machte mein Körper eine erneute Bewegung, die schon fast ein Fallen war.

»Du lieber Himmel«, murmelte ich.

Ich glitt weiter auf das Wasser zu und musste nun wohl wirklich etwas unternehmen, sonst würde ich wahrhaftig in dem kalten, stinkenden Maaswasser verschwinden. Ich wagte noch einmal den Ansatz zu einem Schritt, hob dabei meinen rechten Fuß so wenig wie möglich, stellte aber sofort fest, dass dies

schlichtweg unmöglich war. Ich versuchte, mich zu retten, indem ich mich weiterschob, und das gelang auch, ich kam vorwärts, glitt aber gleichzeitig schneller auf den Rand des Kais zu.

In diesem Augenblick kam zum ersten Mal so etwas wie Panik in mir auf; mir wurde klar, dass ich ganz einfach dazu verurteilt war, ins Wasser zu gleiten, und dass ich nichts mehr dagegen tun konnte. Ich wies diesen Gedanken sofort von mir; das wäre doch zu verrückt, ich war mitten auf dem Hafenkai und glitt zwar langsam abwärts, aber ich musste doch wohl noch in der Lage sein, mich aus dem Bann der spiegelglatten Oberfläche der Straße zu lösen.

Während ich noch darüber nachdachte, hörte ich plötzlich das Geräusch eines fallenden Körpers. Ich sah auf der anderen Seite des Wassers eine dunkle Gestalt auf der Straße liegen. Er – oder war es eine Sie, ich konnte es nicht erkennen – versuchte aufzustehen und fiel wieder hin. Die Bewegungen hatten etwas Possierliches, etwas, das zum Lachen einlud, aber ich konnte dieses Lachen nicht zustande bringen, ich war eigentlich nur neidisch, weil die Gestalt dort lag, dort, wo der Hafenkai nicht so abfiel wie hier.

[...]

Auf jeden Fall war ich plötzlich wütend auf mich selbst. Was war das für eine lächerliche Mystik zu meinen, ich könnte hier auf diesem Hafenkai eine Lösung für meine Probleme finden? Dadurch wäre ich beinahe in dem eiskalten Wasser bis auf die Haut nass geworden. Würde ich denn niemals klüger werden? Ich hatte überhaupt keinen Grund gehabt, auf diesem spiegelglatten Kai spazieren zu gehen, das stand fest, aber inzwischen saß ich zitternd auf der Kaikante und wusste nicht, was tun. Vielleicht war es sogar möglich, aufzustehen und wegzugehen, aber ich traute mich nicht mehr. Tatsächlich zeigte sich jetzt doch, dass das Gleiten, gegen das ich nichts hatte tun können, mich zu Tode erschreckt hatte. Ich war vollkommen machtlos gewesen, und wenn da keine Duckdalbe gestanden hätte, läge ich jetzt in diesem eiskalten Wasser zwischen den lächelnden Ölflecken. Auf einmal hatte ich das Gefühl, dass alles miteinander zusammenhing, die Schiffe, die Machtlosigkeit und die Duckdalbe; ja, ich würde jetzt bald aufwachen. Ich hatte eine Decke zuwenig, und deshalb zitterte ich so. Ach, solange ich zitterte, war ja noch alles in Ordnung. Wenn man zittert, produziert der Körper Wärme, um die Körpertemperatur konstant zu halten. Wenn das Zittern aufhört, spürt man plötzlich keine Kälte mehr, man döst ein, und die eigene Temperatur sinkt, bis man tot ist. Wenn ich nun tatsächlich auf diese Weise umkäme? Ich musste plötzlich an eine Krankenschwester denken, der ich vor kurzem begegnet war. Sie hatte mir erzählt, dass Menschen, die im Sterben liegen, oft desillusioniert sind und fragen: War das nun alles? War das nun das Leben? Da hatte ich gedacht, vage noch, dass man eigentlich nur Dinge tun müsste, von denen man in dem Augenblick, da man stirbt, würde sagen können: Das ist der Mühe wert gewesen. Aber so konnte man nicht leben, und doch zeigte sich nun, dass der Gedanke nicht falsch war. Nein, Todesangst war es sicher nicht gewesen, aber doch ein Schock, der dazu führte, dass ich wieder einmal aufzählte, welche Dinge mir in meinem Leben etwas wert gewesen waren. Verrückt, so vieles war geschehen, so viel wunderbare Musik hatte ich gehört, so viele Bücher hatte ich gelesen, aber das bedeutete alles nichts, verglichen mit dem, worauf es offenbar allein ankam und das sich zusammensetzte aus weißen Wolken, die hoch über mir an einem strahlendblauen Himmel dahinsegelten, und einer niedrigstehenden Sonne über dem Fluss und dem Sirren sich drehender Fahrradreifen und der Stimme meines Vaters hinter mir, während ich auf dem kleinen Brett saß, das er eigens für mich an der Stange seines Fahrrads befestigt hatte. Und was es nun zu etwas so Besonderem machte, mehr als alles andere, kann ich nicht sagen, vielleicht war es die Bewegung, vielleicht der Duft des Sommerabends, vielleicht das glückselige Gefühl völliger Sicherheit, weil mein Vater mich mit seinem riesigen Körper beschützte, vielleicht weil ich die Illusion hatte zu lenken, denn ich durfte den Fahrradlenker festhalten, auf jeden Fall aber seine Stimme, mit der er lauthals sang: »Ach Väterchen, ach Väterchen, kommst du wieder nach Haus.«

Angenommen, es gäbe doch einen Himmel. Gott, würde ich dann fragen, wenn ich dorthin käme, darf ich wieder und bis in alle Ewigkeit vorn bei meinem Vater auf dem Fahrrad sitzen und auf dem Deich fahren? Aber wenn mein Vater nun etwas ganz anderes im Himmel tun wollte? Ach nein, das ist nicht möglich, er müsste auch davon überzeugt sein, dass dies das Wichtigste in seinem und meinem Leben gewesen ist. Man konnte es nie wieder zurückholen oder vielleicht doch, aber dann in einer Art, bei der die Rollen vertauscht sind: nicht ich vorn, sondern mein Sohn vorn und ich dahinter. Es schien auf einmal, als könnte ich die wegfahrenden Schiffe in diesem Bild mit unterbringen, aber nein, das war nicht möglich, denn der Deich war nun von hohen Wohnhäusern gesäumt, so dass die niedrigstehende Sonne über dem Fluss von dort aus nicht mehr zu sehen war, und wenn es sich nicht genauso wiederholen ließe, hatte es keinen Sinn. Außerdem: Warum sich nach einem Sohn sehnen? Warum sollte ich jemanden diesem Leben aussetzen, dem man ohnmächtig ausgeliefert war, um das man nicht gebeten hatte, das einem vielmehr geschah? »Und eines Abends bist du da, denn eine Frau ließ dich entgleiten ihrem müden Schoß.« Aber gegen einige Dinge konnte man sich wehren, nein, nicht gegen das Ende, das war immer dasselbe: »Und eines Abends bist du nicht mehr da«, aber gegen alles, was dazwischen lag. Man musste immer wieder versuchen, das Schicksal selbst in die Hand zu nehmen oder es in der Hand zu behalten, musste immer wieder vermeiden, dass man geschoben, manipuliert, gelenkt wurde. Es reichte vielleicht schon, die Illusion zu haben, man könne selbst lenken. [...]

Maarten 't Hart

1.	Geben Sie Ihre ersten Eindrücke von diesem Erlebnis wieder.
2.	Erläutern Sie, welche Empfindungen und Gedanken den Erzähler bewegen.
3.	Erörtern Sie, was sich im Leben schicksalhaft ereignet und was der Einzelne selbst lenken kann.

b// »Der Club der toten Dichter« (Nancy H. Kleinbaum) – Carpe diem: nutze den Tag

Nancy H. Kleinbaum (geboren 1948) ist US-amerikanische Schriftstellerin und Journalistin. Bekannt wurde sie als Co-Autorin des Romans »Der Club der toten Dichter«, der im Jahr 1989 in der Folge des erfolgreichen gleichnamigen Films geschrieben worden ist. Entstanden ist ihr Roman unter Mitarbeit von Peter Weir auf der Grundlage des Filmscripts von Tom Schulman. – In dem Roman »Der Club der toten Dichter« wird die Geschichte von John Keating erzählt, einem jungen Englischlehrer, der eine Stelle an der Wetton-Akademie, einem elitären, streng konservativen Jungeninternat in Neuengland, angenommen hat. Keating überrascht seine Englischklasse anlässlich seiner Antrittsstunde mit einer ungewöhnlichen Lektion.

Als die Jungen hereinkamen, ging Keating in der Halle umher. Er betrachtete die Klassenfotos, die an den Wänden hingen und die zum Teil noch aus dem vorigen Jahrhundert stammten. Außerdem schmückten Trophäen jeder Art die Regale und Glaskästen.

Nach einer Weite hatte Keating das Gefühl, dass alle Platz genommen hatten. Nun wandte er sich ihnen zu. [...] »Schlagen Sie das Textbuch auf Seite 542 auf, Pitts, und lesen Sie die erste Strophe des Gedichts!«

Pitts blätterte in dem Buch. »Rat an eine Jungfrau, etwas aus ihrem Leben zu machen?«, fragte er.

Die übrige Klasse prustete vor Lachen. »Das meine ich«, sagte Mr. Keating.

»Ja, Sir«, sagte Pitts und räusperte sich. Dann las er:

»Pflücke die Knospe, solange es geht,
und die Blüten, wenn sie noch prangen.
Denn bald sind die Rosenblätter verweht.
Wie schnell kommt der Tod gegangen.«

Er hielt inne. Mr. Keating wiederholte: »›Pflücke die Knospe, solange es geht.‹ Der lateinische Ausdruck für dieses Gefühl lautet Carpe diem. Weiß jemand, was das heißt?«

»Carpe diem«, sagte Meeks, das As in Latein. »Nutze den Tag!«

»Sehr gut, Meeks.«
»Nutze den Tag«, sagte Keating noch einmal. »Warum hat der Dichter diese Verse geschrieben?«
»Weil er es eilig hatte!«, rief ein Schüler. Die anderen wieherten vor Lachen.
»Nein, nein, nein! Sondern weil wir Nahrung für die Würmer sind, Jungs!«, schrie Keating. »Weil wir Frühjahr, Sommer und Herbst nur in begrenzter Anzahl erleben werden. Es ist kaum zu glauben, aber eines Tages wird jeder Einzelne von uns aufhören zu atmen, wird erkalten und sterben!«
Er machte eine dramatische Pause. »Stehen Sie auf«, drängte er die Schüler, »und lesen Sie in den Gesichtern dieser Jungen, die die Schule hier vor 60, 70 Jahren besucht haben! Seien Sie nicht schüchtern! Sehen Sie sie sich an!«
Die Jungen standen auf und gingen zu den Klassenfotos, die rings an den Wänden der Ehrenhalle hingen. Sie blickten in die Gesichter junger Männer, die ihnen aus der Vergangenheit entgegensahen.
»Sie sehen kaum anders aus als Sie, nicht wahr? Aus ihren Augen strahlt Hoffnung, wie bei Ihnen. Sie halten sich für wunderbare Dinge bestimmt, genau wie viele von Ihnen. Nun, wohin sind diese lächelnden Gesichter verschwunden? Was wurde aus ihren Hoffnungen?«
Mit ernsten und nachdenklichen Mienen betrachteten die Jungen die Fotos. Keating ging rasch herum und zeigte von einem Foto zum nächsten.
»Haben die meisten von ihnen nicht gewartet, bis es zu spät war, um in ihrem Leben nur ein Quäntchen von dem zu verwirklichen, wessen sie fähig waren? Sie jagten dem allmächtigen Götzen Erfolg nach – haben sie dadurch nicht die Träume ihrer Jugend verraten? jetzt besehen sich die meisten dieser Gentlemen die Radieschen von unten! Doch wenn ihr sehr nahe herangeht, Jungs, dann hört ihr sie flüstern. Gehen Sie näher heran!«, forderte er sie auf: »Lauschen Sie! Los! Hören Sie es? Ja?« Die Jungen waren still, und einige neigten das Ohr zu den Fotos. »Carpe diem«, flüsterte Keating. »Nutze den Tag! Macht etwas Ungewöhnliches aus eurem Leben!«
[…] Alle Jungen schauten, in Gedanken verloren, auf die Fotos an den Wänden, bis das Läuten sie jäh dabei störte. Pitts sagte: »Seltsam.« »Aber mal was anderes«, sagte Neil nachdenklich. »Gespenstisch«, sagte Knox und schauderte leicht, als er die Halle verließ. »Ob er uns eine Prüfungsarbeit darüber schreiben lässt?«, fragte Cameron unsicher. »Ach, komm, Cameron«, sagte Charlie lachend. »Du begreifst wohl überhaupt nichts!«

Nancy H. Kleinbaum

1. Erklären Sie, welche »Lektion« der Lehrer Keating in der Geschichte seinen Schülern vermitteln will.
2. Erläutern Sie, worin diese Lektion besteht.
3. Beziehen Sie Stellung, ob die Lektion hilfreich zur Lebensführung und Lebensplanung sein dürfte.

c// »Du musst finden, was du liebst« – Steve Jobs' Stanford-Rede

Der 2010 im Alter von 55 Jahren an Bauchspeicheldrüsenkrebs verstorbene Apple-Gründer Steve Jobs hat vor Absolventen der Stanford University im US-Staat Kalifornien am 12. Juni 2005 eine viel beachtete Rede gehalten, in der er über seine biologische Mutter, die ihn zur Adoption freigab, seinen Rausschmiss bei der von ihm selbst gegründeten Firma Apple und den Tag, an dem bei ihm Krebs diagnostiziert wurde, sprach.

Ich fühle mich geehrt, heute mit euch bei eurer Abschlussfeier von einer der besten Universitäten der Welt zu sein [...] Heute will ich euch drei Geschichten aus meinem Leben erzählen. Das ist es. Keine große Sache. Nur drei Geschichten.

Die erste Geschichte handelt davon, die Punkte zu verbinden.

Ich verließ das Reed College (im US-Staat Oregon, Anmerk. d. Red.) nach den ersten sechs Monaten (des Studiums), blieb dann aber weitere 18 Monate oder so als Besucher da, bis ich endgültig aufhörte. Also, warum hörte ich auf?

Es begann, bevor ich geboren wurde. Meine biologische Mutter war eine junge, unverheiratete Collegestudentin und sie entschied, mich zur Adoption freizugeben. Ihr lag sehr viel daran, dass ich von Hochschulabsolventen adoptiert werden sollte, also wurde alles für mich arrangiert, um bei der Geburt von einem Anwalt und seiner Frau adoptiert zu werden. Außer dass sie, als ich raus kam, in letzter Minute entschieden, dass sie wirklich ein Mädchen wollten. Also bekamen meine Eltern, die auf einer Warteliste standen, mitten in der Nacht einen Anruf, bei dem sie gefragt wurden: »Wir haben einen unerwarteten kleinen Jungen; wollen Sie ihn?« Sie sagten: »Selbstverständlich.« Meine biologische Mutter fand später heraus, dass meine Mutter nie ein Studium abschloss und dass mein Vater nie die Highschool abschloss. Sie weigerte sich, die endgültigen Adoptionspapiere zu unterschreiben. Sie gab erst ein paar Monate später nach, als meine Eltern versprachen, dass ich eines Tages aufs College gehen würde.

Und 17 Jahre später ging ich tatsächlich aufs College. Aber ich wählte naiverweise ein College aus, dass fast so teuer wie Stanford war und all die Ersparnisse meiner Arbeiterklasse-Eltern wurden für meine Studiengebühren ausgegeben. Nach sechs Monaten konnte ich den Wert darin nicht erkennen. Ich hatte keine Ahnung, was ich mit meinem Leben anfangen wollte, und keine Ahnung, wie das College mir dabei helfen würde, das herauszufinden. Und hier war ich, all das Geld ausgebend, das meine Eltern ihr ganzes Leben gespart hatten. Also beschloss ich, aufzuhören und mich darauf zu verlassen, dass alles okay werden würde. Es war damals ziemlich beängstigend, aber zurückblickend war es eine der besten Entscheidungen, die ich je traf. Sobald ich (das Studium) abbrach, konnte ich damit aufhören, die Pflichtkurse zu belegen, die mich nicht interessierten, und damit anfangen, diejenigen zu besuchen, die interessant aussahen. [...]

Reed College bot damals vielleicht den besten Kalligraphieunterricht im Land an [...] Ich beschloss, einen Kalligraphiekurs zu belegen, um zu lernen, wie man das macht [...].

Nichts davon hatte die Chance irgendeiner praktischen Anwendung in meinem Leben. Aber zehn Jahre später, als wir den ersten Macintosh-Computer entwarfen, kam alles zu mir zurück. [...] Es war der erste Computer mit schöner Typografie. Hätte ich niemals diesen einen Kurs im College besucht, hätte der Mac nie multiple Schriftarten oder Proportionalschriften gehabt. Und da Windows den Mac einfach kopierte, ist es wahrscheinlich, dass kein PC sie hätte. [...]

Nochmal, du kannst die Punkte nach vorne schauend nicht verbinden; du kannst sie nur zurückschauend verbinden. Also musst du dich darauf verlassen, dass die Punkte sich irgendwie in deiner Zukunft zusammenfügen werden. Du musst dich auf etwas verlassen – deinen Bauch, Schicksal, Leben, Karma, was auch immer. Diese Haltung hat mich nie enttäuscht und es hat den entscheidenden Unterschied in meinem Leben gemacht.

Meine zweite Geschichte handelt von der Liebe und dem Verlust.

Ich hatte Glück – ich entdeckte früh im Leben, was ich gerne tat. Woz (Apple-Mitgründer Steve Wozniak, Anmerk. d. Red.) und ich gründeten Apple in der Garage meiner Eltern als ich 20 war. Wir arbeiteten hart und in zehn Jahren war Apple von nur uns beiden in einer Garage zu einem Zwei-Milliarden-Dollar-Unternehmen mit mehr als 4.000 Mitarbeitern geworden. Wir hatten gerade unsere feinste Kreation – den Macintosh – ein Jahr zuvor veröffentlicht und ich war gerade 30 geworden. Und dann wurde ich gefeuert. Wie kannst du von einem Unternehmen gefeuert werden, das du gegründet hast? Nun, als Apple sich ausweitete, stellten wir jemanden ein, von dem ich dachte, dass er sehr talentiert war, um das Unternehmen mit mir zu leiten, und das erste Jahr oder so liefen die Dinge gut. Aber dann begannen unsere Zukunftsvisionen auseinanderzugehen und irgendwann hatten wir einen Krach. Als es soweit war, schlug sich unser Vorstand auf seine Seite. Also war ich mit 30 raus. […] Was der Mittelpunkt meines ganzen Erwachsenenlebens gewesen war, war weg und es war niederschmetternd.

[…] Ich war ein sehr öffentlicher Versager und ich dachte sogar darüber nach, aus dem Valley wegzulaufen. Aber etwas wurde mir langsam klar – ich liebte noch immer, was ich tat. Die Wende der Ereignisse bei Apple hatten das kein bisschen geändert. Ich war abgelehnt worden, aber ich war noch immer verliebt. Also beschloss ich, von vorn anzufangen. […]

Manchmal schlägt dich das Leben mit einem Stein vor den Kopf. Gib' die Hoffnung nicht auf. Ich bin davon überzeugt, dass die einzige Sache, die mich weitermachen ließ, war, dass ich noch immer liebte, was ich tat. Du musst finden, was du liebst. […] Wenn du es noch nicht gefunden hast, such' weiter. Gib' dich nicht zufrieden. So wie mit allen Herzenssachen, wirst du es wissen, wenn du es findest. Und wie jede großartige Beziehung wird es mit den Jahren einfach besser und besser. […]

Meine dritte Geschichte handelt vom Tod.

Als ich 17 war, las ich ein Zitat, das in etwa so ging: »Wenn du jeden Tag so lebst, als ob er dein letzter wäre, wirst du eines Tages ganz sicher Recht haben.« Das hinterließ bei mir einen Eindruck und seit dem, für die vergangenen 33 Jahre, habe ich jeden Morgen in den Spiegel geschaut und mich gefragt: »Wenn heute der letzte Tage meines Lebens wäre, würde ich das tun wollen, was ich heute im Begriff bin zu tun?« Und immer wenn die Antwort zu viele Tage hintereinander »Nein« gelautet hat, weiß ich, dass ich etwas verändern muss. […]

Vor etwa einem Jahr wurde bei mir Krebs diagnostiziert. Ich hatte einen Scan um 7.30 Uhr morgens und er zeigte deutlich einen Tumor auf meiner Bauchspeicheldrüse. Ich wusste noch nicht einmal, was eine Bauchspeicheldrüse ist. Die Ärzte sagten mir, dies sei nahezu sicher eine Krebsart, die unheilbar ist, und dass ich davon ausgehen solle, nicht länger als drei bis sechs Monate zu leben. Mein Arzt riet mir, nach Hause zu gehen und meine Angelegenheiten in Ordnung zu bringen, was Doktorencode für »bereite dich aufs Sterben vor« ist. […]

Ich lebte mit dieser Diagnose den ganzen Tag. Später an dem Abend hatte ich eine Biopsie, bei der sie ein Endoskop meinen Hals hinunter steckten, durch meinen Magen und in meine Eingeweide, eine Nadel in meine Bauchspeicheldrüse steckten und holten ein paar Zellen vom Tumor. Ich war ruhig gestellt, aber meine Frau, die da war, sagte mir, dass als sie die Zellen unter einem Mikroskop betrachteten, die Ärzte zu weinen anfingen, weil es sich als sehr seltene Form von Bauchspeicheldrüsenkrebs herausstellte, die mit einer OP heilbar ist. Ich ließ die OP vornehmen und jetzt geht es mir gut. […]

Niemand will sterben. Sogar Menschen, die in den Himmel kommen wollen, wollen nicht sterben, um dorthin zu gelangen. Und dennoch ist der Tod das Reiseziel, das wir alle teilen. Niemand ist ihm je entkommen. Und so sollte es sein, weil der Tod sehr wahrscheinlich die einzig beste Erfindung des Lebens ist. Er ist des Lebens Wandlungskraft. Er räumt das Alte aus, um den Weg für das Neue frei zu machen …

Eure Zeit ist begrenzt, also verschwendet sie nicht damit, das Leben eines anderen zu leben. Lasst euch nicht vom Dogma gefangen nehmen – was Leben mit den Resultaten der Denkweise anderer Menschen entspricht. Lasst nicht den Lärm von Meinungen anderer eure eigene innere Stimme überdröhnen. Und am Wichtigsten, habt den Mut, eurem Herzen und eurer Intuition zu folgen. Sie wissen irgendwie bereits, was du wirklich werden willst. Alles andere ist zweitrangig […].

Steve Jobs

1. Geben Sie Ihre ersten Eindrücke zu den Gedanken von Steve Jobs wieder.
2. Erläutern Sie, welche »Message« er den Studenten mitgeben wollte.
3. Analysieren Sie, welche Lebensstationen bei Jobs schicksalhaft auf ihn zukamen und welche er bewusst beeinflusst hat.
4. Vergleichen Sie die Stationen, die im Lebenslauf von Jobs angesprochen wurden, mit dem, was zum folgenden Lebenslauf des »Hauptmanns von Köpenick« vorgestellt wird.

d// Der Hauptmann von Köpenick: »Fußmatten«

Geschichtlicher Hintergrund

16.10.1906: In Köpenick bei Berlin steigt gegen 14.30 Uhr ein Mann in Hauptmannsuniform aus einem Zug. Mit 10 Soldaten besetzt er das Rathaus und verhaftet den Bürgermeister. Er lässt sich die Stadtkasse vorzählen und quittiert 4.000,17 Mark. Er zahlt »seinen« Soldaten einen »Sold« aus und verschwindet mit dem »Rest«.
Die Polizei kommt dem Täter schnell auf die Spur und identifiziert ihn als den arbeitslosen Schuster Wilhelm Voigt. In der Haftanstalt ist er ein alter Bekannter. Von seinen 54 Lebensjahren hat er 27 Jahre im Gefängnis verbracht. Das Kommandieren hat er nicht in der preußischen Armee gelernt, sondern im Knast. Die Hauptmannsuniform hat er beim Trödler erstanden.
Aber Voigt plante mit seiner Aktion keinen Raubüberfall und auch keinen Staatsstreich, sondern er wollte sich mit der Aktion einen Pass ausstellen lassen, den man ihm immer wieder verweigerte. Aber im Rathaus von Köpenick gab es kein Passamt.
Völlig unbeabsichtigt stellt Voigt den unerschütterlichen Glauben an Uniform und bedingungslosen Gehorsam bloß. Schließlich lacht man in der ganzen Welt über den preußischen Obrigkeitsstaat. Sogar Kaiser Wilhelm II. zeigt sich amüsiert.
Wilhelm Voigt wird am 1. Dezember 1906 vor dem Landgericht Berlin wegen des unberechtigten Tragens einer Uniform, Vergehens wider die öffentliche Ordnung, Freiheitsberaubung, Betruges und schwerer Urkundenfälschung zu einer Freiheitsstrafe von vier Jahren Gefängnis verurteilt. Nach seiner Begnadigung am 16. August 1908 tingelt Voigt als falscher Hauptmann auf den Varietébühnen Europas und vermarktet seine Geschichte als begehrte und gefragte Ware. Durch die Inflation völlig verarmt, stirbt Wilhelm Voigt am 3. Januar 1922 in Luxemburg.

Carl Zuckmayers Theaterstück

Der Dramatiker Carl Zuckmayer macht die Geschichte als »Der Hauptmann von Köpenick« 1930 zu einem sehr erfolgreichen Theaterstück. Auch die Nazi verstehen die Botschaft und setzen es auf den Index. Die prominentesten Darsteller der Titelrolle sind Heinz Rühmann und Harald Juhnke. Auch heute, da der Militärstaat abgeschafft ist, ist das Stück populär und aktuell, denn die Bürokratie regiert weiter.
»Der Hauptmann von Köpenick« hat neben der humorigen auch eine tiefe Seite: Voigt will mit dem Husarenstück »das bisschen Leben, was ihm noch bleibt«, in geordnete Verhältnisse bringen. Als er von der Beerdigung eines tuberkulosekranken Mädchens kommt und sein Schwager (Hoprecht) ihn – völlig unpassend – an sein Pflichtgefühl, seine »innere Stimme«, erinnern will, sagt Wilhelm Voigt (14. Szene):

Filmplakat von 1956: Heinz Rühmann in der Hauptrolle, Regie: Helmut Käutner

»Vorhin, uff'm Friedhof, da hab' ick se jehört, die innere Stimme. Da hat se jesprochen, da hat se zu mir jesagt: Mensch, hat se jesagt, einmal kneift jeder 'n Arsch zu – du auch, hat se jesagt, und dann stehste vor Jott dem Vater, der alles jeweckt hat, vor dem stehste denn, un der fragt dir ins Jesichte: Schuster Willem Voigt, wat haste jemacht mit dein' Leben, un dann muss ick sagen: Fußmatte ... Fußmatte, muss ick sagen, die hab ick jeflochen in Gefängnis, un da sind se alle drauf rumjetrampelt.
... Aber so knickerich, verstehste, möchte ick mal nich vor mein Schöpfer stehn. Ick will ihm nichts schuldig bleiben, verstehste? Ick wer noch was machen mit.«

Voigt möchte nicht wie so oft im Leben wieder abgewiesen werden. [...]

Uwe Schütz

1. Geben Sie die Aussagen von Wilhelm Voigt wieder.

2. Erörtern Sie, ob die Sorge von Wilhelm Voigt berechtigt ist, dass sein Leben vor dem Schöpfer nicht bestehen kann.

Zur Weiterarbeit finden Sie u. a. Materialien in **Kapitel I.**

2. Sterben früher und heute – Sterbegeschichten

Lutz van Dijk erzählt aus früheren Zeiten:

Mein Großvater mütterlicherseits starb mit 91 Jahren auf dem Balkon beim Blumengießen. Es war ein warmer Frühlingstag. Er fiel einfach um und war tot. Auf der umgestürzten Gießkanne saß sein geliebter Wellensittich, auch schon alt und wegen des Verlustes der meisten Federn nicht mehr zum Fliegen fähig, und schrie.

Bis zuletzt machte Großvater seine täglichen Spaziergänge, bereitete sich sein Frühstück und Abendbrot selbst und kam nur zum warmen Mittagessen zu uns herüber. Im Krankenhaus war er nur ein einziges Mal im Leben: Als kleiner Junge hatte ihn ein Schneeball aufs rechte Ohr getroffen und sein Trommelfell beschädigt, Er war seitdem stark schwerhörig. Beide Weltkriege überlebte er, da er selbst »laut gebrüllte Befehle« nicht verstand, wie er uns Kindern stolz erzählte, und man ihn nach der Musterung beide Male nach Hause geschickt hatte.

Er wer bereits lange in Rente, als meine Eltern endlich genug Geld gespart hatten, um für ihn ein, für unsere Verhältnisse teures, batteriebetriebenes Hörgerät zu kaufen. Er trug es einen Tag. »Was für ein Lärm ist in der Welt«, sagte er entsetzt, schaltete es aus und benutzte es nur noch, wenn es sein musste. Seine Welt blieb überwiegend ruhig.

Bei der Beerdigung sagten die meisten Leute: ein schöner Tod. Sein Wellensittich starb einen Tag noch ihm.

Lutz van Dijk

1. Charakterisieren Sie das Sterben, von dem Lutz van Dijk erzählt.

2. Vergleichen Sie dessen Schilderung vom Sterben eines Angehörigen mit der Darstellung des Sterbeprozesses im folgenden Text.

Ich wurde in die Intensivstation eingelassen, ich durfte mich wieder an der Tür hinsetzen und warten, dass ich zu N. vorgelassen würde. [...] Ich sagte: »Herr Professor, ich weiß seit zwei Tagen, dass mein Mann sterben muss. Ich bitte nur darum, bei ihm sein zu dürfen. Ich werde ihn gewiss nicht belasten.«

Der Professor gab mir die Erlaubnis. Er sagte, sie wollten aber noch einmal versuchen, sein Herz zu kräftigen. Ich bat: »Tun Sie es nicht, quälen Sie ihn nicht länger.« Der Professor legte seine Hand auf meinen Arm. Er sagte, nein, er würde ihn nicht quälen.

Die letzte Stunde mit N.

Ich durfte zu N. gehen. Ich setzte mich rechts neben sein Bett und sprach leise und ruhig mit ihm. Er war sich bewusst, dass ich da war. Als die Schwester den neuen Dauertropf mit dem Herzstärkungsmittel anhängte, bemerkte ich, dass sein Pulsschlag auf 140 stand. Nach wenigen Minuten sah ich, dass der Funken auf dem EKG sehr viel weiter ausschlug. Er schlug jetzt drei bis vier Quadrate hoch. Dann wurde N. unruhig und tastete nach den Infusionsschläuchen und hatte einen von den Verschlüssen in der Hand. Er verlangte von mir, ich solle das Ganze abstellen und die Infusionsnadel aus seiner Brust herausziehen. Er verlangte das in einer kurzen, fordernden Art, immer wieder und hartnäckig. Ich wäre doch sonst nicht so ängstlich. Er wurde ärgerlich, fast böse, als ich seinem Willen nicht nachkam. Nach einer Weile sah ich, dass die Infusion nicht mehr lief. N. hatte den Schalterhebel trotz seiner geschwollenen Hände selbst umgelegt. Ich rief die Schwester und bat sie, nach der Infusion zu schauen. Die Schwester legte den Hebel wieder um und verließ uns. Ich saß immer noch rechts von N. Dann wurde er aber so unruhig, dass ich seine rechte Hand halten musste. Er wehrte sich so lebhaft, dass ich auf die andere Seite hinübergehen musste, um mehr Kraft zu haben, seine Hand festzuhalten. Er wollte die ganze Zeit, weil ich es nicht für ihn tat, die Infusionsnadel aus der Brust reißen. Er regte sich sehr auf, dass ich seine Hand festhielt. Er wurde sehr böse und ärgerlich auf mich. Ich konnte aber nicht alles verstehen, was er sagte. Es war ein ständiger, hartnäckiger, fast heimtückischer Kampf zwischen uns beiden. Ich versuchte, ruhig mit ihm zu sprechen. Ich sagte, ich könne ihm den Wunsch nicht erfüllen. Wir sollten doch über etwas anderes sprechen.

N. wirkte verwirrt. Er sagte, es müsse doch schon ½ 5 Uhr sein. Jetzt stecke die Nadel doch schon 10 Minuten drin, jetzt könne sie endlich herausgenommen werden. Vielleicht spielte er damit auf etwas an, womit ihn die Ärzte beruhigt hatten, dass es nur für 10 Minuten sei. Ich weiß es aber nicht. Auf jeden Fall spielte diese Zeit eine große Rolle für ihn. Als er die Zeit 16.30 Uhr erwähnte, sagte ich, nein, es sei erst 10 nach 4 Uhr. Es traf auch zu. Daher weiß ich, wie spät es war. Ich sagte zu N., als er wieder einmal fast bösartig aufforderte, ihn endlich freizugeben, er wolle endlich frei sein und ich solle endlich die Infusionsnadel aus seiner Brust nehmen, ob er denn sterben wolle?
Ich hätte ihm so gerne gesagt, dass er sterben müsse, dass der Tod dicht neben ihm sei, aber ich wusste, ich würde dann in Tränen ausbrechen, ich würde ihn tief beunruhigen, ich würde ihm den Halt und die Zuversicht nehmen, die ich ihm im Augenblick sein konnte. Er wurde sehr ärgerlich über meine Frage und sagte: »Ach was, ach was.«
Es klang mir die ganze Zeit in den Ohren, dass er sagte, er wolle endlich frei sein. Das war eines seiner letzten Worte. Kurze Zeit danach kam ein fremder Arzt herein, und ich sagte ihm, dass er ständig versuche, sich die Infusionsnadel herauszuziehen. Er sagte, dann müsse die Hand eben fixiert werden. Nein, sagte ich, ich möchte ihn lieber festhalten, das sei menschlicher. Ach, meinte der Arzt, das sei doch nicht praktikabel, ich könne doch nicht die ganze Zeit dableiben. Ich sagte, aber gewiss könne ich das. Kurz danach wurde ich wieder hinausgewiesen, es muss noch nicht ganz ½ 5 Uhr gewesen sein. Ich sagte, dass ich eine halbe Stunde nach draußen gehen und mich dann wieder melden werde.

Das letzte Warten

Ich ging abermals nach draußen, der Nachmittag war immer noch voll strahlender Sonne. Ich suchte im Auto nach etwas Trinkbarem. Mir fiel ein, dass ich den Tee, den ich für N. bereitet hatte, noch im anderen Krankenhaus ausgeleert hatte. Ich ging dann in eine Restauration beim Krankenhaus, setzte mich dorthin, verlangte eine Flasche Sprudel. Ich legte meine Füße auf einen anderen Stuhl. Ich saß dort still und stumm. Ich trank einen Schluck; obwohl ich an dem Tag kaum etwas gegessen hatte, verspürte ich keinen Hunger. Auch war ich eigentlich nicht durstig. Ich saß die ganze Zeit und dachte und dachte. Mein einziger Gedanke war: »Lass ihn sterben, bitte, lass ihn sterben.« Ich betete es nicht, ich dachte es nur. Zu einem anderen Gedanken war ich nicht fähig. Mir kam nicht in den Sinn, dass N. in dem Augenblick schon tot sein könne. Ich hatte keine Angst davor, wenn ich wiederkam, ihn nicht mehr am Leben anzutreffen. Ich saß nur da und sagte: »Lass ihn sterben.« Die Qual dieses Sterbens war so groß, dass ich sie ihm gerne verkürzt hätte. [...]
Es war um 10 Minuten vor 6 Uhr; nachdem ich fast 90 Minuten gewartet hatte, kam der glattgesichtige Arzt und sagte, ich könne nun kurz zu N. gehen. Ich ging durch den Vorraum, ich öffnete die Tür. Als ich eintrat, leuchteten seine Augen auf, er sagte: »Endlich bist du da«, und verlangte abermals von mir, die Infusionsnadel aus seiner Brust herauszunehmen. Er wechselte zwischen Erkennen und Verwirrtheit, genau so wie in den letzten Stunden. Ich setzte mich wieder rechts von ihm hin, das heißt, ich saß also an seiner linken Seite. Ich erinnere mich nicht, dass wir noch ein Wort gewechselt hätten. Ich war höchstens eine Minute bei ihm, dann bemerkte ich, wie seine rechte Hand heftig und unruhig und ängstlich und zerfahren über das Bettuch hin und her rieb. Ich kannte diese Bewegung, er hatte sie schon mehrmals ausgeführt, nicht aber mit einer solchen Heftigkeit, und ich wusste, dass das Sterben oft solche Formen annimmt. Gesehen hatte ich es allerdings noch nie. Ich stand auf, ich legte ihm die Hand auf die Stirn und sagte zu ihm: »Fürchte dich nicht, fürchte dich nicht.« Ich hatte es ihm die ganze Zeit schon sagen wollen. Meinte ich den Spruch des Engels damit, der das Erschrecken der Menschen mit dem »Fürchte dich nicht« zu besänftigen versucht? Meinte ich jenes Wort: »Fürchte dich nicht, denn ich bin bei dir«, meinte ich: »Fürchte dich nicht, ich habe dich bei deinem Namen gerufen, du bist mein«? Ich weiß es nicht, ich weiß es wirklich nicht. Wahrscheinlich ist mir all dies in dieses eine Wort hineingeflossen. Meine Hand lag auf seiner Stirn. Ich nahm sie weg, er war ruhig. Jetzt konnte ich seine Augen sehen, die ich durch meine Hand bedeckt hatte. Sie waren gebrochen. N. war tot. Sein Gesicht trug den Ausdruck des Entsetzens. Der Kopf war hintenüber geworfen, es war mir, als habe er erst in dieser Sekunde begriffen, dass er sterben müsse, und als ob er darüber sehr erschrocken gewesen sei.
Das alles spielte sich innerhalb einer Viertelminute ab. Draußen hatte eine Schwester die Unruhe des Sterbenden bemerkt, sie rief die Ärzte. Ich hatte gerade seine gebrochenen Augen gesehen, als sie hereinstürzten und mich schlechtweg hinauswarfen. Der glattgesichtige Arzt rief: »Gehen Sie ganz schnell 'raus, gehen Sie ganz schnell 'raus!« Ich ließ mich hinauswerfen. Ich ließ mich zwingen, N. zu verlassen. Ich ging davon wie ein geprügelter Hund. Ich wusste, dass es Unrecht war, und konnte gegen dieses Un-

Krankenhäuser können unterschiedlich aussehen. Nicht überall auf der Welt gibt es medizinische Versorgung wie in Deutschland.

recht doch nicht aufbegehren. Als ich N. verließ, sah ich, dass noch ein winziges Zucken über das EKG ging. Ich setzte mich abermals draußen hin, Tränen liefen mir über die Wangen. Eine Putzfrau säuberte den Raum, sie bohnerte, sie schaute ein paar Mal zu mir herüber. Sie schwieg, sie sagte nichts, sie zeigte keine Anteilnahme. Sie tat ruhig ihre Arbeit, und doch wusste ich, dass sie nicht unberührt davon war, dass da eine Frau saß, der einfach die Tränen über die Wangen liefen. Aus N.s Zimmer stürzte ein fremder Arzt heraus, lief zu einem Schreibtisch, holte ein Medikament, ich sagte: »Lassen Sie ihn doch um Gottes willen tot. Was tun Sie denn, damit dieser Mann nicht sterben kann?« Was haben sie wohl gemacht? Ich weiß es nicht. Ich zog mein Notizbuch heraus, ich trug ein unter dem betreffenden Datum: 17.55 Uhr, ein Kreuz, das Zeichen des Todes, daneben N. Dann saß ich ruhig auf meinem Stuhl. Nach sechs bis sieben Minuten kam der glattgesichtige Arzt mit Beileidsmiene auf mich zu. Er reichte mir die Hand. Ich fragte ihn: »Ist es endlich vorüber?« Er sagte, ja, sie hätten ihm nicht mehr helfen können. Ich dürfe jetzt zu ihm gehen.

Ich durfte. Ich durfte. Was heißt das, ich durfte? War es nicht mein Recht, war es nicht der Anspruch, den ich hatte? Warum galt er in diesem Hause nichts? Warum meinte man, dass ein paar Minuten Leben wichtiger seien als die Liebe? Ich werde nicht aufhören, dieses Recht zu fordern und gegen die Unmenschlichkeit des Krankenhauses zu protestieren. […]

Zum letzten Mal trat ich in das Zimmer. N. war tot. Er hatte sich ihnen entzogen, er war frei. Sie hatten ihm die Augen zugedrückt. Nicht einmal diesen Liebesdienst hatten sie mir überlassen, nicht einmal diese Liebe hatte ich ihm erweisen dürfen. Ich sah ihn an, sein Mund war weit geöffnet, sein Gesicht sah immer noch entsetzt aus, war bestürzt, war gelblich. N. war tot, er war fremd, er hatte sich völlig entzogen, er war ein anderer geworden. Dennoch war er ein elendes Häuflein Mensch.

Er fühlte sich noch ganz warm an, ich habe ihn auf die Stirn geküsst und habe versucht, seinen Mund zu schließen. Ich bat ihn, den Mund zuzutun, die Kinder würden sich sonst erschrecken. Aber er gehorchte meiner Bitte nicht mehr, er war unerreichbar für mich und doch noch so nah und so warm. Ich weinte und war trotzdem glücklich. Ich sagte ihm, ich wäre so glücklich, dass ich hätte bei ihm sein können, dass ich ihm hätte beistehen können, dass ich ihm hätte helfen dürfen und dass er es endlich überstanden habe. Ich glaube, ich weinte vor Glück und Trauer in einem. Ich blieb nur wenige Minuten bei ihm, drei, vier oder fünf Minuten. Ich wusste, ich musste zu den Kindern. Ich hatte die ganze Zeit nicht an sie gedacht, jetzt wurde ich unruhig. Ich nahm von ihm Abschied. Dann sprach ich mit der Schwester darüber, was ich für ihn noch tun könne. Sie sagte, ich könne nichts mehr für ihn tun. Ich wusste, im Krankenhaus war mir nicht gestattet, ihn zu waschen, ihn neu zu betten. Dann bat ich sie, sie möchte dafür Sorge tragen, dass das Kinn hochgebunden werde. Die Kinder würden sich sonst erschrecken. Sie versprach es, sie würde sich gewiss darum kümmern. Ich fragte nicht, ob ich N. am nächsten Morgen noch einmal sehen könne. Ich wusste, das war in den Krankenhäusern nicht möglich. Ich wusste, ich musste darauf warten, bis er im Friedhof aufgebahrt werden würde.

Marielene Leist

3. Beschreiben Sie den Ablauf des Sterbens nach der Textvorlage.

4. Arbeiten Sie die Bedingungen heraus, unter denen Sterben im Krankenhaus nach dem vorliegenden Erlebnisbericht erfolgt. Erkundigen Sie sich, wie die Bedingungen für Sterbende und deren Angehörige in einem Krankenhaus Ihrer Nähe aussehen.

5. Vergleichen Sie Ihre bisherigen Ergebnisse mit den Bedingungen und Möglichkeiten, die ein Hospiz Sterbenden und deren Angehörigen bietet:

Der Begriff Hospiz entstammt mittelalterlicher Tradition. Hospize waren Pilgerherbergen, Orte der Gastfreundschaft. Die heutigen Hospize wollen dazu beitragen, dass Sterben als ein integraler Teil des Lebens wieder neu ins Bewusstsein aufgenommen wird. Das heißt: Wertvoll und in Würde bis zum Tode leben!

Menschen brauchen gerade in der letzten Phase ihres Lebens, wenn sie zunehmend hilfebedürftig und damit von anderen abhängig werden, die Gewissheit, medizinisch und pflegerisch gut versorgt zu sein. Ebenso wichtig ist es, dass ihre persönlichen Bedürfnisse und Belange ernst genommen und beachtet werden. Dazu zählt insbesondere der Wunsch, möglichst lange in der häuslichen und vertrauten Umgebung bleiben zu können.

Hospizeinrichtungen – so auch das Johannes-Hospiz – sehen ihren zentralen Auftrag darin, bei der konkreten Umsetzung dieser Anliegen zu helfen. Darüber hinaus möchten sie dazu beitragen, dass der Umgang mit dem eigenen Sterben und die Auseinandersetzung mit dem Thema Tod in der Gesellschaft selbstverständlicher werden. Hospizarbeit hat ihre Wurzeln im bürgerschaftlichen Engagement. Die ehrenamtliche Arbeit und Mitarbeit ist und bleibt ein essentieller Bestandteil der Hospizeinrichtung und ihrer Dienste.

Im Mittelpunkt stehen unheilbar kranke Menschen mit all ihren Sorgen, Ängsten und Schmerzen.

In der ambulanten und stationären Hospizarbeit möchten wir:

- Schwerkranken und Sterbenden eine intensive menschliche Zuwendung geben.
- Angehörige in gleicher Weise unterstützen, da sie ebenso zu den Betroffenen gehören wie der Sterbende selbst.
- Ein enges und selbstverständliches Zusammenwirken aller Betreuenden möglich machen.
- Sichtbar machen, dass ehrenamtlich Mitarbeitende Ausgangspunkt und Basis der ambulanten Hospizarbeit sind. Nur durch sie ist eine regelmäßige Begleitung zuhause möglich.
- Im stationären Hospiz pflegerische, medizinische und weitere Versorgung anbieten, die dem individuellen Bedarf des kranken Menschen entspricht.
- Bewohnerinnen und Bewohnern in einer sicheren Umgebung, ihren Wünschen und Bedürfnissen entsprechend, einen Ort bieten, an dem sie (ihr) Leben spüren können.
- In der Gestaltung des Alltags ehrenamtliche Mitarbeitende einbinden und die gesellschaftliche Bedeutung und Notwendigkeit dieses bürgerlichen Engagements deutlich machen.
- Trauernde Menschen begleiten.
- Konkret und verständlich vermitteln, dass das Sterben ein Teil des Lebens ist.

Johanneshospiz, Münster

Blick in die Räume eines Beerdigungsinstituts

Wenn im Flur des Johannes-Hospiz eine Kerze brennt, dann ist gerade ein Patient gestorben. Rund 700 Mal hat die Kerze in den sieben Jahren des Bestehens gebrannt. Die Bilder der Verstorbenen sind in einem Buch zu sehen: – beredtes Zeichen dafür, dass sie nicht vergessen sind und in den Herzen weiterleben. Im Johannes-Hospiz erleben die Sterbenden noch einmal besondere Zuwendung am Ende ihres Lebens. Deswegen ist die Einrichtung kein Haus des Sterbens, sondern ein Haus mitten im Leben.

Im Johannes-Hospiz zeigt sich das Leben genauso vielfältig wie außerhalb der beeindruckenden roten Backstein-Villa: Es wird gelacht und geweint. Menschen begegnen sich und verbringen angenehme gemeinsame Stunden. Das Johannes-Hospiz am Hohenzollernring ist mitten unter den Menschen. Der Tod – eines der großen Tabu-Themen unserer Gesellschaft? An diesem Ort zeigt sich: Hemmungen gegenüber dem Hospiz sind völlig fehl am Platze.

In einem Pilotprojekt mit dem Titel »Zwischen Ende und Anfang« arbeitet das Johannes-Hospiz mit den beiden Journalisten Gerd Felder und Markus Breuer vom »Team Zirkel« zusammen. Unter deren medienpädagogischer Anleitung beschäftigen sich […] Schülerinnen und Schüler aus Münster und Wilhelmshaven mit dem Thema »Tod«. Acht Wochen lang setzen sie sich mit so unterschiedlichen Zeitungen wie den »Westfälischen Nachrichten«, der evangelischen Kirchenzeitung »Unsere Kirche« und der »Frankfurter Rundschau« auseinander und nehmen deren Berichterstattung zu diesem Themenbereich unter die Lupe. Im Rahmen des Projektes werden die Jugendlichen aber auch selbst zu Journalisten und beschäftigen sich auf ganz unterschiedliche Weise mit dem vermeintlichen Tabu-Thema. […] Der Tod betrifft jeden von uns. Er gehört als Thema dorthin, wo es früher einmal war: mitten in die Gesellschaft. Zu dieser Entwicklung trägt die Hospiz-Arbeit in einem ganz erheblichen Maß bei.

Johanneshospiz, Münster

6.	Erläutern Sie das Projekt und beziehen Sie – noch vorläufig – Stellung.
7.	Erörtern Sie Vorzüge und Nachteile einer Sterbebegleitung in einem herkömmlichen Krankenhaus bzw. in einem Hospiz. Berücksichtigen Sie dabei, dass die vorhergehenden Texte nicht unbedingt verallgemeinerungsfähig sind, sondern Einzelfälle repräsentieren.

Zur Weiterarbeit finden Sie u. a. Materialien in **Kapitel II.**

3. Nahtoderfahrungen: Beweise für ein Leben »danach«?

a// Erfahrungsberichte aus dem Internet

In Auszügen aus einem Internet-Chat geht es um Nahtoderfahrungen. Darunter versteht man Erlebnisse von Menschen, die für begrenzte Zeit für klinisch tot befunden wurden. – beispielsweise während einer Operation, in Folge eines Verkehrsunfalls oder in einem Zustand kurz vor dem Ertrinken. Es geht dementsprechend um Todesnäheerfahrungen, nicht um Erfahrungen, die bereits als Todeserfahrungen anzusehen sind. – Diese Berichte werden sowohl wissenschaftlich interpretiert als auch religiös gedeutet.
Am Anfang steht Anitas Frage, ob jemand schon einmal ein Nahtoderlebnis gehabt habe.

@ Anita! 17.01.20..

Hallo Anita!
Ich hatte ein Nahtoderlebnis, an das ich mich sehr gut erinnern kann. Ich hatte einen sehr schweren Autounfall. 4 Wochen Koma, 10 Monate Klinik usw. Bevor ich in den Rettungshubschrauber konnte, um zur MHH Hannover zu kommen, musste man mich 2 mal zurückholen und reanimieren. Einmal hat dann noch in der Klinik mein Leben kurz ausgesetzt. Ich hatte 3 verschiedene Erlebnisse. Auch der besagte Lichttunnel war da. Ich habe jetzt keine Angst mehr vorm Tod. So ein wunderbares Glücksgefühl habe ich in meinen 54 Jahren auf Erden noch nicht gehabt. Kann vielleicht später noch intensiver berichten. Muss ich mehr Zeit haben. Erst mal sei gegrüßt.
Happy

Anita 17.01.20..

Hi an Alle!
Habe lange nicht auf diese Seite geschaut und bin sehr überrascht, dass mir so viele geantwortet haben! Ich kenne das Gefühl, Happy! Man kann es unmöglich beschreiben, weil es nichts Vergleichbares gibt.
Ich hatte bei der Geburt meiner Tochter einen Blutsturz und verlor innerhalb weniger Sekunden mein gesamtes Eigenblut, fiel ins Koma und kämpfte über 3 Tage gegen oder eigentlich mit dem Tod. – Denn ich habe keine Angst mehr vor dem Sterben – im Gegenteil, es ist das schönste Geschenk, das man erhält, wenn man seine Aufgaben hier erledigt hat!!!
Meine Tochter ist schwer mehrfach behindert und ich aufgrund der schweren Operationen unfruchtbar. Viele Menschen kommen auf mich zu und fragen mich, wie ich bei meinem »Schicksal« so fröhlich und voll Leben sein kann!

Hieronymus Bosch, Der Flug zum Himmel, nach 1490

Ich glaube, ein Teil dieses Lichts und dieser allumfassenden Liebe ist in meiner Seele geblieben und leuchtet dort unaufhörlich. Manchmal, wenn ich wieder einmal mit meinem Leben hadere, erinnere ich mich zurück und schon kann ich sie wieder in mir spüren, diese Leichtigkeit!

Ich durfte mich damals entscheiden, ob ich gehen, oder zurück in mein Leben kommen wollte und ich entschied mich dafür – nahm die Herausforderungen an.

Seit diesem Ereignis hat sich mein Leben grundlegend verändert. Ich kann die Dinge aus einem anderen Licht betrachten.

Außerdem habe ich Fähigkeiten erhalten, mit denen ich anfangs zu kämpfen hatte. Mit der Zeit lerne ich mehr und mehr zu vertrauen, sie zu integrieren und sie einzusetzen.

Ich bedanke mich jeden Tag für das Geschenk und die Erfahrungen und halte es für wichtig diese Erlebnisse an andere weiter zu geben. – Damit wir alle ein Teil des Himmels werden und der Tod seinen Schrecken verlieren kann!

Namor 25.02.20..

Hi,

ich hab zum Nahtoderlebnis eine Frage, und zwar möchte ich gern wissen, ob es stimmt, dass Selbstmörder nach ihrem Tod nicht diese Lichterfahrung gemacht haben wie die meisten anderen und dass sie dann dazu verdammt sind zwischen den Welten zu leben.

Die Frage mag merkwürdig klingen, aber mir hat jemand mal etwas in der Art berichtet, was derjenige aber auch nur gelesen hatte. Die Person hatte also keine Nahtoderfahrung.

Es ging in dem Text um Menschen, die von ihren Nahtoderfahrungen gesprochen haben und die neben dem Licht, Tunnel usw. auch bemerkt haben wollen, dass es Seelen zwischen den Welten gab, die nicht ins Licht gegangen sind, aus welchen Gründen auch immer, viele davon waren aber Selbstmörder. Kann das stimmen?

Mfg

Namor

16.09.20..

Ich hatte zwei Nahtoderlebnisse nach einem ärztlichen Fehler und ein 6-wöchiges Koma. Ich kann das Erlebnis mit dem Licht bestätigen und die gleichzeitige Klarheit.

Zwei Gestalten haben mich zurückgeschickt, diese Gestalten waren meine Großeltern väterlicherseits, die seit über 25 Jahren verstorben sind und mit denen ich nie viel Kontakt hatte. Eigentlich wollte ich nicht zurück, sondern mit ihnen gehen. Aber da waren sie sehr streng.

Das Schwierige war, dass das Krankenhaus in ihrer Angst, dass der Fehler bekannt wird, mir das Ganze verschwiegen haben und meinen Angehörigen auch nur vage Andeutungen gemacht haben. Es hat lange gedauert, bis ich herausgefunden hatte, was eigentlich passiert war, ich musste die Unterlagen durch einen Anwalt anfordern lassen, was ich eigentlich nicht wollte.

Aber heute ist mein Leben völlig anders, als es vorher war.

20.03.20..

Also ich möchte auch gerne was dazu sagen.

Ich kam in dieses Forum, nach dem mein Cousin verstorben war und ich mir viele Gedanken um den Tod machte. Ich habe plötzlich so viel Angst vor dem Tod verspürt, und da haben mir viele Beiträge hier im Forum weitergeholfen. Jetzt habe ich es überwunden und fühle keine Angst.

Zu den Nahtoderlebnissen möchte ich auch was sagen: Ich habe eine Tante die schon seit über 30 Jahre Allgemeinmedizinerin/Ärztin ist.

Ich war bei ihr zu Besuch (sie wohnt im Ausland) und wir haben uns über Tod etc unterhalten. Ich wollte wissen, was sie darüber denkt.

Sie ist gläubig und meinte, auch sie glaubt an etwas danach. Ihre Bestätigungen erhielt sie durch zwei Nahtoderfahrungen zwei ihrer Patienten.

Bei einer war sie sogar dabei. Sozusagen.

Ich weiß auch nicht genau, was passiert ist, ich erzähle mal, was ich noch weiß.

Bei einem Patienten wurden Wiederbelebungsmaßnahmen durchgeführt. Dieser Patient erzählte ihr nach dem Aufwachen, dass er über seinem Körper schwebte und sah, wie man versuchte, ihn wiederzubeleben. Ein zweiter Arzt meinte, man solle es sein lassen. Aber Gott sei dank, hatte man es geschafft, diesen Patienten wiederzubeleben.

Das Wunderliche für meine Tante daran war, das dieser Arzt erst bei dem Wiederbelebungsversuch hinzukam und, bevor der Patient aufwachte, bereits gegangen war.

Sie glaubte dem Patienten zunächst nicht. Dann jedoch, als bei einer späteren Untersuchung der zweite Arzt dazukam, meinte der Patient, als er ihn sah, nur: er war's, der das gesagt hatte, ich erkenne ihn wieder. Soweit zu der einen Geschichte.

Bei der zweiten ging es darum, dass die Patientin meinte, dass sie über ihrem Körper schwebte, und auch in ein weiteres Stockwerk gelangt sei, wo sie einen blauen Kinderschuh auf einer Liegefläche gesehen habe. Als sie aufwachte, hatte sie es der Krankenschwester erzählt. Diese fand den Kinderschuh am beschriebenen Ort.

Meine Tante hat für sich die Bestätigung, das da was ist.

Ich wollte es hier auch nur mal mitteilen.

MorganLeFay 26.04.20..

Ich habe meine eigene Theorie entwickelt. Ich vermute, dass kurz vor dem Eintritt des Todes eine Substanz (Hormon) ausgeschüttet wird, um es uns erträglicher zu machen. Genauso wenn man z.B. einen schweren Unfall hat und in einen Schock fällt. In diesem Moment fühlt man ja auch keinen Schmerz. Das Unterbewusstsein kommt kurz vor Eintritt des Todes zum tragen. Wenn ich schlafe und träume, sehe ich auch Bilder und in Verbindung mit einer körpereigenen, ausgeschütteten Substanz könnten solche Bilder und Empfindungen vielleicht entstehen. Was mich immer ein bisschen irritiert, dass die Betroffenen immer wieder von dem gleichen Erlebnis berichten bzw. ähnlich. Ein helles Licht, ein Tunnel und eine Stimme, die zu ihnen spricht. Der Tunnel könnte vielleicht dadurch entstehen, dass die Sichtweise verändert wird, wie z.B. beim Tunnelblick. Stimmen, die vielleicht daher kommen, dass gerade Menschen um das Leben des Betroffenen kämpfen. Jeder kennt das doch, wenn man tief und fest schläft und es klingelt der Wecker oder es läutet an der Tür, dass man dieses Ereignis in seinen Traum mit einarbeitet, in welchen Variationen immer.

Ist so eine Vermutung von mir. Ob wir das jemals wissenschaftlich belegen können?

1.	Welche Gemeinsamkeiten, welche Unterschiede enthalten die Beiträge? Vergleichen Sie.
2.	Wie werden die Nahtoderfahrungen gedeutet? Erläutern Sie.
3.	Nehmen Sie Stellung. Berücksichtigen Sie dabei den idealtypischen Verlauf einer Nahtoderfahrung, wie ihn Raymond A. Moody beschrieben hat.

Ein Mensch liegt im Sterben. Während seine körperliche Bedrängnis sich ihrem Höhepunkt nähert, hört er, wie der Arzt ihn für tot erklärt. Mit einemmal nimmt er ein unangenehmes Geräusch wahr, ein durchdringendes Läuten oder Brummen, und zugleich hat er das Gefühl, dass er sich sehr rasch durch einen langen, dunklen Tunnel bewegt. Danach befindet er sich plötzlich außerhalb seines Körpers, jedoch in derselben Umgebung wie zuvor. Als ob er ein Beobachter wäre, blickt er nun aus einiger Entfernung auf seinen eigenen Körper. In seinen Gefühlen zutiefst aufgewühlt, wohnt er von diesem seltsamen Beobachtungsposten aus den Wiederbelebungsversuchen bei.

Nach einiger Zeit fängt er sich und beginnt, sich immer mehr an seinen merkwürdigen Zustand zu gewöhnen. Wie er entdeckt, besitzt er noch immer einen »Körper«, der sich jedoch sowohl seiner Beschaffenheit als auch seinen Fähigkeiten nach wesentlich von dem physischen Körper, den er zurückgelassen hat, unterscheidet. Bald kommt es zu neuen Ereignissen. Andere Wesen nähern sich dem Sterbenden, um ihn zu begrüßen und ihm zu helfen. Er erblickt die Geistwesen bereits verstorbener Verwandter und Freunde, und ein Liebe und Wärme ausstrahlendes Wesen, wie er es noch nie gesehen hat, ein Lichtwesen, erscheint vor ihm. Dieses Wesen richtet – ohne Worte zu gebrauchen – eine Frage an ihn, die ihn dazu bewegen soll, sein Leben als Ganzes zu bewerten. Es hilft ihm dabei, indem es das Panorama der wichtigsten Stationen seines Lebens in einer blitzschnellen Rückschau an ihm vorüberziehen lässt. Einmal scheint es dem Sterbenden, als ob er sich einer Art Schranke oder Grenze näherte, die offenbar die Scheidelinie zwischen dem irdischen und dem folgenden Leben darstellt. Doch wird ihm klar, dass er zur Erde zurückkehren muss, da der Zeitpunkt seines Todes noch nicht gekommen ist. Er sträubt sich dagegen, denn seine Erfahrungen mit dem jenseitigen Leben haben ihn so sehr gefangengenommen, dass er nun nicht mehr umkehren möchte. Er ist von überwältigenden Gefühlen der Freude, der Liebe und des Friedens erfüllt. Trotz seines inneren Widerstandes – und ohne zu wissen, wie – vereinigt er sich dennoch wieder mit seinem physischen Körper und lebt weiter.

Bei seinen späteren Versuchen, anderen Menschen von seinem Erlebnis zu berichten, trifft er auf große Schwierigkeiten. Zunächst einmal vermag er keine menschlichen Worte zu finden, mit denen sich überirdische Geschehnisse dieser Art angemessen ausdrücken ließen. Da er zudem entdeckt, dass man ihm mit Spott begegnet, gibt er es ganz auf, anderen davon zu erzählen. Dennoch hinterlässt das Erlebnis tiefe Spuren in seinem Leben; es beeinflusst namentlich die Art, wie der jeweilige Mensch dem Tod gegenübersteht und dessen Beziehung zum Leben auffasst.

Raymond A. Moody

b// Deutungen aus unterschiedlicher Richtung

Eine Geschichte

»Wie lang ist das Leben und was kommt danach?«, fragte der Schmetterling Gott. »Was war davor? Warum weiß ich nichts davon? – Viele, schwere Fragen an einem schönen Frühlingstag. Fragen an Gott und es gab keine Antworten. Oder? träumte der Schmetterling? Etwas oder jemand ließ ihn spüren, dass er nicht alleine war: »Du kannst dein ganzes Leben noch einmal erleben. Fliege ganz hoch, so hoch wie du kannst, und du wirst Augen haben, die alles sehen; Ohren, die alles hören, und eine Seele, die alles fühlt.« – Und der Schmetterling flog und flog. Er strengte sich an, höher und höher. Er gab seine ganze Kraft hin.

Als er nicht mehr konnte, gab er auf und ließ sich fallen. Aber er fiel nicht, er wurde gehalten, unsichtbar getragen. Er schwebte. Er spürte Licht um sich herum, hörte unbekannte Töne und sah plötzlich ein Bild vor sich. Er platzte auf, wie eine Seifenblase. Er sah einen Schmetterling, der an einen Busch flog, seine Eier ablegte und verschwand. Die Sonne kam, der Regen fiel und aus einem Ei schlüpfte eine Raupe, ganz klein und fast unsichtbar. Der Schmetterling spürte plötzlich in seiner Seele: – Das bin ich. Ich bin dieser kleine Wurm. – Er staunte.

Die Raupe kletterte los, fraß von den Blättern, versteckte sich vor den Vögeln und Insekten. Sie lebte gut. Kein Tag war wie der andere. Manchmal hatte sie Angst, gefressen zu werden, und versteckte sich. Mal sonnte sie sich übermütig. Sorgen kannte sie nicht und wuchs prächtig. Sie wurde dicker, träger und langsamer. »Was soll aus der wohl werden«, fragte sich der Schmetterling, »und wie bin ich so schön geworden?«

Die Raupe suchte sich einen schönen verstecken Platz. Sie streckte sich an der Unterseite eines kleinen Zweiges und spann sich ein. Langsam aber war nicht mehr viel von ihr zu sehen. »Stirbt die Raupe?«, sorgte sich der Schmetterling. »Ja«, hörte er Antwort, »sie stirbt und erwacht zu neuem Leben. Sie wechselt ihre äußere Hülle. Das Alte vergeht und das Neue wächst heran. Schau!« Und er sah hinein in die Hülle, die Puppe. Die Raupe war nicht mehr da, er erschrak. Feine Gliedmaßen entstanden, alles verwandelte sich. Ein Bild löste das andere ab. – Der Schmetterling staunte. – Beinah hätte er übersehen, wie die Puppe sich unten öffnete. Ein kleines Loch entstand. Eine neue Gestalt kletterte, nein schob sich langsam heraus und saß im Licht. Die Sonne wärmte sie und sie atmete tief ein. Das neue Leben hatte begonnen. Die Gestalt breitet die zarten Flügel aus und erhob sich in die Luft.

»Das bin doch ich«, dachte der Schmetterling. »Er sah noch einmal sein Leben bis zu dem Flug, der ihn höher und höher trug. »Ja, das bist du«, sagte Gott. »Du weißt nun, was vorher war und was nachher kommt. Sonst sieht jeder nur seinen Lebenszeitraum, seine Erfahrung. Er spürt nicht das neue Leben und auch nicht die Ankunft im Licht. Nur weil du dich fallen gelassen hast, weil du vertraut hast, konntest du mehr sehen.«

Quelle unbekannt

Hans Peter Reuter, Licht-Raum (300), 1983

1. Was wird jeweils über ein »Danach« gesagt? Skizzieren Sie die Positionen.
2. Erörtern Sie Möglichkeiten und Grenzen von Aussagen über ein »Danach«.

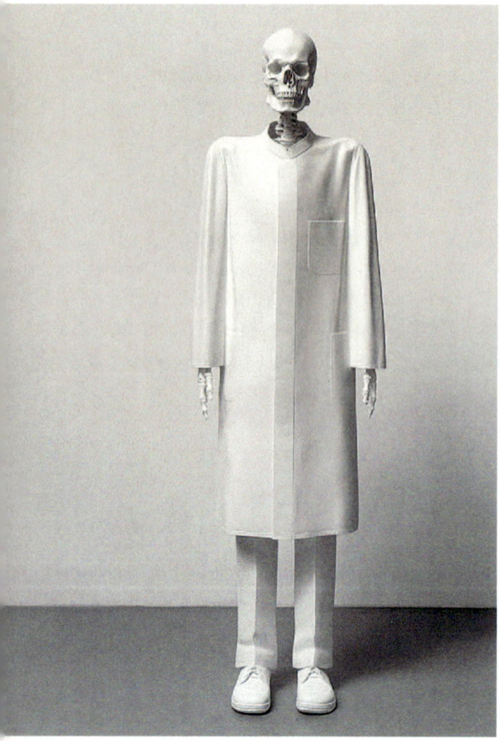

Katharina Fritsch, Doktor, 1997–1999

Das Statement eines Wissenschaftlers

Die Berichte von Menschen, die dem Tod nahe waren, über seltsame Empfindungen, Wahrnehmungen und Erlebnisse sind natürlich keine Geschichten aus dem Reich der Toten. Diese Menschen waren nicht tot, ihr Gehirn hatte seine Funktionen erhalten, ermöglichte Empfindungen und Wahrnehmungen und besaß sogar die Fähigkeit, das Erlebte im Gedächtnis zu bewahren, um es später zu berichten. Ein wirklicher Stillstand aller Hirnfunktionen macht all dies unmöglich. Der Tod ist nicht wahrnehmbar, löst keine Empfindung aus, ist kein Ereignis in der Zeit, hinterlässt keine Gedächtnisspur, ist nichts, was erlebt werden könnte, da im Tod keine Hirnfunktionen mehr bestehen, die all dies vermitteln könnten. Der Tod hat keine erfahrbaren Eigenschaften, ihm fehlt jedes Attribut der Existenz. Niemand kann seinen eigenen Tod erfahren. Er ist somit kein Ereignis des Lebens. »Tod« ist lediglich die biologische Schwelle zum unwiederbringlichen Erlöschen aller Hirnfunktionen, die wir als außenstehende Beobachter am Gehirn anderer Menschen oder Tiere feststellen können. Er ist markiert durch den Stillstand des Gehirnkreislaufs, das Anhalten aller elektrischen Aktivität, das Versiegen des Hirnstoffwechsels, die Reaktionslosigkeit bis zum Fehlen selbst der Reflexe des Hirnstamms. Aber er existiert nicht als erlebbares Ereignis in der Welt des Sterbenden. Nur das Sterben, solange es bewusst verläuft, ist noch ein Ereignis des verbleibenden Lebens.

Reinhard Werth

Zur Weiterarbeit finden Sie u. a. Materialien in **Kapitel II.**

4. Was kommt »nach« dem Tod? – Glaubensantworten von Religionen und Weltanschauungen

Der Glaube an ein Leben nach dem Tod gehört zwar zu unserer religiösen Tradition, aber für den gebildeten Menschen des Westens hat die Religion viel von ihrer ursprünglichen Bedeutung und Kraft verloren. Die nicht-westlichen Kulturen haben dagegen die ursprüngliche Kraft ihrer Kosmologien, Religionen und Philosophien noch bewahrt, in denen der Tod nicht als das absolute Ende des Daseins gilt und das Bewusstsein in irgendeiner Form weiterexistiert. Sie stellen sich das Leben nach dem Tod sehr unterschiedlich vor: als Folgen höchst abstrakter Bewusstseinszustände bis zu Bildern eines Jenseits, das dem irdischen Leben gleicht. Doch in all diesen Vorstellungen wird der Tod als Übergang oder Verklärung, nicht als endgültige Vernichtung des Individuums, gesehen.

Die eschatologischen Mythen geben nicht nur detaillierte Schilderungen der Bewusstseinszustände nach dem Tod oder des Aufenthalts der Verstorbenen, z.B. des Himmels, des Paradieses oder der Hölle, sondern bieten auch eine genaue Kartographie, um den Sterbenden durch die Folge von Bewusstseinswandlungen

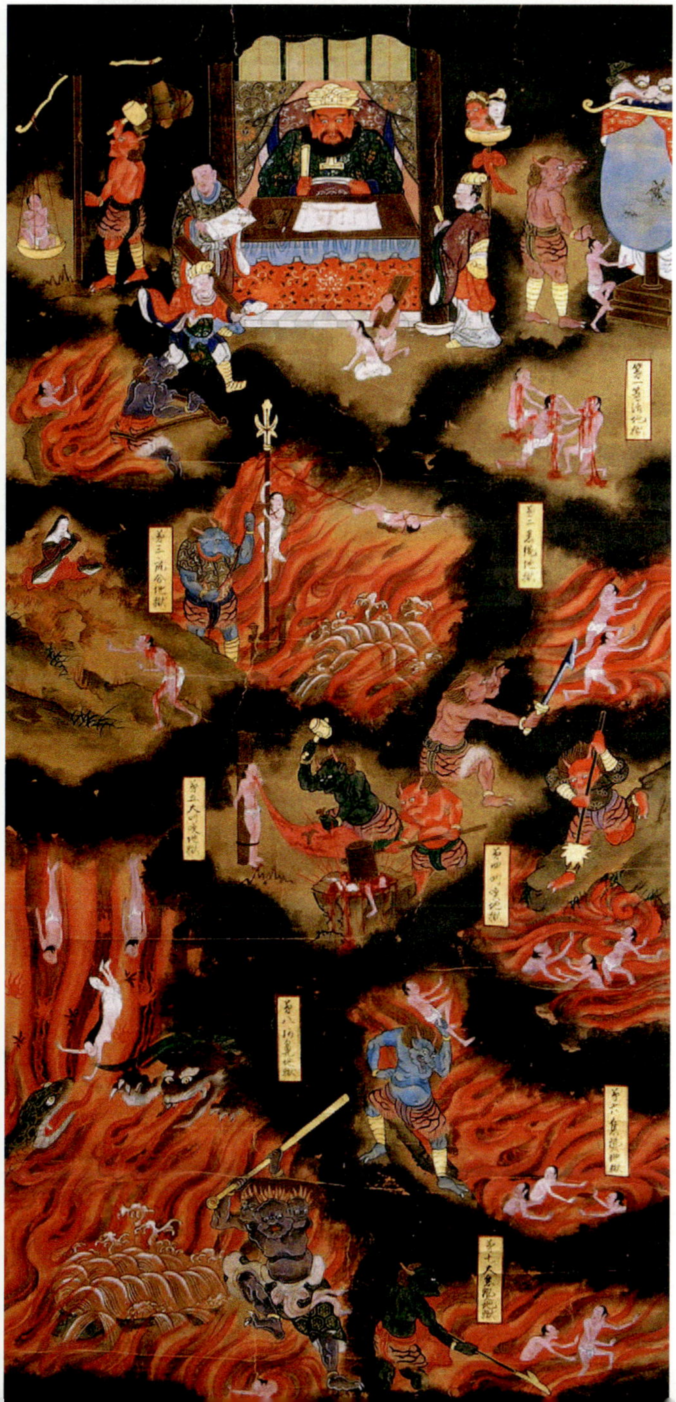

Altarbild San Miguel, Soriguerola/Spanien, Katalanien 13. Jahrhundert

Buddhistisches Totengericht, Japanisches Rollbild, 11.–12. Jahrhundert Horniman Museum and Gardens, London

zu geleiten, die sich während dieser kritischen Phase des Übergangs vollziehen.
Ein solcher Glaube vermag unzweifelhaft die Furcht vor dem Tod zu bannen und im Extremfall die dem Leben und Sterben zugeschriebenen Werte sogar umzukehren. Für den Hindu ist das unerleuchtete Leben ein Zustand der Trennung, der Gefangenschaft und Täuschung, während der Tod Vereinigung, spirituelle Befreiung und Erwachen bedeutet. Der Tod ermöglicht dem individuellen Selbst (jiva), sich von den Trugbildern der Welt (maya) zu lösen und seine Göttlichkeit (atman-brahman) zu erfahren. In Systemen, in denen die Reinkarnation eine bedeutende Rolle spielt, wie im Hinduismus, Buddhismus, Jainismus und im tibetischen Tantrismus, kann das Sterben sogar als wichtiger gelten als das Leben. Die Kenntnis und die rechte Einstellung zu den Erlebnissen des Sterbens kann die künftige Inkarnation entscheidend beeinflussen. Für den Buddhisten ist das Leben an sich leidvoll, und sein höchstes Ziel ist es, die Flamme des Lebens zu löschen und dem Rad von Tod und Wiedergeburt, der Kette wiederholter Inkarnationen, zu entfliehen.
Das Sterben wird manchmal als ein Aufstieg in die kosmologische Hierarchie, in die Welt der verehrten Ahnen, mächtigen Geister oder Halbgötter angesehen oder als Übergang vom Erdenleben mit seinen Leiden in ein seliges Dasein im Reich der Sonne oder der Götter. Noch häufiger jedoch ist die Vorstellung einer Dichotomie oder Polarität: Hölle und Fegefeuer neben himmlischen Regionen und paradiesischen Zuständen. Die Reise der Seele nach dem Tod ist kompliziert und schwierig. Daher ist es wesentlich, beim Eintritt des Todes wenigstens eine Kenntnis der Kartographie und der Gesetze des Lebens nach dem Tod zu besitzen.

Stanislav und Christina Grof

1.	Was kommt »nach« dem Tod? – Skizzieren Sie die Antworten der Religionen aus dem Text.
2.	Interpretieren Sie das Gedicht »Eine Feststellung« von Erich Kästner. Setzen Sie sich mit seiner inhaltlichen Position auseinander.

Zur Weiterarbeit finden Sie u. a. Materialien in **Kapitel II und III.**

Eine Feststellung

Wir haben's schwer.
Denn wir wissen nur ungefähr,
woher,
jedoch die Frommen
wissen gar, wohin wir kommen!

Wer glaubt, weiß mehr.

Erich Kästner

5. »Tod« – Was mit dem Begriff alles gemeint sein kann …

Die Theologin Dorothee Sölle hat sich in einem vielbeachteten Vortrag der Thematik »Der Tod am Brot allein« gewidmet.

Liebe Freunde,
der Mensch lebt nicht von Brot allein, er stirbt sogar am Brot allein, einen allgegenwärtigen schrecklichen Tod, den Tod am Brot allein, den Tod der Verstümmelung, den Tod des Erstickens, den Tod aller Beziehungen. Den Tod, bei dem wir noch eine Weile weitervegetieren können, weil die Maschine noch läuft, den furchtbaren Tod der Beziehungslosigkeit: wir atmen noch, konsumieren weiter, wir scheiden aus, wir erledigen, wir produzieren, wir reden noch vor uns hin und leben doch nicht. […]
Alleinsein und dann allein gelassen werden wollen, keine Freunde haben und dann den Menschen misstrauen und sie verachten, die andern vergessen und dann vergessen werden, für niemanden da sein und von niemanden gebraucht werden, um niemanden Angst haben und nicht wollen, dass einer sich Sorgen um einen macht, nicht mehr lachen und nicht mehr angelacht werden, nicht mehr weinen und nicht mehr beweint werden: der schreckliche Tod am Brot allein. […]
Das ist der Tod, von dem die Bibel spricht: der Mensch, für den die anderen nicht Reichtum bedeuten, Herausforderung, Glück, sondern Angst, Bedrohung, Konkurrenz, der Mensch, der von Brot allein lebt und daran stirbt, am Brot allein, von dem man nicht leben kann. Das ist der Tod, von dem die Bibel spricht und vor dem sie Angst hat und Angst macht, nicht der Exitus, an den wir meistens denken, sondern der Tod, der ein sinnloses und leeres Leben bedeutet, der Tod im Beziehungslos-Sein, in der Angst, in der Sprachlosigkeit, in der Verlassenheit. […]
Der Tod, der uns wirklich bedroht, der uns mitten im Leben umfängt, das ist der Tod der Beziehungslosigkeit. Nicht das Abschiednehmen von einer Stufe des Lebens fällt uns schwer; für viele wird es überhaupt unmöglich, den Zustand zu erreichen, in dem Wörter wie Abschied und Schmerz noch Sinn haben. Die Beziehungslosigkeit als das alles beherrschende Totsein lässt den einzelnen Schmerz, der bitter und süß schmeckt, gar nicht erst aufkommen. Das ist die Hölle, die uns verschlingt, mitten im Leben, mitten im Produktionsprozess. Der Tod ist der Sünde Sold, d.h. die Konsequenz des falschen Lebens, der Tod der Beziehungslosigkeit und der Angst voreinander, der Tod an einem Leben, das nur noch Überleben war, der Tod am Brot allein. […]

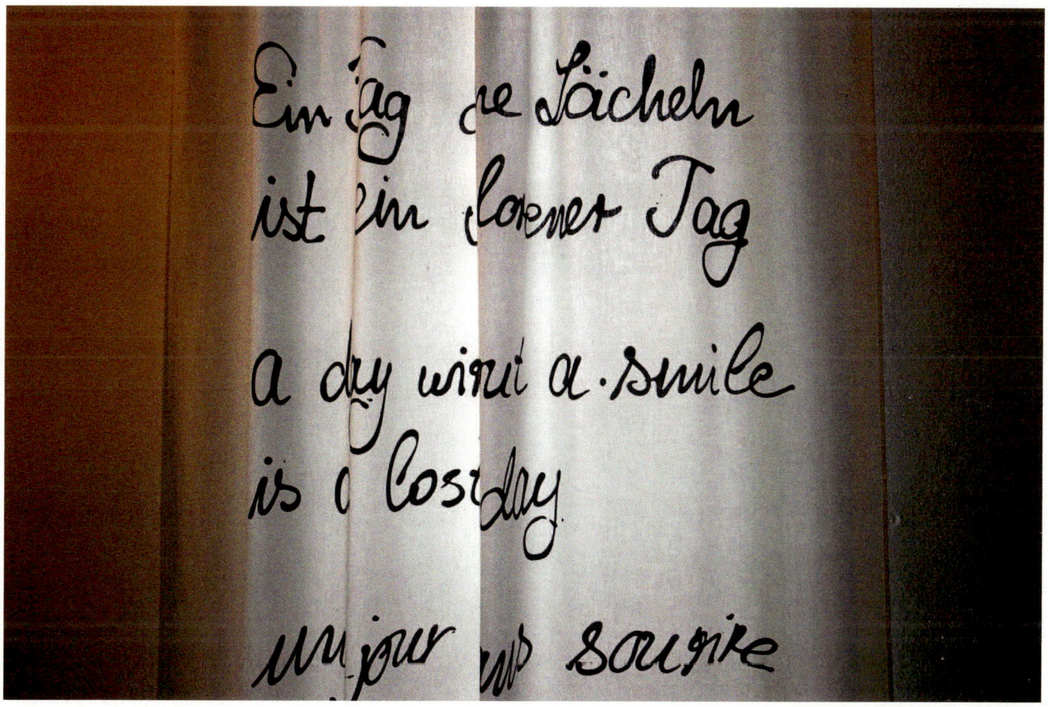

Was hat das Bild mit »Tod« und »Leben« zu tun?

Tafel in einer Kirchenmauer

Gedenktafel auf einem Friedhof

Es ist dieser Tod, von dem die Bibel spricht, sie nennt ihn: der Sünde Sold oder der letzte Feind. Gegen diesen Tod hat Jesus Widerstand organisiert. Die Geschichten von der Wiedererweckung von Toten wie Lazarus oder dem Töchterlein des Jairus handeln vom Kampf gegen den hingenommenen Tod. Sie rufen uns auf gegen den Tod, sie ermutigen uns zum Glauben, und das bedeutet: zur Parteinahme für das Leben. Die Überwindung der Herrschaft des Todes kündigt sich an, nicht erst in der Auferstehung Jesu, sondern in den Geschichten aus seinem Leben. Wo Gewalt ist und wo Beziehungslosigkeit herrscht, da herrscht der Tod. Je beziehungsloser wir leben, je mehr anerkennen und tolerieren wir den Tod. […]
An Gott glauben bedeutet auf die Seite des Lebens übergehen und aufhören, ein Komplize des Todes zu sein […].

Dorothee Sölle

1. Was versteht Sölle unter dem Begriff »Tod«? Inwiefern unterscheidet sich ihr Verständnis von einer Verwendung des Begriffs im biologischen Kontext? Stellen Sie dar und erläutern Sie.
2. Erörtern Sie, inwiefern es für das Verständnis biblischer Texte wichtig ist, um die Mehrdeutigkeit des Todes- und Lebensbegriffs zu wissen.
3. Welche Konsequenzen erwachsen aus dem Todesverständnis von Dorothee Sölle? Beziehen Sie Stellung.

Zur Weiterarbeit finden Sie u. a. Materialien in **Kapitel II und IV.**

6. Apokalypse – Visionen vom Ende der Welt

Die Vorstellung, dass das Ende nahe und die Zeit der Erlösung angebrochen sei, eint die Weltuntergangspropheten aller Kontinente. Und schon immer haben Sekten-Führer behauptet, den genauen Termin des »großen Knalls« zu kennen: Der Amerikaner William Miller etwa verkündete im Jahre 1814, am 21. März 1844 sei es endlich so weit. Mit dieser Schreckensmeldung mobilisierte Miller eine Anhängerschar von fast einer Million Menschen. Sie ließen die Ernte verfaulen und verschenkten ihr gesamtes Hab und Gut. Die Zeugen Jehovas wiederum nannten als Datum für die Apokalypse das Jahr 1914. Als der Untergang ausblieb, wurde ein neuer Termin festgelegt: diesmal 1975. Seit ihrem abermaligen Irrtum mögen sich die »Wachtturm«-Prediger nun nicht mehr festlegen [...]. Mag der Weltuntergang für die meisten Menschen auch schrecklich sein, so erwarten Sektenanhänger ihn als den Beginn eines besseren Lebens, als Tor zum Paradies. Inmitten einer verderbten Welt wähnen sie sich als die allein Gerechten, Auserwählten, denen Erlösung verheißen ist. [...]

Endzeit-Visionen gehören zum Bestandteil beinahe jedes Kulturkreises. Nach Auffassung indianischer Schamanen hat die Menschheit sogar schon zwei Weltuntergänge überlebt, die durch Ermüdung der Erde und kosmische Katastrophen (Flut und Feuer) verursacht worden seien. Die Erwartung auf den dritten Untergang soll die südamerikanischen Guarani-Indianer schon früh auf Wanderschaft getrieben haben – ihr Ziel war das »Land der Unsterblichkeit«.

In den heiligen Büchern der Religionen wird das Weltfinale um einiges dramatischer beschrieben als von den heutigen Wissenschaftlern, die kühl davon ausgehen, dass der Planet Erde in ein paar Milliarden Jahren ganz einfach verglühen wird. Die Juden haben immer dann die endzeitliche Katastrophe heraufbeschworen, wenn sie sich [...] massiv bedroht fühlten. Nicht von ungefähr entstanden die ersten apokalyptischen Schriften um das Jahr 167 v. Chr., als der Jerusalemer Tempel rabiat zum Heiligtum des griechischen Gottes Zeus umfunktioniert wurde. Das Verbot des eigenen Kultes wurde von den Frommen als Anzeichen des nahen Weltendes gedeutet, das nach ihrem Glauben aber keinesfalls mit einem endgültigen Untergang gleichzusetzen war. Ihre Hoffnung lautete: je größer die Not, desto eher komme der messianische Retter.

Ähnlich verhält es sich mit der Apokalypse des Johannes, dem letzten Teil der christlichen Bibel. Das um 100 n. Chr. entstandene Buch sollte vor allem die sieben verfolgten Gemeinden in der römischen Provinz Asia moralisch aufrüsten. Die Schreckensvisionen waren weniger eine Illustration der Zukunft, als eine Reaktion auf die Unterdrückung in der Gegenwart. Die Verfolgten hofften darauf, dass Gott die gerechte Ordnung mit einem großen Crash des Universums wiederherstellen möge. Wie das vor sich gehen wird, schildert Johannes in seiner Apokalypse (übersetzt: »Enthüllung«, »Offenbarung«) sehr anschaulich: Am Tag des Weltuntergangs wird der Satan für tausend Jahre gefangengesetzt, später in einem See aus brennendem Schwefel vernichtet; es folgt die Auferstehung der Toten und das letzte Gericht; im großen Finale führt dann Gott selbst einen Neuen Himmel und eine Neue Erde herbei. Wann dies genau stattfinden wird, das hatte schon Jesus offengelassen – obwohl er selber mit einem baldigen Anbruch der Gottesherrschaft rechnete.

Zwar verlor die apokalyptische Bewegung im Abendland an Schwung, seit das Christentum zur römischen Staatsreligion erhoben worden war. Doch auch nach dem Ende der Verfolgungen rissen die Spekulationen um das Weltende nicht ab. Das zeigte sich bereits 474 n. Chr., als Romulus Augustulus, der letzte Imperator Westroms, abgesetzt wurde. Selbst kluge Kirchenväter sprachen damals vom Ende der Weltzeit. Und um das Jahr 1000 herum, als Seuchen und Hungersnöte in Europa grassierten, als Sonnen- und Mondfinsternisse Angst und Schrecken verbreiteten, meinten manche Propheten, die Posaunen des Untergangs zu hören. Kaiser Otto III. soll derart von Furcht ergriffen gewesen sein, dass er sich auf dem Boden wälzte und gelobte, Einsiedler zu werden, wenn sich damit nur das Jüngste Gericht aufhalten lasse.

Elmar zur Bonsen und Stefan Ulrich

1.	Konkrete Vorstellungen von Ende der Welt – nur etwas für Sektierer? Beziehen Sie Stellung – wenn auch noch nicht abschließend.
2.	Das biblische Buch der Apokalypse – Zukunftsvorhersage oder Trostschrift? Erörtern Sie die Alternative.

Zur Weiterarbeit finden Sie u. a. Materialien in **Kapitel III.**

7. Wie mit der begrenzten Zeit umgehen? – Dem Leben Sinn geben

Herb Stumpf erzählt von seinen Erfahrungen mit der Frühpensionierung, die ihn dazu bewegte, seine Lebenseinstellungen neu zu bedenken.

Mit dem Tod und der Endlichkeit des Lebens muss sich jeder von uns irgendwann auseinandersetzen, insbesondere dann, wenn ein Mensch oder ein Tier stirbt, mit dem man persönlich näher bekannt und vertraut war. Besonders intensiv ist diese Erfahrung dann, wenn man mit diesem Wesen eng verbunden war und wenn dessen Ableben plötzlich und unerwartet erfolgte und man der Meinung ist, der Tod hätte bei einem selbst noch keinen Platz, er wäre zu früh dran.

Wenn man jung ist, so ist der Tod relativ abstrakt, die eigene Endlichkeit scheint unerreichbar weit entfernt. In der Lebensmitte ändert sich das und führt in der Regel zu größerer Nachdenklichkeit. Im letzten Drittel kann man der eigenen Betroffenheit und vor allem der Frage »Wann trifft es einen selbst?« nicht mehr ausweichen. Man kommt ins Grübeln, wird nachdenklich, hinterfragt den »Sinn des Lebens«, überlegt vielleicht sogar, ob man überhaupt richtig lebt oder gelebt hat.

Um die Jahrtausendwende erlag eine gemeinsame, liebe Freundin Zug um Zug einem längerem Leiden. Meine Frau und ich waren jeder auf seine Art betroffen. Dieser Tod, der so schleichend und somit angemeldet kam, ohne den Effekt der Überraschung, dafür hautnah, war so intensiv, weil wir ihn bis zum letzten Atemzug, den wir miterlebten, begleitet haben. In seiner Unfassbarkeit war er fassbar geworden. Es warf in mir selbst viele Fragen auf, ich wurde noch etwas empfindsamer, verletzlicher, einiges erschien mir plötzlich wichtig, das vorher unwichtig war, und Wichtiges wurde auf einmal relativ in seiner Bedeutung.

Ich war monatelang mit der Verarbeitung beschäftigt. Ein kleiner Urlaub brachte zwar etwas Abstand und neue Impulse, meine tieferen Fragen, die dabei aufgeworfen wurden, blieben aber längere Zeit nicht beantwortet. Ich wurde schließlich selbst krank – nicht ernsthaft, aber lästig und anhaltend genug, dass ich schließlich mein Heil in einer Ayurveda-Kur auf Sri Lanka suchte. […]

In der Praxis des behandelnden Arztes, eines älteren, weisen Sri-Lankers, fand ich ein kleines Büchlein mit dem einprägsamen Titel A Simple Guide to Life, das er mir auf meine Bitte hin gerne überließ. An einem Satz blieb ich hängen: »Life is not a being, an identity, but a becoming; not a product, but a process.« (»Das Leben ist nicht ein Wesen, eine Identität, sondern ein Werden; nicht ein Produkt, sondern ein Prozess.«)

Dies war die beinahe notwendige Ergänzung zu einem Kernsatz, den ich bei Thomas Moore gefunden hatte: »Der Sinn des Lebens ist die Entwicklung der Seele.« […]

Mit einem buddhistischen Einsiedlermönch, den ich bei meinen Spaziergängen in einem kleinen Kloster auf einer bizarren Felsformation am Meer entdeckt hatte, konnte ich diese Feststellungen reflektieren. Er führte mich sogar noch ein Stück weiter:

Wenn das Leben keine eigene Identität hatte, dann war auch die Sache mit dem Ego ziemlich hohl. Dieses Ego, das sich an äußeren Dingen nährte, wie Status, Anerkennung, Position und Macht. Wenn es im Leben dagegen um das eigene Werden ging, dann waren da nicht äußere Werte gemeint, sondern etwas Höheres, etwas Inneres – nämlich der Kern des eigenen Ich. Das, was man Seele nennt. Zu deren Entwicklung gehörten die Erfahrung des Leidens ebenso wie die Zeiten der Unzufriedenheit und der Verzweiflung, genauso wie die Momente der Zufriedenheit und der Glückseligkeit. Verbunden war das Ganze mit einem dauernden Antrieb des Geistes, der uns von einer Befriedigung eines Bedürfnisses zur nächsten trieb. Alles unterlag aber nicht einer gewissen Selbstbefriedigung, sondern einzig und alleine diesem Werden des eigenen Selbst und nicht einer äußeren aufgesetzten Schale, eines Images, das man meist nur schauspielerte.

Von da aus war die Frage nach dem »Ziel des Lebens« nicht mehr weit! Auch darauf bekam ich eine sehr einfache und damit befriedigende Antwort, die schon Aristoteles in klarer Form beantwortet hatte: »Nicht die Wahrheit ist das Ziel des Lebens, sondern Glück und Zufriedenheit.«

Ja, es ist wirklich nicht die Erreichung von möglichst viel Geld, Macht oder Status, sondern einzig und alleine das Erlangen eines Gefühls, das einem den Zustand von »Glück« gibt, von Ausgeglichenheit, Zufriedenheit, Geborgenheit und Liebe. Dazu gehören so einfache – aber doch so schwierig zu erlangende Dinge wie das Erkennen der eigenen Fähigkeiten und Grenzen, der Mut, das zu tun, was man für richtig hält, und – last but not least – Liebe zu allem Sein.

Geld ist nur ein Werkzeug, aber nichts, was einem an

sich selbst Befriedigung geben kann. Es kann das Leben zwar erleichtern und vereinfachen – aber der Wert an sich ist relativ.

Macht, Position und Status sind schön für das Ego – in jedem Fall aber noch schneller vergänglich als das Leben selbst! Was beständig ist, ist jedoch die Seele. Sie ist einem ins Gesicht geschrieben und möglicherweise überlebt sie sogar. Im Gesicht kann man sie sogar lesen, denn bekanntlich ist jeder für sein Aussehen ab einem gewissen Alter selbst verantwortlich. Es ist die Seele, die man darin sehen kann. Das Sein – und nicht das Haben! Es zählt nicht Wer du bist, sondern Wie du bist.

So blieb für mich – nach dem Sinn und Ziel des Lebens – noch die Frage, was eigentlich sein Inhalt sei. Dazu fand ich nach einigem Nachdenken meine eigene Antwort: Arbeit und Beziehungen. Es war wiederum so einfach: Von Arbeit, von einem Tun war mein ganzes Leben geprägt, es hatte meinen Tagesablauf bestimmt, es hatte mich dahin geführt, wo ich schließlich angekommen war – es war nicht das Nichtstun! Und Menschen, Begegnungen hatten mich durch mein Leben geführt und mir dabei die Hand gehalten, mich gefordert und gefördert; sie hatten meinen Alltag reich gemacht und ihn gefüllt. Alles andere waren letztlich nur Begleiterscheinungen!

Und schließlich fragte ich, ob es eine bestimmte Aufgabe im Leben gab – und wieder erhielt ich eine verblüffend einfache Definition:

»Zu lernen, wer wir sind und warum wir so sind, wie wir sind, dies alleine ist der wichtigste Lebensauftrag!«

Wenn wir wissen, wer wir sind und warum wir so sind, wie wir sind, dann erkennen wir unsere Seele – das, was uns so sein lässt, wie wir sind, die Hintergründe und die Motivationen. Nur wenn wir das wissen, können wir uns selbst betrachten und uns gegebenenfalls verändern. Dies ist wahrlich ein weiter Weg. Einer, der durch das ganze Leben führt.

Ein Teil von mir, für den es vorher vielleicht zu wenig Zeit und Raum gab, ist in den beiden ersten Jahren nach meinem Ausstieg ganz besonders stark geworden, der geistige, spirituelle Bereich, ohne mich dabei auf eine bestimmte Ideologie festzulegen. Die Auseinandersetzung mit etwas »Höherem«, etwas, das nicht so vergänglich ist wie die materielle Welt. Die Konfrontation mit dem Tod hatte da noch etwas zurechtgerückt! Der materiellen Welt hatte ich lange genug gedient. Sie hatte mich wohl ernährt, sie hatte überhaupt den Boden dafür geschaffen, dass ich in der Bedürfnispyramide vom vollen Bauch in etwas höhere Sphären vorstoßen konnte, und – sie hatte mir lange sehr viel Spaß bereitet. Aber sie hatte zu viel Platz in meinem Leben gehabt. Es war gut, dass ich die Gewichte nun endlich verschieben konnte. Und ich möchte sie auch nicht mehr zurückdrehen müssen! Denn die Entwicklung der Seele war und ist schließlich das eigentliche Ziel!

Herb Stumpf

1.	Welches Ergebnis hatte das Nachdenken von Herb Stumpf über die Endlichkeit des Lebens? Skizzieren Sie seine Überlegungen.
2.	Über die Frage, wie man sich auf das Ende des Lebens vorbereiten kann, sind vielfältige theoretische Vorschläge gemacht worden, etwa • dass man sich ständig im Sterben üben möge (Sokrates), • dass, wer den Tod als Grenze akzeptiere, frei für das Leben werde (Montaigne), • dass, wer lebe, als würde er ewig leben, unwesentlich lebe (Elisabeth Kübler Ross). Erörtern Sie den Wert dieser Vorschläge.

3. Vier Jahre vor seinem Tod schrieb Wolfgang Amadeus Mozart (1756–1791) an seinen Vater:
»Ich lege mich nie zu Bett, ohne zu bedenken, dass ich vielleicht, so jung als ich bin, den andern Tag nicht mehr sein werde – und es wird doch kein Mensch von allen, die mich kennen, sagen können, dass ich im Umgang mürrisch oder traurig wäre – und für diese Glückseligkeit danke ich alle Tage meinem Schöpfer und wünsche sie von Herzen jedem meiner Mitmenschen.«
Was halten Sie von dieser Angewohnheit Mozarts? Ist sie für die Lebensgestaltung von praktischem Wert? Beziehen Sie Stellung.

4. Interpretieren Sie das Gedicht des Pfarrersohns Matthias Claudius (1740–1815), der Theologie und Jura studierte, in dem es im Überblick um den Verlauf des menschlichen Lebens geht.

5. Interpretieren Sie auch das weitere Gedicht von Nâzim Hikmet (1902–1963), dem bedeutenden türkischen Dichter und Dramatiker.

Der Mensch

Empfangen und genähret
Vom Weibe wunderbar,
Kömmt er und sieht und höret
Und nimmt des Trugs nicht wahr,
Gelüstet und begehret
Und bringt sein Tränlein dar,
Verachtet und verehret,
Hat Freude und Gefahr,
Glaubt, zweifelt, wähnt und lehret,
Hält nichts und alles wahr,
Erbauet und zerstöret
Und quält sich immerdar,
Schläft, wachet, wächst und zehret,
Trägt braun und graues Haar.
Und alles dieses währet,
Wenn's hoch kommt, achtzig Jahr.
Dann legt er sich zu seinen Vätern nieder,
Und er kömmt nimmer wieder.

Matthias Claudius

Zur Weiterarbeit finden Sie u. a. Materialien in
Kapitel I und IV.

Das Märchen aller Märchen

Am Wasser sind wir,
die Platane und ich.
Unser Abbild spiegelt sich im Wasser,
das von der Platane und von mir.
Das Licht des Wassers scheint auf uns,
auf die Platane und auf mich.

Am Wasser sind wir,
die Platane und ich und die Katze.
Unser Abbild spiegelt sich im Wasser,
das von der Platane, von mir und von der Katze.
Das Licht des Wassers scheint auf uns,
auf die Platane, auf mich und auf die Katze.

Am Wasser sind wir,
die Platane, ich, die Katze und die Sonne.
Unser Abbild spiegelt sich im Wasser,
das von der Platane, von mir, von der Katze und von der Sonne.
Das Licht des Wassers scheint auf uns,
auf die Platane, auf mich, auf die Katze und auf die Sonne.

Am Wasser sind wir,
die Platane, ich, die Katze, die Sonne und unser Leben.
Unser Abbild spiegelt sich im Wasser,
das von der Platane, von mir, von der Katze, von der Sonne und von unserem Leben.
Das Licht des Wassers scheint auf uns,
auf die Platane, auf mich, auf die Katze, auf die Sonne und auf unser Leben.

Am Wasser sind wir.
Zuerst wird die Katze gehen,
verschwinden wird ihr Abbild im Wasser.
Dann werde ich gehen,
verschwinden wird mein Abbild im Wasser.
Dann wird die Platane gehen,
verschwinden wird ihr Abbild im Wasser.
Dann wird das Wasser gehen,
die Sonne wird bleiben,
dann wird auch sie gehen ...

Am Wasser sind wir.
Das Wasser ist frisch,
Die Platane ist mächtig,
ich schreibe Gedichte.
Die Katze schlummert,
die Sonne ist warm.
Welch ein Glück! Wir leben.
Das Licht des Wassers scheint auf uns,
auf die Platane, auf mich, auf die Katze, auf die Sonne und auf unser Leben ...

Nâzim Hikmet

8. Zukunft als Adventus und Futurum – eine wichtige Unterscheidung?

Richard Oelze, Erwartung, 1935/36

1. Die Frage nach der Zukunft

Kein Mensch kann leben, ohne zu fragen: »Was wird werden – morgen, demnächst, später einmal – mit mir, meiner Arbeit, meiner Familie?« Keine Arbeit kann sinnvoll getan, kein Gedanke ausgesponnen, keine Entscheidung verantwortlich gefällt und keine Planung im privaten oder politischen Bereich getroffen werden, ohne zu bedenken, woraufhin gehandelt werden soll, ohne also nach Sinn und Ziel zu fragen. So stellt sich jedem Menschen und jeder menschlichen Gemeinschaft notwendig die Frage nach der Zukunft. In dieser Frage erfährt sich der Mensch zugleich als geschichtliche Existenz, d.h. als ein Wesen, das nicht fertig ist, sondern das, eingespannt zwischen dem, was ist, und dem, was noch nicht ist, seine Vollendung nur findet, indem es sich entschlossen auf eine bessere, größere und schönere Zukunft hin entwirft.

Zunächst und für gewöhnlich hat die Frage nach der Zukunft nicht das Ganze der Wirklichkeit im Auge. Man fragt vielmehr nach Teilbereichen: Was wird, was soll werden mit diesem oder jenem? Und die Zukunft, die im alltäglichen Tun und Denken angepeilt wird, ist nicht eine ferne, sondern eine absehbare, nahe Zukunft. Doch über dies hinaus gibt es im menschlichen Leben unausweichlich Situationen, wo sich die Frage nach einer Letzten« Zukunft anmeldet, die nicht mehr vorläufig und absehbar ist und die nicht mehr nur dies oder jenes einbegreift, sondern die Endgültigkeitscharakter hat. Solche Situationen können etwa das Betroffensein von unheilbarer Krankheit, der Tod eines geliebten Menschen, die Erfahrung von scheinbar unabänderlicher Unfreiheit und Ungerechtigkeit, aber auch die Beglückung durch Liebe, Erfolg und Leistung sein. Meldet sich in den negativen Erfahrungen die Frage an, ob es denn noch eine Zukunft gebe, wo alles am Ende zu sein scheint, eine Zukunft, die trotz Vergeblichkeit und Hoffnungslosigkeit doch noch das Ganze des Lebens umgreift und dessen scheinbare Sinnlosigkeit und Unerfülltheit aufbricht, so tragen die positiven Erfahrungen auch und gerade in ihrer höchsten Beglückung so sehr den Charakter des Vorläufigen, Nicht-Endgültigen und Nicht-Ungefährdeten, dass sie den Menschen, und sei es nur in Traum, Phantasie und heimlicher Sehnsucht, mit einer Zukunft konfrontieren, die ganz Liebe, ganz Glück und Erfüllung bedeutet.

Solche Erfahrungen, die nach einer letzten Zukunft der Vollendung fragen lassen, betreffen nicht nur den privaten Bereich, sondern sind in ihrer Mehrzahl immer schon gesellschaftlicher Art und implizieren so das Ganze der Wirklichkeit: Was Sterben ist, geht mir auf am Tod der anderen; Unfreiheit und Ungerechtigkeit betreffen nie nur mich allein, sondern sind Teil einer umfassenden Unordnung; Liebe fragt notwendig nach dem Partner. Deshalb wird auch die durch diese Erfahrungen ausgelöste Frage nach einer letzten heilvollen Zukunft nie nur für mich selbst gestellt: Sie betrifft alle. Mit dieser Frage nach einer letzten Zukunft universalen Heils ist irgendwann wohl jeder Mensch konfrontiert. Aber gibt es eine solche Zukunft, oder ist sie nur ein schöner Traum?

2. Zukunft als Werden (futurum)

Das deutsche Wort Zukunft trägt eine seltsame Zweideutigkeit an sich; es kann das bezeichnen, was wird oder (und) das, was kommt. In der ersten Bedeutung ist Zukunft die Entfaltung der Möglichkeiten, die in einer Sache, einer Person oder einem irgendwie gearteten Gegenstand von Anfang an angelegt sind. So wie die Blüte aus dem Samenkorn hervorgeht, so entfaltet sich die Zukunft des Werdens in einem Entwicklungsprozess aus der Vergangenheit und Gegenwart heraus. Gerade weil die Zukunft in den vorhandenen Möglichkeiten gründet, ja sozusagen die Verlängerung der Vergangenheit und Gegenwart ist, ist sie mit einer mehr oder minder großen Wahrscheinlichkeit vorausschaubar, planbar und weithin auch durch menschlichen Einsatz machbar. Dies gilt z.B. von der Zukunft der Technik, der Naturwissenschaften, der Wirtschaft und vieler Aktionen und Institutionen des privaten

Warten auf ein angekündigtes Ereignis

und politischen Bereichs. Überall da, wo die Zukunft die Anwendung, Entfaltung, Verbesserung, kurz: die Extrapolation der vorhandenen Möglichkeiten, ist, geht es um die Zukunft, die durch immanente Naturgesetzlichkeit oder (und) durch menschlichen Einsatz wird. Sie ist Gegenstand einer der jüngsten Wissenschaften: der Futurologie.

3. Zukunft als Kommen (adventus)

Diese Weise der Zukunft ist zu unterscheiden von der Zukunft, die »adventus«, d.h. unableitbare An-kunft oder Zu-Kommen bedeutet. Dass mir z.B. ein Mensch begegnet, der mich liebt oder hasst, dass Menschen kraft ihrer Freiheit sich zu Krieg oder Frieden, zu Gerechtigkeit oder Ungerechtigkeit entscheiden, dass es unvorhersehbare geistige oder künstlerische Intuitionen gibt, welche neue unerwartete Wendungen in der Geschichte herbeiführen: all das ist nicht planbar, prognostizierbar und machbar. Denn eine solche Zukunft gründet nicht in dem, was ist, sondern in der unableitbaren Freiheit des Zu-Kommenden. Solche Zukunft ist gütiges Geschenk oder unheilvolles Geschick. Beide Weisen der Zukunft – Werden und Kommen – durchkreuzen sich zwar ständig, sind aber doch grundsätzlich verschieden. – Welcher Art ist nun jene letzte universale Heils-Zukunft, vor die sich fragend und sehnend unausweichlich jeder Mensch gestellt sieht? Entsteht sie aus den immanenten Möglichkeiten der Welt als Ergebnis der Evolution oder des weltverändernden Handelns der Menschheit? Dagegen spricht, dass der Mensch wohl kaum das Ganze der Wirklichkeit in den Griff bekommt. Wo er dies aber dennoch versucht, wo er das Ganze (das »totum«) manipulieren und eine total heilvolle Welt herbeiführen will, da wird er – wie viele schmerzvolle Erfahrungen der jüngsten Gegenwart und Vergangenheit zeigen – notwendig »totalitär«: er opfert das Einzelne der Allgemeinheit, den Teil dem Ganzen, die Gegenwart der Zukunft.

Noch eine weitere Erfahrung muss allen Optimismus, die Zukunft total in den Griff bekommen zu können, Lügen strafen: Je mehr der Mensch sich der widerständigen Welt bemächtigt, um sie seinem Willen und Glücksverlangen verfügbar zu machen, um so mehr entsteht zugleich eine neue widerständige Welt, in der irrationale Zivilisationszwänge, bürokratische Manipulationen, technologische Mechanismen und soziale Anpassungsautomatismen herrschen, die von allem anderen als von einer letzten Zukunft der Freiheit und seligen Vollendung für alle künden; ganz zu schweigen von den Problemen, die durch den Tod, durch unheilbare Krankheit und physisches Leid gestellt sind.

Bleibt somit dem Menschen nichts anderes übrig, als die Frage nach einer letzten heilvollen Zukunft negativ zu bescheiden und sich damit abzufinden, in einer Welt zu leben, die keinen letzten Sinn und kein letztes Ziel aufweist? Angesichts dieser verzweifelten Konsequenz meldet sich neu die Frage an, ob eine solche letzte Zukunft nicht als zu-kommendes Geschenk (adventus) von dem erhofft werden darf, der das Ganze der Wirklichkeit umgreift und durchdringt, von Gott selbst. Damit ist das Problem einer »letzten« Zukunft verwiesen an die Botschaft der Offenbarung, die von einer absoluten Zukunft Gottes und der Welt kündet.

Gisbert Greshake

Rattelschneck

1.	Worin unterscheiden sich »Futurum« und »Adventus«? Vergleichen Sie.
2.	Erörtern Sie, inwiefern diese Unterscheidung für das Sprechen über »Zukunft« hilfreich ist.

I. Lebensentwürfe und Sinnfrage – Von Möglichkeiten und Grenzen, das eigene Leben selbst zu gestalten

»Ach«, sagte die Maus, »die Welt wird enger mit jedem Tag. Zuerst war sie so breit, dass ich Angst hatte, ich lief weiter und war glücklich, dass ich endlich rechts und links in der Ferne Mauern sah, aber diese langen Mauern eilen so schnell aufeinander zu, dass ich schon im letzten Zimmer bin, und dort im Winkel steht die Falle, in die ich laufe.« – »Du musst nur die Laufrichtung ändern«, sagte die Katze und fraß sie.

Viele Menschen machen eine der »Kleinen Fabel« von Franz Kafka entsprechende Erfahrung. In ihrer Kindheit und Jugend scheint das Leben unbegrenzt lang oder auch langweilig. Mit zunehmendem Alter wird die Zeit kurz und kürzer erlebt; das, was man tun kann, erscheint einem immer weniger. Schließlich überkommt einen panische Angst, weil die Mauern der Zeit und der eigenen Möglichkeiten immer enger an einen heranrücken. Der Raum zum Atmen und zur Entfaltung wird immer enger. Dabei ist zu fragen, ob nicht eine Selbstbeschränkung vorliegt, ob man nicht sozusagen »seine eigene Katze« ist: Man schreibt sich weniger Möglichkeiten zu, erlebt den Zeitablauf immer schneller und gerät in zunehmende Enge; jemand sieht nicht mehr die Möglichkeiten, die er ergreifen könnte, sondern immer nur die Möglichkeit, dass er die Möglichkeiten vielleicht nicht mehr realisieren kann. Dementsprechend ist die Einstellung von gravierender Bedeutung, wie man selber den Prozess des Älterwerdens und das Näherkommen des Todes bewertet, wie es um die persönlichen Sinnperspektiven steht. Der mit Sicherheit herannahende Tod ist nicht abwendbar, auch wenn man in unserer Gesellschaft versucht, ihn mit den Mitteln der Hochleistungsmedizin zu bekämpfen und ihn immer mehr »in den Griff« zu bekommen. Mit welcher Einstellung dem Sterbeprozess begegnet wird, ob bzw. wie dieses Fortschreiten mit Sinn gefüllt wird, liegt im Rahmen menschlicher Gestaltungsmöglichkeiten.

Marie Luise Kaschnitz betrachtet den Prozess des Alterns und das Näherrücken des Todes so:

Ich bekam einen Brief von einer Gleichaltrigen, darin stand, wir wohnen alle in der Todeszelle, niemand besucht uns, wir dürfen den Raum nicht verlassen, nur warten, bis man uns abholt und das Gerüst wird schon gezimmert, im Hof. Ich begreife die Briefschreiberin nicht, ich weiß, dass ich sterben werde, aber wie in einer Todeszelle fühle ich mich nicht. Ich höre die wilden heftigen Geräusche des Lebens und spüre die Sonne und den Eisregen auf der Haut. Das Alter ist für mich kein Kerker, sondern ein Balkon, von dem man zugleich weiter und genauer sieht. Von dem man unter Umständen vom Blitz getroffen, oder von einem Schwindel überkommen, hinabstürzt, nicht weil es so dunkel und einsam ist, sondern weil die Sonne übermächtig scheint.

Marie Luise Kaschnitz deutet das Alter aus der Perspektive ihres vergangenen Lebens. Die eigenen Erfahrungen schweren Leidens und beglückenden Geliebtseins sind prägend. Altern bedeutet für sie nicht Engwerden, sondern Offensein für das Leben und seine Entwicklung. Trotz der vielen problematischen persönlichen und politischen Ereignisse um sie herum ist der Grundton von Vertrauen und Freude bestimmt. Sie weiß, was Angst vor dem Sterben und was dieses selber ist. Sie weiß, dass »unter Umständen« (und diese Wendung ist zu beachten) das Leben plötzlich abreißen, ein Sturz sein kann, aber sie hat das Zutrauen, dass sie nicht in ein düsteres Loch hineinfällt, sondern dass die Sonne, das Licht, das Helle, das Schöne und Lebendige es dann ist, das sie an sich zieht.

In diesem Kapitel »Lebensentwürfe und Sinnfrage« sind die beiden bei Kafka und bei Kaschnitz gestalteten Einstellungen in verschiedenen Variationen anzutreffen. Zu Beginn geht es nach einem narrativen Zugang zur Sinnfrage (1) aus einer psychologischen Perspektive um Lebensziele, die zum Glück beitragen: Selbstverwirklichung und Liebesfähigkeit (2). Sodann wird die Planbarkeit bzw. Nichtplanbarkeit des Lebenslaufes (3) angesprochen; der Psychologe Harlich

Youval Yariv,
Franz Kafka,
1985

H. Stavemann versucht eine Lebenszielanalyse; der Historiker Golo Mann bietet eine Verhältnisbestimmung von Gestaltungsmöglichkeiten und Schicksalsannahme.

Es schließt sich die Frage nach dem Sinn im Horizont der Ewigkeit an: »Wie bin ich gekommen in dieses Leben und wie komme ich da wieder heraus ...?« (4) Bei der Problematisierung durch Søren Kierkegaard wird die enge Verbindung von Lebenslauf und Sinnfrage deutlich. Eine Annäherung an mögliche Antworten auf die Sinnfrage erfolgt einmal aus der Tradition heraus, sodann aber auch aus Reflexionen im Horizont einer von Wissenschaften bestimmten Zeit: der Schriftsteller Antoine de Saint-Exupéry und der Sozialphilosoph Max Horkheimer kommen dazu zu Wort (5). Überlegungen zur Frage, wie die verbreitete Sinnlosigkeitserfahrung überwunden werden kann, folgen (6). Dabei geht es um »Das Glück des Absurden« im »Mythos des Sisyphos« (Albert Camus), um die Erfahrung von »Gnade« in aussichtslos erscheinenden Situationen (Dorothee Sölle) sowie um die Erfahrung bleibender Unvollkommenheit und Halbheit des Lebens (Fulbert Steffensky).

Es bleibt »Der Tod ›mitten im Leben‹« (7). Diese Erfahrung, die liturgisch in einem mittelalterlichen Antiphon Ausdruck erhält, wird weiter reflektiert in religionsphilosophischen Gedanken von Bernhard Welte, der auch Aspekte neutestamentlicher Hoffnungstheologie aufnimmt. Der Gedankengang wird weitergeführt bei der Beschäftigung mit der Perikope von der Tochter des Jairus (Mk 5,35–43) und ihrer tiefenpsychologischen Deutung. Das »Schlussstück« von Rainer Maria Rilke verdichtet das Empfinden, wie der Tod »mitten im Leben« präsent sein kann. Überlegungen zur Frage, worin der Sinn des Lebens gründet, runden das Kapitel ab (8).

1. Die Blumen des Blinden – Eine Geschichte

In einem kleinen Haus mit einem großen Garten lebte ein blinder Mann. Er verbrachte jede freie Minute in seinem Garten und pflegte ihn trotz seines Handikaps mit großer Hingabe. Ob Frühling, Sommer oder Herbst, der Garten war ein Blütenmeer. »Sagen Sie«, bemerkte ein Vorübergehender, der die Pracht bestaunte, »warum tun Sie das? Sie können doch davon nichts sehen, oder?« »Oh nein«, antwortete der Blinde, »nicht das Geringste.« – »Warum kümmern Sie sich denn dann überhaupt um den Garten?«
Der Blinde lächelte: »Ich kann Ihnen dafür vier Gründe nennen: Erstens, ich liebe die Gartenarbeit; zweitens, ich kann meine Blumen anfassen; drittens, ich kann ihren Duft riechen. Der vierte Grund sind Sie!« –
»Ich? Aber Sie kennen mich doch gar nicht!«
»Nein, aber ich wusste, Sie würden irgendwann vorbeikommen. Sie hätten Freude an meinen herrlichen Blumen und ich hätte Gelegenheit, mich mit Ihnen darüber zu unterhalten.«

Herbert Leslie Gee

Gartenarbeit kann erfüllend sein …

1. Interpretieren Sie die Geschichte.
Berücksichtigen Sie dabei, inwiefern
- die Frage nach dem Sinn eher subjektiv als objektiv und allgemeingültig beantwortet werden kann,
- Sinnfindung weniger eine Sache des Verstandes als eine Sache des Empfindens darstellt.
- eine positive Antwort auf die Sinnfrage etwas mit einem positiven zwischenmenschlichen Kontakt zu tun hat.

2. Wenden Sie Ihre Interpretation der Geschichte auf eigene Erfahrungen mit der Sinnfrage an. Bedenken Sie dabei, wann und wie die Frage nach dem »Warum« bei Ihnen zum ersten Mal gestellt wurde und welche Rolle die Beziehung zu anderen Menschen in diesem Zusammenhang hatte.

2. Selbstverwirklichung und Liebesfähigkeit als Ziele eines Lebens in Glück?

Der Psychologe Fritz Riemann bedenkt, nachdem er auf die wesentlichen frühkindlichen Beziehungen eingegangen war, welche Ziele eines gelingenden »glücklichen« Lebens es – allgemein formuliert – zu erreichen gilt.

Was meinen wir eigentlich, wenn wir von Glück sprechen? Ist es etwas, das uns zufällt, oder ist es eine Gnade? Können wir selbst etwas dazu beitragen, oder kann es uns nur geschenkt werden? Liegt es in der Liebe oder in Macht, Erfolg und Ruhm; macht Besitz uns glücklich oder der Verzicht auf irdische Güter? Ist damit die Heiterkeit des Gemütes gemeint oder die Zufriedenheit mit unserem Schicksal? Liegt es in der Übereinstimmung mit uns selbst, mit den anderen oder mit der Welt? Wir sehen, es ist gar nicht leicht, das Glück allgemeingültig zu fassen, obwohl jeder von uns zu wissen glaubt, was er damit meint. […] Fragen wir jemanden, was er sich unter Glück vorstellt, versucht er es daher zu konkretisieren, gleichsam zu materialisieren, um es benennen zu können. Aber vielleicht spürt er im gleichen Augenblick, in dem er das versucht, dass er dieses Konkrete gar nicht meint, sondern eben jenes schwer fassbare Glücksgefühl, das das eigentlich Beglückende ist.
Versuchen wir dennoch, etwas Allgemeingültiges über das Glück auszusagen, scheint es letztlich, dass unsere Suche nach Glück sich zwei Zielvorstellungen zuwendet. Die eine können wir mit dem Begriff der Selbstverwirklichung benennen, die andere mit der Liebe im weitesten Sinne. Jeder Mensch hat den

Wunsch, das Bestmögliche aus sich und seinem Leben zu machen, es so reich und erfüllt zu gestalten, so sinnvoll zu leben, wie es ihm möglich ist. Worin er dabei diesen Sinn und diese Erfüllung sieht, das kann sehr verschieden aussehen, so verschieden, wie eben unsere Vorstellungen von der Selbstverwirklichung sind. Und jeder Mensch hat die Sehnsucht nach Ausweitung seiner ihn isolierenden Ichgrenzen in verstehendem und liebendem mitmenschlichen Austausch, der ihn aus der Einsamkeit des Individuums erlösen soll, und wieder kann sich diese Liebesfähigkeit den verschiedensten Objekten zuwenden. Ohne den Wunsch nach der Selbstverwirklichung oder, wie man sie auch genannt hat, nach der Individuation blieben wir dumpfe Massenmenschen und lernten das Glück nicht kennen, das in der Entfaltung und Entwicklung unserer Persönlichkeit liegt; und ohne die Fähigkeit zu lieben bliebe unser Leben trostlos und nicht lebenswert.

Selbstverwirklichung und Liebesfähigkeit sind also die beiden Ziele auf unserer Suche nach Glück, und beide ergänzen sich, sollten sich ergänzen; es kann für uns nicht heißen: Selbstverwirklichung oder Liebesfähigkeit, sondern das Glück, nach dem wir suchen, hat sehr viel mit dem Finden einer Synthese zwischen diesen einander scheinbar widersprechenden Zielen zu tun.

Fritz Riemann

Liebesfähigkeit als Ziel eines geglückten Lebens?

1. Selbstverwirklichung und Liebesfähigkeit als Ziele eines geglückten Lebens?
   Was sagt der Autor zu dieser Frage?
   Wie stehen Sie selbst zu dessen Gedanken?
   Skizzieren Sie Ihre eigenen Überlegungen zu den Gedanken des Textautors.
2. Vergleichen Sie Ihre Überlegungen mit denen von Fritz Riemann.
3. Werden Sie sich darüber klar, mit Hilfe welcher Etappenziele Sie Selbstverwirklichung und Liebesfähigkeit in Ihrem eigenen Leben fördern können. Notieren Sie für sich selber konkretere Zielperspektiven. Erörtern Sie Ihre Überlegungen.

3. Lebenszielanalyse – Oder: Macht es Sinn, den Lebenslauf zu planen?

a// Lebenszielanalyse – Ein psychologischer Zugang

Als Lebensziele bezeichnet man das, was Menschen sich vornehmen, während ihres Lebens zu tun. Dabei folgen sie bestimmten Vorsätzen und Moralvorstellungen.

Was sind »gute« Ziele?

Prinzipiell gibt es keine »guten« oder »schlechten«, »sinnvollen« oder »sinnlosen« Lebensziele. Damit sie uns keine Probleme bescheren, sollten sie allerdings grundsätzlich erreichbar sein, zu unseren persönlichen moralischen, sozialen und kulturellen Normen passen und sich darüber hinaus nicht gegenseitig blockieren oder gar sabotieren. Weil aber die Moralvorstellungen, religiösen und sozialen Glaubens- und Normensysteme und die ethische, kulturelle und spezifische Entwicklung der Menschen sehr unterschiedlich sind, gibt es keinen objektiv richtigen, für alle Menschen »gültigen« Maßstab, nach dem die eigenen Lebensziele erstellt werden könnten.

Beispiele für konkrete Lebensziele sind:

- »Ich will versuchen, einen Partner zu finden und eine Familie zu gründen.«
- »Ich möchte bis zu meinem 50. Geburtstag die Welt umsegeln.«
- »Ich möchte bei allem, was ich tue, meine eigenen moralischen Gebote befolgen.«

Beispiele für unkonkrete, untaugliche Lebensziele sind:

- »Ich möchte glücklich sein.«
- »Ich heirate Manuela und bekomme mit ihr zwei Söhne und eine Tochter.«
- »Ich tue nur, was hundertprozentig und absolut sicher ist.«
- »Kinder will ich nicht, aber im Alter würde ich mich gern um meine Enkel kümmern.«

Derartige Ziele sind untauglich, weil

- sie ein Ergebnis beschreiben und nicht die Bedingungen, die dahin führen,
- sie nicht autark, aus eigener Kraft erreichbar sind,
- sie etwas fordern oder unterstellen, was es nicht gibt, oder
- sie sich gegenseitig widersprechen, verunmöglichen oder sabotieren.

Wie erkennt man seine Lebensziele?

Die Frage nach den eigenen Lebenszielen ist für viele nicht so einfach zu beantworten, besonders dann nicht, wenn man noch nie konkret darüber nachgedacht hat. Häufig fällt die Antwort leichter, wenn man die Frage in einzelne Lebensbereiche und Lebensinhalte aufteilt:

- Was will ich im Bereich Familie, Partnerschaft und soziale Kontakte erreichen?
- Wodurch will ich meinen Lebensunterhalt verdienen und die Zielverfolgung in den andern Bereichen bezahlen?
- Was will ich in meiner Freizeit genießen? Welche Hobbys will ich verfolgen?
- Welche anderen Lebensinhalte sind mir wichtig?

Nun lassen sich diese einzelnen Bereiche mit Inhalten füllen, indem man sich folgende Fragen beantwortet: »Was will ich im jeweiligen Bereich mit der mir verbleibenden Zeit anfangen? Wie will ich sie nutzen, was will ich erreichen, so dass ich nach heutigem Wissen später sagen kann: ›Das war gut so! Das würde

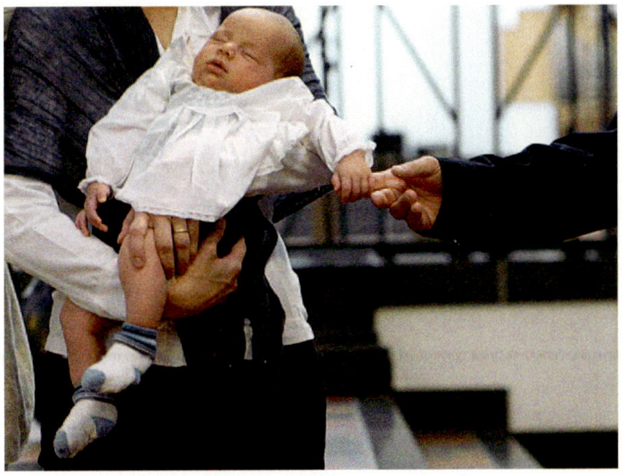

Alternative Lebenskonzepte – Leben mit Kindern oder Leben mit Hunden? Oder …?

ich wieder so machen. Schade, wenn es jetzt vorbei ist, aber ich habe das Beste daraus gemacht!‹?«

Es gibt Dinge, die stehen heute zur Entscheidung an, andere erst in etlichen Jahren und wieder andere erst in Jahrzehnten. Vielen Menschen fällt es zwar leichter, zunächst die Dinge zu benennen, die die unmittelbare Zukunft betreffen, die ihnen »auf den Nägeln brennen« und möglicherweise auch Probleme verursachen. Andere haben vielleicht keine Lust, so weit vorauszudenken und zu planen, oder sie wollen erst sicher sein, dass es auch so kommt, wie sie es hoffen. Aber sie wären schlecht beraten, deswegen zunächst darauf zu verzichten, ihre langfristigen Ziele zu erarbeiten und sich stattdessen mit den kurzfristigen zu beschäftigen, denn so lange ihnen die Oberziele fehlen, können kurzfristige Ziele nicht sinnvoll bestimmt werden, weil ihnen dann die endgültige Orientierung fehlt. Kurz- und mittelfristige Ziele sind Etappenziele auf dem Weg zu den langfristigen Zielen!

Zuerst die langfristigen Ziele bestimmen! Einer der häufigsten Fehler bei der Lebenszielbestimmung besteht daher darin, mit den kurzfristigen Zielen zu beginnen. Das wäre so, als wenn jemand auswandern will, obwohl er sich noch nicht entschieden hat, ob er lieber nach Australien oder Kanada möchte – und trotzdem unbedingt schon losreisen will. Aber in welche Richtung soll er fahren, so dass es ihm nachher nicht leid tut, weil er – wenn er sich dann doch endlich entschieden hat – womöglich in die falsche Richtung gereist ist und den gesamten Weg nun wieder zurück muss?

Oder in einem anderen Fall: Ein Student hat Probleme, sich auf die Prüfung vorzubereiten, da er große Angst vor dem Versagen und dessen Konsequenzen hat. Eigentlich weiß er gar nicht so genau, warum er dieses Fach studiert, denn er hat keine Vorstellung davon, ob er jemals in diesem Bereich arbeiten möchte. Was sollte er zunächst klären: Wie er den Prüfungsstoff lernen kann, oder ob es überhaupt für seinen Lebensplan sinnvoll ist, dieses, ein anderes oder gar kein Studium abzuschließen?

Zeit- und Energieverbrauch für Ziele

Häufig unterscheiden sich die bereits gelebten Ziele gar nicht einmal inhaltlich so sehr davon, wie jemand sich dies Idealerweise vorstellt, sondern er kommt lediglich mit seiner Zeit- und Energieverteilung ins Schleudern, so dass manche Ziele deswegen auf der Strecke bleiben, weil der Tag eben nun einmal nur 24 Stunden hat. Es ist dann die bestehende Aufteilung von Zeit und Energie für die einzelnen Bereiche oder Lebensziele, womit manche unzufrieden sind (z.B. wenn jemand mehr Zeit und Energie für die Familie investieren möchte und weniger in seine Karriere).

Neben der reinen Lebenszielauflistung ist es daher auch zweckmäßig zu entscheiden, wie viel Zeit und Energie man zurzeit für einzelne Ziele aufwendet, um danach entscheiden zu können, ob dies den eigenen Zielvorstellungen entspricht.

Harlich H. Stavemann

1. Skizzieren Sie die Überlegungen von Stavemann.
2. Vergleichen Sie diese mit dem, was Sie selbst zu dieser Thematik denken.
3. Nehmen Sie Stellung, inwiefern die Anregungen von Stavemann für Sie hilfreich sind.

b// »Völlig Herr über unser Schicksal sind wir niemals« (Golo Mann) – Erfahrungen aus der Beschäftigung mit Geschichte

Der Historiker Golo Mann zum Dialog mit der Vergangenheit:

Erinnerten wir uns nicht an die Vergangenheit, könnten wir auch keine Zukunft planen. Freilich, leben können wir nur in der Gegenwart, im Vergleich mit ihr sind Vergangenheit und Zukunft unwirklich. Jetzt, in diesem Moment, belästigen mich Zahnschmerzen oder jetzt in diesem Moment habe ich Hunger. Ich schaue auf die Uhr und sehe, wie lange es noch bis zur Mittagspause ist. Ich freue mich auf den Abend, da werde ich meine Freundin treffen, während es bis zum Urlaub noch lange hin ist. Die Gegenwart scheint uns eben doch bei weitem das Wichtigste. Aber nehmen wir es genau, was wir ja nur selten tun, dann ist schon die Mittagspause Zukunft, dann ist heute früh, als wir aufstanden, schon Vergangenheit. Und nehmen wir es noch genauer, dann ist die Gegenwart kürzer als ein Punkt, sie ist schon vorbei, indem wir sie noch greifen wollen; denn die Zeit fließt kontinuierlich, sie steht nie still. Solche Gedanken machen uns praktisch nichts aus, wir wissen doch, was wir meinen, wenn wir »Gegenwart« sagen. Aber doch nur ungefähr. Der Tag, das Jahr, das ganze Leben setzt sich aus Sekunden zusammen, und noch die Sekunde ist eine vom Menschen künstlich gesetzte Zeiteinheit. Die immer fließende Zeit weiß von Einheiten überhaupt nichts.

Es mag auch vorkommen, dass wir rückblickend über unser ganzes Leben nachdenken. Besonders alternden oder alten Leuten geschieht das gern. Da werden dann Zusammenhänge entdeckt, Ursachen und Folgen, Fehler, die man gemacht, Dinge, die man gut gemacht hat, glückliche Zufälle und unglückliche auch. »Hätte ich damals nicht aus Versehen den Personenzug nach X bestiegen anstatt des Schnellzuges, so hätte ich meine zukünftige Frau nie kennengelernt.« Da hat ein glücklicher Zufall über ein ganzes Leben entschieden. [...] Oder: »Es war gut, dass ich mich zuletzt doch zum Ingenieurstudium entschloss, statt Musiker zu werden. Musiker, das mag ein schöner Beruf sein, aber auch ein schwieriger, unsicherer, und mein Talent hätte dafür wahrscheinlich nicht ausgereicht.« Oder: »Ein schwerer Fehler war es, dass damals meine Nerven mit mir durchgingen und ich meine Stellung kündigte. Meine jetzige ist nicht übel; aber die Zukunftschancen bietet sie nicht, die ich damals gehabt hätte; ich war eben doch schon zu alt, um zu wechseln.« Und so weiter. Dann gleitet das Erinnern wohl auch in die früheste Vergangenheit ab: ein ungerechtes, brutales Verhalten des Vaters, das man nie ganz vergessen oder verzeihen konnte; ein törichtes Verhalten des Knaben; die ersten rätselhaften, schmerzlichen Freuden der Liebe; was noch. Indem wir uns so erinnern und fragen, halten wir ein Zwiegespräch, einen Dialog mit unserer eigenen Vergangenheit. Ein solcher Dialog kann unsere Klarheit über uns selbst erhöhen, Ordnung stiften, also nützlich sein.

Es gibt Menschen, die ihr Leben überaus bewusst, willensstark und vernünftig planen. Ein heute lebender deutscher Politiker erzählt: Es sei immer sein Plan gewesen, zehn Jahre Professor zu sein, dann zehn Jahre in der Industrie tätig, dann zehn Jahre Politiker. Wirklich ist er jetzt in diesem dritten Stadium. Er führt genau durch, was er sich vorgesetzt hatte. Auf dem anderen Extrem gibt es Menschen, die rein gar nichts planen, die sich treiben lassen wie ein Stück Holz im Fluss. In einem schönen Sterbegedicht Hugo von Hofmannsthals heißt es:

»Das Ganze ging so hin und hin
Und ging als wie im Traum.
Wie eines nach dem andern kam
Ich sterb und weiß es kaum ...«

Freilich, eines kam immer aus dem anderen, die Glieder der Kette waren dicht geschlossen; aber die sterbende Frau hat nie gewusst, nie gefragt, wie denn das nächste Glied aussehen würde; und nicht einmal rückblickend weiß sie, »wie eines aus dem andern kam«. Ihr Gedächtnis ist so schwach wie ihr Wille war. Gedächtnis und Wille sind nicht dasselbe, aber sie hängen zusammen; beide helfen, das lange Leben zusammenzuhalten. Die meisten von uns sind wohl nicht so träge und gleichgültig dem eigenen Schicksal gegenüber wie Hofmannsthals sterbende Frau –, so selbstständig und rational das Leben vorausbestimmend und ordnend wie der Politiker, den ich erwähnte, aber auch nicht. Wir halten uns irgendwo in der Mitte zwischen diesen beiden Extremen auf. Übrigens können ja im Großen, Allgemeinen, in der Geschichte, im Werden immer Dinge geschehen, die auch den Berechnendsten völlig aus seiner Bahn werfen: Krieg, Revolution, Wirtschaftskrisen, Naturkatastrophen. Völlig Herr über unser Schicksal sind wir niemals; das lehrt die Geschichte [...]. *Golo Mann*

1. Wie schätzt Golo Mann das Verhältnis von Planen und Auf-sich-zu-kommen-Lassen beim Lebenslauf ein? Geben Sie seine Gedanken wieder.
2. Vergleichen Sie seine Überlegungen zu diesem Verhältnis mit den Beobachtungen der Psychologen Anne-Marie und Reinhard Tausch:

Teilnehmer an Sterbemeditationen, die von den Psychologen Reinhard und Anne-Marie Tausch befragt wurden, wie sie ihr Leben angesichts des jedem Menschen bevorstehenden Sterbens gestalten wollten, sagten:

»Bewusster leben«, »das eigene Selbst leben« – diese Motive tauchten […] in Sterbemeditationen immer wieder auf. »Ich habe mich oft gefragt, was das bedeutet, dieses ›bewusster leben‹«, sagt Tausch […]. »Aus den vielen Äußerungen entstand bei mir folgendes Bild: Bewusster zu leben bedeutet, sich intensiv dem eigenen Erleben zuzuwenden und für seine Wahrnehmungen und Empfindungen offen zu sein. Sich nicht abzulenken, sondern in der Gegenwart zu sein, sie anzunehmen, achtsam zu sein, Dinge in Ruhe zu tun, Dinge geschehen zu lassen, weniger zu planen, einfach da zu sein.«

Reinhard und Anne-Marie Tausch

3. Nehmen Sie zu den Gedanken von Reinhard und Anne-Marie Tausch Stellung.

Einfach da sein

4. Leben angesichts des Todes: »Wie bin ich gekommen in dieses Leben und wie komme ich da wieder heraus …?« – Die Frage nach dem Sinn

Der dänische Religionsphilosoph und Theologe Søren Kierkegaard lebte als freier Schriftsteller in Kopenhagen. Er kämpfte in seinen zahlreichen Schriften gegen den philosophischen Idealismus und das offizielle Christentum seiner Zeit. Ihm ging es um ein unbedingtes Christentum als Wagnis des Glaubens im Horizont der Ewigkeit.

Hör den Schrei der Gebärenden in der Geburtsstunde, sieh des Sterbenden Kampf im letzten Augenblick: und sag dann, ob, was so beginnt und was so endet, darauf angelegt sein kann, Genuss zu sein.
Wohl wahr, wir Menschen tun alles, um so hurtig wie möglich wegzukommen von diesen zwei Punkten, wir hasten, so rasch wie möglich den Geburtsschrei zu vergessen und ihn in die Lust zu verwandeln, einem Wesen das Leben gegeben zu haben. Und wenn einer tot ist, heißt es stracks: mild und sanft entschlief er, der Tod ist ein Schlaf, ein stiller Schlaf – was alles wir sagen nicht um des Verstorbenen willen, denn ihm kann unsere Rede ja nicht helfen, sondern um unserer selbst willen, um nicht etwas von der Lebenslust zu verlieren, sondern um alles dazu zu verwandeln, dass es der Mehrung der Lebenslust diene in dem Zwischenraum zwischen dem Geburtsschrei und dem Todesschrei, zwischen dem Schrei der Mutter und des Kindes Wiederholung desselben, wenn das Kind einmal stirbt. Gesetzt, es wäre irgendwo ein ungeheurer prachtvoller Saal, wo alles getan würde, um eitel Freude und Herrlichkeit hervorzubringen – aber der Aufgang zu diesem Saal wäre eine ekle verschmutzte Hühnertreppe, und es wäre unmöglich hinaufzukommen, ohne mit Ekel sich zu besudeln, und das Entree würde bezahlt mit der Selbstprostitution, und wenn der Tag graute, so wäre die Lust vorbei, und es endete damit, dass man wieder mit einem Fußtritt hinausgeworfen würde – aber die Nacht hindurch würde alles getan, um die Lust und die Freude zu halten und zu entflammen!
Was ist der Sinn? Doch wohl, zu bedenken die beiden Fragen: wie bin ich gekommen in dies und das: wie komme ich da wieder heraus, wie endet es? Was ist Gedankenlosigkeit? Alles aufzutreiben, um dieses vom Ein- und Ausgang zu ertränken in Vergessenheit, alles aufzutreiben, um den Eingang und den Ausgang zwischen dem Schrei der Gebärenden und der Wiederholung des Schreies zu erklären oder wegzuerklären, wenn der Geborene im Todeskampf ausatmet.

Søren Kierkegaard

Installation des Künstlers Wilm Weppelmann im Museum für Sepulkralkultur in Kassel

1. Skizzieren Sie die Antwort von Søren Kierkegaard auf die Sinnfrage.
2. Welche anderen Antworten sehen Sie? Erläutern Sie.
3. Erläutern Sie anhand der Aussagen des Sterbeforschers Reimer Gronemeyer, inwiefern in unserer Gesellschaft auch der Tod (im Sinne des »Futurum«) immer mehr »geplant« wird und nicht (im Sinne des »Adventus«) »kommen« darf:
   »Zwei Drittel der Krankenhausaufwendungen, die ein Mensch in Deutschland heute verursacht, fallen in seinen letzten Lebensmonaten an. Sterben ist so teuer wie noch nie, aber ob das den Betroffenen dient, ist dabei sehr fraglich …
   Sterben wird zunehmend in ein palliatives Komplettangebot eingebettet: Die Familie tritt zurück, weil sie sich die Betreuung von Angehörigen am Lebensende kaum noch zutraut. Lokale Traditionen im Umgang mit Sterben und Tod sind sowieso längst verkümmert – und wo sie noch vorhanden wären, tut das Spezialangebot Palliative Care nicht selten ein Übriges, um Traditionen zum Erliegen zu bringen … – der Tod wird zu einer Aufgabe, die das Individuum mit seinen Experten bewältigen muss.
   Der Tod kommt nicht mehr. Wir versuchen, den Tod mit Hilfe medizinischer Experten zu bekämpfen oder ihn durch eine Patientenverfügung zu kontrollieren.«
4. Führen Sie eine Befragung bei Menschen unterschiedlichen Alters durch, wie sie auf die Sinnfrage antworten. Unterscheiden Sie dabei zwischen dem aktiven »Sinn geben« und dem passiven »Sinn erfahren«.
   Werten Sie die Antworten aus und erörtern Sie deren Gehalt.

5. Dem Leben Sinn geben: aus der Tradition heraus oder aus Reflexionen der Wissenschaften?

a// Die Frage – auf dem Hintergrund der Tradition gestellt

Antoine de Saint-Exupéry (1900–1944), bekannter französischer Romanschriftsteller, war ab 1939 Pilot in einer französischen Aufklärungsstaffel; 1944 wurde er von deutschen Jägern auf der Höhe von Korsika abgeschossen. – Hauptthema seiner Romane und Erzählungen ist das Abenteuer des Fliegens. Das Flugzeug erscheint ihm jedoch nicht nur als Maschine, sondern gewinnt den Rang eines Mittels zur Analyse des modernen Lebens. Es wird zur Metapher für die »falsche« Realität der mechanisierten Zivilisation, die einer Prüfung in der kosmischen Einsamkeit des Fliegens nicht standzuhalten vermag. Stattdessen besteht die wahre Realität des Lebens in einer Aufgabe, die fordert und kein Ausweichen zulässt, bis hin zum heroischen Opfer im Einsatz für die Gemeinschaft.

Was aber dem Leben Sinn verleiht, gibt auch dem Tod Sinn. Es ist leicht zu sterben, wenn es in der Ordnung der Dinge liegt. Es ist nicht so schwer für den Bauer aus der Provence, wenn er am Ende seines Waltens seinen Besitz an Ziegen und Ölbäumen seinen Söhnen übergibt, damit diese ihn einst den Kindern ihrer Kinder weiterreichen. In einer Bauernsippe stirbt man niemals ganz. Jedes Leben zerspringt wie eine Schote, die ihre Körner abgibt.

Einst stand ich drei Bauern zur Seite, die am Totenbett ihrer Mutter versammelt waren. Gewiss, es war schmerzlich. Zum zweiten Male wurde die Nabelschnur zerrissen; zum zweiten Male löste sich ein Band, das eine Generation an die folgende knüpft. Die drei Söhne entdeckten, wie allein sie plötzlich auf der Welt standen. Sie mussten ganz umlernen. Der Familientisch war gelöst, der selbstverständliche Treffpunkt aller an Festtagen fehlte, denn die Achse war weggenommen, um die sich alles sammelte. Aber zugleich machte ich doch die Entdeckung, dass das Leben zum zweiten Male geschenkt werden kann. Jeder der Söhne war nun selbst ein Sippenhaupt bis zu der Stunde, in der er das Amt an die kleine Schar, die jetzt schon draußen auf dem Hofe spielte, weitergeben durfte. Ich sah auf die Mutter. Es war eine alte Bäuerin mit einem friedlichen und harten Gesicht mit strengen Lippen. Das Antlitz war eine steinerne Maske. In den Zügen der Söhne fand es sich wieder; die Maske hatte gedient, andere Gesichter zu prägen, und dieser Körper hatte andere Körper geprägt. Da standen drei stattliche Männer. Sie aber lag da, gebrochen, wie ein abgebauter Erzgang. Doch die Kinder, Söhne wie Töchter, würden wieder Menschenkinder prägen. Dem Bauernhof ist der Tod fremd. Die Mutter ist tot, es lebe die Mutter!

Gewiss ist es ein bewegendes Bild, wenn die schönen Menschen der Sippe einer nach dem anderen im schlohweißen Haare am Wege liegen bleiben. Aber das Bild ist von erhebender Schlichtheit, weil die Sippe durch diesen Gestaltenwechsel von Geschlecht zu

Geschlecht einer höheren Wahrheit entgegenwandert. Darum schien mir in der Glocke des kleinen Dorfes, die am Abend den Tod der Bäuerin einläutete, nichts von Jammer und Verzweiflung zu klingen, sondern nur stille und zärtliche Trauer. Mit gleicher Stimme feiert sie ja Taufe und Begräbnis. Sie meldete den Übergang von einer Generation zur anderen. Tiefer Friede ging von der Vermählung eines alten Menschen mit der Erde aus.

Der Schatz, der von Geschlecht zu Geschlecht weitergegeben wird, der dabei langsam wächst wie ein Baum, das ist das Leben, das Bewusstsein seiner selbst. Welch geheimnisvolle Ahnenreihe haben wir doch: glühende Lava, Sternenmasse, eine erste Zelle sind Keime des Wunders, dem wir entstammen. Langsam sind wir so weit gestiegen, dass wir Symphonien schaffen und Sterne wägen.

Die Mutter hatte nicht nur das Leben weitergegeben, sie hatte ihren Kindern auch eine Sprache mitgeteilt, die eine in Jahrhunderten langsam gewordene Fracht darstellt, ihr geistiges Erbgut enthält. Sie selbst hatte sie einst zu Leben erhalten, einen kleinen Vorrat von Überlieferungen, von Weltanschauung und Mythos, der den einzigen Unterschied Shakespeares und Newtons gegenüber dem tierischen Höhlenmenschen ausmacht.

Unser Werden ist noch nicht vollendet, solange wir Hunger spüren, eben den Hunger, der die spanischen Soldaten unter dem Feuer zu einem Pflanzenkundekurs trieb, der Mermoz auf den Südatlantik führte, anderen ihre Gedichte eingibt. Darum müssen wir unser selbst und der Welt bewusst werden. Die Losung lautet: Sturmleitern an die Nacht legen! Nur die kennen diesen Kampfeseifer nicht, die ihre Weisheit aus einer Gleichgültigkeit ziehen, die sie für lebensklug und ihnen förderlich halten. Aber alles gibt ihnen Unrecht. Ihr, meine Kameraden, bezeugt es mir: in welchen Stunden haben wir uns glücklich gefühlt?

Antoine de Saint-Exupéry

1.	Beschreiben Sie das bei Saint-Exupéry dargestellte Lebensgefühl.
2.	Vergleichen Sie dieses Lebensgefühl mit dem des Psalm 90 aus der Hebräischen Bibel. – Beziehen Sie sich bei der Interpretation auf das Kommunikationsmodell als Analyseinstrument bei der Erschließung von Psalmen (S. 53).

Psalm 90

1 Ein Gebet Moses, des Mannes Gottes.
Herr Gott, du bist unsere Zuflucht für und für.
2 Ehe denn die Berge worden und die Erde und die
Welt geschaffen worden, bist du,
Gott, von Ewigkeit zu Ewigkeit,
3 der du die Menschen lässest sterben und sprichst:
Kommt wieder, Menschenkinder!
4 Denn tausend Jahre sind vor dir wie der Tag, der
gestern vergangen ist, und wie eine Nachtwache.
5 Du lässest sie dahinfahren wie einen Strom, und sind
wie ein Schlaf, gleichwie ein Gras, das doch bald welk
wird,
6 das da frühe blühet und bald welk wird und des
Abends abgehauen wird und verdorret.
7 Das macht dein Zorn, dass wir so vergehen, und dein
Grimm, dass wir so plötzlich dahin müssen.
8 Denn unsere Missetat stellest du vor dich, unsere
unerkannte Sünde ins Licht vor deinem Angesichte.
9 Darum fahren alle unsere Tage dahin durch deinen
Zorn; wir bringen unsere Jahre zu wie ein Geschwätz.
10 Unser Leben währet siebenzig Jahre, und wenn's
hoch kommt, so sind's achtzig Jahre;
und wenn's köstlich gewesen ist, so ist's Mühe und
Arbeit gewesen; denn es fähret schnell dahin, als flögen wir davon.
11 Wer glaubt es aber, dass du so sehr zürnest? und
wer fürchtet sich vor solchem deinem Grimm?
12 Lehre uns bedenken, dass wir sterben müssen, auf
dass wir klug werden.
13 Herr, kehre dich doch wieder zu uns und sei deinen
Knechten gnädig!
14 Fülle uns frühe mit deiner Gnade, so wollen wir
rühmen und fröhlich sein unser Leben lang.
15 Erfreue uns nun wieder, nachdem du uns so lange
plagest, nachdem wir so lange Unglück leiden.
16 Zeige deinen Knechten deine Werke und deine Ehre
ihren Kindern!
17 Und der Herr, unser Gott, sei uns freundlich und
fördere das Werk unserer Hände bei uns;
ja das Werk unserer Hände wolle er fördern!

3.	Ist dieses Lebensgefühl auch heute noch – in einer durch Wissenschaft bestimmten Welt – tragfähig? Nehmen Sie Stellung.

Das Kommunikationsmodell als Analyseinstrument bei der Erschließung von Psalmen

Die Psalmen (griech. *psalmos* = das zum Saitenspiel vorgetragene Lied) sind 150 religiöse Lieder Israels, die spätestens im 2. Jahrhundert vor Christus aus älteren Teilsammlungen hervorgegangen sind, die wiederum Lieder enthielten, die bis in die Zeit des Königs David (1000–960 v. Chr.) zurückgehen. Alle Psalmen sind Gedichte (Lyrik), die teils für den persönlichen Gebrauch teils für die Verwendung in der Gemeinde bestimmt sind. Ihr poetischer Charakter ist auch bei einer Übersetzung ins Deutsche noch unüberhörbar, wenngleich sich diese Art der Poesie von der bei uns gewohnten europäischen Lyrik unterscheidet:
Die entscheidende Rolle spielt der Akzent (= Wortbetonung). Jede Sinnzeile ist durch Akzente (Wortbetonungen) geformt und enthält entweder 3 und 3 oder 3 und 2 Betonungen. Je zwei oder drei Sinnzeilen bilden eine Verseinheit. Der Reim ist unbekannt; dafür gibt es andere beliebte Stilmittel wie z. B. die Alliteration, das Wortspiel und als besonderes Merkmal der hebräischen Poesie den Parallelismus, der darin besteht, dass in der zweiten Zeile ein ähnlicher Gedanke wie in der vorausgehenden Zeile zur Verstärkung wiederholt wird.
Die Psalmen sind inhaltlich und sprachlich so vielfältig, dass es schwer fällt, sie bestimmten »Gattungen« zuzuordnen und damit festzulegen. Die formgeschichtliche Methode versucht unter formalen und inhaltlichen Aspekten die Fülle der Psalmentexte nach typischen Gattungen zu klassifizieren. Dabei wird auch nach der Funktion und dem »Sitz im Leben« (Ursprungs- und Überlieferungssituation) der Texte gefragt. So wenig erschöpfend diese Einteilung auch ist und so sehr auch Abweichungen und Mischformen auftreten können: die Kenntnis und Beachtung der literarischen Grundform ist für das Verstehen eines Psalms wichtig. […]

Wer spricht hier?

Was kann über die Persönlichkeit, Eigenart, Rolle und Biographie des Sprechers erschlossen werden? Was sagt er über sich selbst (Selbstbild)?

Wen spricht der Sprecher an?

Welches Bild vom angesprochenen Leser oder Hörer wird deutlich? Welche Absichten und Erwartungen ihnen gegenüber sind aus dem Text zu erschließen?

Worüber wird gesprochen?

Welches Thema, welche Ereignisse, Gegenstände, Wirklichkeitsbereiche, Wertvorstellungen usw. werden behandelt und stehen inhaltlich im Mittelpunkt?

Wie wird gesprochen?

Welche Darstellungsform und besondere sprachliche Mittel werden eingesetzt? Wie wirken sie? Welche Absichten stehen dahinter?

Gerhard Röckel

b// Die Frage – auf dem Hintergrund einer durch Wissenschaft bestimmten Welt

Der deutsche Sozialphilosoph Max Horkheimer (1895–1973) lehrte bis 1933 an der Universität in Frankfurt/M. und war Direktor des Instituts für Sozialforschung. 1934 emigrierte er in die USA, wo er zusammen mit anderen die Arbeit des Instituts fortsetzte. 1949 kehrte er an die Frankfurter Universität zurück. Er gehört zusammen mit seinem Freund Theodor W. Adorno zu den Begründern der sogenannten »Kritischen Theorie«. – Der hier zitierte Text ist ein Auszug aus einem Gespräch, das Gerhard Rein 1972 mit Horkheimer geführt hat.

Friedhof Düsseldorf-Unterbach

Die Wissenschaft macht nicht einmal nur den Einzelnen, sondern im Grunde die ganze Menschheit zu etwas Vergänglichem – ich möchte fast sagen: angesichts der zahllosen Milchstraßen zu einem Nichts. Und daraus nun erwächst, dass das Leben auch heute nicht mehr durchdrungen ist von einem Sinn …

Wir dürfen nicht vergessen, dass die Welt bei vielen großen Denkern, ja schon bei Platon, aber erst recht bei Kant und Schopenhauer etwas Nichtiges war, Erscheinung war und dass der Sinn transzendent war, der Sinn des Lebens. In der Philosophie war es so, dass die Welt, in der wir leben – und das ist die Welt der Wissenschaft –, Welt der Erscheinung war, das heißt eine Welt, in der eigentlich die Ordnung und die Beschaffenheit, die Struktur, abhing von den intellektuellen Funktionen des Menschen, der zahlreiche Bewusstseins-Tatsachen unter Begriffe fasste, sie ordnete, damit er dann schließlich existieren konnte. Die Welt der Erscheinung ist eigentlich die dem Menschen gemäß vorgenommene Ordnung von Bewusstseins-Tatsachen und nicht etwa die schlichte Wahrheit. Dieser Sinn nun, der jenseits liegen soll – also nicht in der Welt –, dieser Sinn kam in der Religion zum Ausdruck, aber in der Religion durch das Dogma eines – in der europäischen Religion – allgütigen und allmächtigen Gottes. Es wurde also gesagt, dass das Grauen, das die bisherige Geschichte aufweist, dann später – das zeitliche Wort ist schon richtig – in irgendeiner Weise nicht das letzte Wort sein kann.

Das war die Hoffnung aller. Und durch Kant ist es dann möglich geworden, diese Hoffnung, auch wenn man die Religion nicht unbedingt akzeptierte, festzuhalten, obwohl er schon verboten hat, in dieses jenseitige Reich auszuschweifen, weil unsere Begriffe dazu eben nicht ausreichen. Und nun habe ich vorgeschlagen, dass in dem Menschen das Bewusstsein des Unrechts wachgehalten werden muss. Und dieses Bewusstsein des Unrechts stammt – das wird heute viel zu oft vergessen – letzten Endes aus der Theologie, aus der Religion; denn dort heißt es: »Liebe deinen Nächsten wie dich selbst«, dort wird Gerechtigkeit als eine Forderung aufgestellt. Dem Menschen selbst, unabhängig von all dem, ist Ungerechtigkeit ursprünglich genauso nahe wie Gerechtigkeit. Soweit Gerechtigkeit eine Rolle spielt, ist sie durch die Funktion, die gesellschaftlich notwendige Funktion der Religion aufrechterhalten worden. Der Gedanke an die Gerechtigkeit! Nunmehr aber haben wir nichts mehr von einem Gebot, aber die Sehnsucht danach, dass es bei der Ungerechtigkeit nicht immer sein Bewenden haben möge. Und wir können diese Sehnsucht dadurch erklären und begründen, dass wir sagen: Die Welt, in der wir jetzt leben, ist eine Welt der Erscheinung, wir sehnen uns noch danach, dass es ein Anderes gibt. Mit Bestimmtheit sagen können wir es nicht. Die Religion ist eigentlich schon seit der Renaissance, also seit dem Beginn des großen Fortschritts der Wissenschaft, im Gegensatz zu ihr. Und eine ganze Anzahl der Menschen – das ist eine Hypothese, ich kann das nicht beweisen –, die sich zum Glauben und zur Religion unbedingt bekannt haben, hatten irgendwo das Gefühl – im Gegensatz zu den früheren Zeiten, also zu Zeiten, in denen die Religion ebenso selbstverständlich war wie das Wissenschaftliche –, hatten irgendwie doch einen Zweifel, den sie verdrängt haben, weil sie jetzt nicht mehr wie einst es für selbstverständlich halten konnten, dass diese Welt von einem gütigen, allmächtigen Gott regiert werde, dass diese Welt gewissermaßen der Mittelpunkt sei und insbesondere von Gott geschaffen wäre. Das haben sie eigentlich im Grunde auch bezweifelt, ohne dass ihnen der Zweifel bewusst war. Ich habe immer betont, Religion ist nur überhaupt denkbar mit dem Zweifel. Und diese Verdrängung des Zweifels hat die Aggression erzeugt und das Grauenvolle, was sich auf die Religion berufen hat.

Infolgedessen meine ich, dass wir zwar festhalten müssen, dass unendlich wichtige Begriffe, Gefühle, Gedanken in dem Theologischen ihre Wurzeln haben, es aber andererseits heute nicht mehr als ein Dogma zu akzeptieren ist. Es bleibt die Sehnsucht – nicht nach dem Himmel, aber doch die Sehnsucht, dass diese grauenvolle Welt nicht das einzig Wahre sei, die Sehnsucht nach Gerechtigkeit, nicht das Dogma, dass es einen Gott gibt, der sie vollzieht.

Max Horkheimer

Begräbniswald Bergisch Gladbach

1.	Beschreiben Sie das bei Max Horkheimer dargestellte Lebensgefühl.
2.	Vergleichen Sie dieses mit dem von Saint-Exupéry beschriebenen.
3.	Erörtern Sie, welche der beiden Darstellungen als eine angemessene Zeitdiagnose gelten darf.

6. Sinnlosigkeit überwinden: durch eigenes Tun oder durch die Erfahrung von Gnade?

a// Der Mythos des Sisyphos – Oder: Das Glück des Absurden

Albert Camus hat den »Mythos des Sisyphos« 1942 geschrieben. Das Werk des französischen Schriftstellers durchzieht wie ein roter Faden die Frage nach dem Sinn des Lebens.

Sisyphos ist der Held des Absurden. Dank seinen Leidenschaften und dank seiner Qual. Seine Verachtung der Götter, sein Hass gegen den Tod und seine Liebe zum Leben haben ihm die unsagbare Marter eingebracht, bei der jedes Wesen sich abmüht und nichts zustande bringt. Damit werden die Leidenschaften dieser Erde bezahlt. Über Sisyphos in der Unterwelt wird uns nichts weiter berichtet. Mythen sind dazu da, von der Phantasie belebt zu werden. So sehen wir nur, wie ein angespannter Körper sich anstrengt, den gewaltigen Stein fortzubewegen, ihn hinaufzuwälzen und mit ihm wieder und wieder einen Abhang zu erklimmen; wir sehen das verzerrte Gesicht, die Wange, die sich an den Stein schmiegt, sehen, wie eine Schulter sich gegen den erdbedeckten Koloss legt, wie ein Fuß ihn stemmt und der Arm die Bewegung aufnimmt, wir erleben die ganz menschliche Selbstsicherheit zweier erdbeschmutzter Hände. Schließlich ist nach dieser langen Anstrengung (gemessen an einem Raum, der keinen Himmel, und an einer Zeit, die keine Tiefe kennt) das Ziel erreicht. Und nun sieht Sisyphos, wie der Stein im Nu in jene Tiefe rollt, aus der er ihn wieder auf den Gipfel wälzen muss. Er geht in die Ebene hinunter.

Auf diesem Rückweg, während dieser Pause, interessiert mich Sisyphos. Ein Gesicht, das sich so nahe am Stein abmüht, ist selber bereits Stein! Ich sehe, wie dieser Mann schwerfälligen, aber gleichmäßigen Schrittes zu der Qual hinuntergeht, deren Ende er nicht kennt. Diese Stunde, die gleichsam ein Aufatmen ist und ebenso zuverlässig wiederkehrt wie sein Unheil, ist die Stunde des Bewusstseins. In diesen Augenblicken, in denen er den Gipfel verlässt und allmählich in die Höhlen der Götter entschwindet, ist er seinem Schicksal überlegen. Er ist stärker als sein Fels.

Dieser Mythos ist tragisch, weil sein Held bewusst ist. Worin bestünde tatsächlich seine Strafe, wenn ihm bei jedem Schritt die Hoffnung auf Erfolg neue Kraft gäbe? Heutzutage arbeitet der Werktätige sein Leben lang unter gleichen Bedingungen, und sein Schicksal ist genau so absurd. Tragisch ist es aber nur in den wenigen Augenblicken, in denen der Arbeiter bewusst wird. Sisyphos, der ohnmächtige und rebellische Prolet der Götter, kennt das ganze Ausmaß seiner unseligen Lage: über sie denkt er während des Abstiegs nach. Das Wissen, das seine eigentliche Qual bewirken sollte, vollendet gleichzeitig seinen Sieg. Es gibt kein Schicksal, das durch Verachtung nicht überwunden werden kann.

Wenn man so zuweilen in den Schmerz hinabsteigt, dann auch in die Freude. Damit wird nicht zu viel behauptet. Ich stelle mir immer noch vor, wie Sisyphos zu seinem Stein zurückkehrte, und der Schmerz wieder von neuem begann. Wenn die Bilder der Erde zu sehr im Gedächtnis haften, wenn das Glück zu dringend mahnt, dann steht im Herzen des Menschen die Trauer auf: das ist der Sieg des Steins, ist der Stein selber. Die gewaltige Not wird schier unerträglich. Unsere Nächte von Gethsemane sind das. Aber die niederschmetternden Wahrheiten verlieren an Gewicht, sobald sie erkannt werden. So gehorcht Ödipus zunächst unwissentlich dem Schicksal. Erst mit Beginn seines Wissens hebt seine Tragödie an. Gleichzeitig aber erkennt er in seiner Blindheit und Verzweiflung, dass ihn nur noch die kühle Hand eines jungen Mädchens mit der Welt verbindet. Und nun fällt ein maßloses Wort: »Allen Prüfungen zum Trotz – mein vorgerücktes Alter und die Größe meiner Seele sagen mir, dass alles gut ist.« So formuliert der Ödipus des Sophokles (wie Kirilow bei Dostojewski) den Sieg des Absurden. Antike Weisheit verbindet sich mit modernem Heroismus. […]

Darin besteht die ganze verschwiegene Freude des Sisyphos. Sein Schicksal gehört ihm. Sein Fels ist seine Sache. Ebenso lässt der absurde Mensch, wenn er seine Qual bedenkt, alle Götzenbilder schweigen. Im Universum, das plötzlich wieder seinem Schweigen anheim gegeben ist, werden die tausend kleinen, höchst verwunderten Stimmen der Erde laut. Unbewusste, heimliche Rufe, Aufforderungen aller Gesichter, bilden die unerlässliche Kehrseite und den Preis des Sieges. Ohne Schatten gibt es kein Licht, man muss auch die Nacht kennen lernen. Der absurde Mensch sagt Ja, und seine Mühsal hat kein Ende mehr. Wenn es ein persönliches Geschick gibt, dann

Urs Lüthi, Hope + Despair, 1988

gibt es kein übergeordnetes Schicksal oder zumindest nur eines, das er unheilvoll und verächtlich findet. Darüber hinaus weiß er sich als Herrn seiner Zeit. Gerade in diesem Augenblick, in dem der Mensch sich wieder seinem Leben zuwendet (ein Sisyphos, der zu seinem Stein zurückkehrt), bei dieser leichten Drehung betrachtet er die Reihe unzusammenhängender Taten, die sein Schicksal werden, seine ureigene Schöpfung, die in seiner Erinnerung geeint ist und durch den Tod alsbald besiegelt wird. Überzeugt von dem rein menschlichen Ursprung alles Menschlichen, ist er also immer unterwegs – ein Blinder, der sehen möchte und weiß, dass die Nacht kein Ende hat. Der Stein rollt wieder.

Ich verlasse Sisyphos am Fuße des Berges! Seine Last findet man immer wieder. Nur lehrt Sisyphos uns die größere Treue, die die Götter leugnet und die Steine wälzt. Auch er findet, dass alles gut ist. Dieses Universum, das nun keinen Herrn mehr kennt, kommt ihm weder unfruchtbar noch wertlos vor. Jeder Gran dieses Steins, jeder Splitter dieses durchnächtigten Berges bedeutet allein für ihn eine ganze Welt. Der Kampf gegen Gipfel vermag ein Menschenherz auszufüllen. Wir müssen uns Sisyphos als einen glücklichen Menschen vorstellen. *Albert Camus*

1. Arbeiten Sie die Grundgedanken aus dem Text von Albert Camus heraus.
2. »Wir müssen uns Sisyphos als einen glücklichen Menschen vorstellen.«
   Ist nach Ihrer Auffassung in der Gestalt des Sisyphos »der Mensch« zutreffend dargestellt? Beziehen Sie Stellung.

b// »Gnade erfahren« – Oder: Wieder Lebensmut und Lebenssinn erhalten

Die Theologin Dorothee Sölle (1929–2003) geht darauf ein, wie sie in schwerer Zeit in ihrem Leben Sinnlosigkeit empfand und wie ihr wieder neuer Lebensmut zuteil wurde. Zu den Leitfiguren der christlichen Friedensbewegung zählend folgte sie in ihrer politischen und theologischen Arbeit vor allem befreiungstheologischen Impulsen, dabei bezeugen ihre zahlreichen Veröffentlichungen eine Verbindung von hohem sozialkritischen Engagement und tiefer Spiritualität.

Wir haben Angst davor, unsere eigenen Erfahrungen auszusprechen, und vor allem haben wir Angst, die wichtigste Sprache menschlicher Erfahrungen, die religiöse Sprache, zu gebrauchen. Lieber verleugnen und verdrängen wir uns selber und vervielfachen die eigene Sprachlosigkeit, als dass wir uns ausgerechnet von der Religion »das Hemd ausziehen« ließen. Ich habe Hemmungen, […] persönlich zu werden. Es ist meine eigene Angst davor, Religion zu haben oder als religiös zu gelten, meine eigene Angst vor der Lächerlichkeit. Diese Ängste sind mir vor kurzem klar geworden, als mich ein holländisches Fernsehteam besuchte, um ein Interview mit mir zu machen. […]

»Allen Prüfungen zum Trotz – mein vorgerücktes Alter und die Größe meiner Seele sagen mir, dass alles gut ist.« So der Ödipus des Sophokles

Schon nach kurzer Zeit verließ der Frager die Bahn und befragte mich […] – in einer in Deutschland kaum praktizierten Art – religiös und persönlich zugleich. Ich, schon etwas irritiert durch die spontanere Art der Gesprächsführung, äußerte den mich schon lange beschäftigenden Gedanken, dass man nur »glauben« könne, wenn man schon einmal gestorben sei. Darauf er: »Wie ist das? Haben Sie das schon erlebt?« Ich hielt einen Augenblick inne und sagte dann: »Ja, im Zusammenhang mit meiner Ehescheidung …« […]

Es fiel mir nicht leicht, über meine Erfahrung »zu sterben« zu sprechen. Dieser Tod war für mich die vollständige Zerstörung eines ersten Lebensentwurfs. Alles, worauf ich gebaut hatte, was ich gehofft, geglaubt und gewollt hatte, war vernichtet. Es ist wahrscheinlich eine ähnliche Erfahrung wie beim Tod eines sehr geliebten Menschen, nur dass in der Geschichte einer Ehe und ihrer Trennung das Moment der Schuld notwendig eine größere Rolle spielt, und das Bewusstsein, etwas vergessen, versäumt und unwiderruflich falsch gemacht zu haben, nicht durch irgendeine Form von Schicksalsglauben beschwichtigt werden kann. Ich habe über drei Jahre gebraucht, nicht um damit »fertigzuwerden«, sondern nur, um die mich ständig begleitenden Wunschphantasien des Selbstmords zu überwinden. Sterbenwollen war die einzige Hoffnung, der einzige Gedanke. In dieser Situation ging ich einmal auf einer Reise durch Belgien in eine dieser spätgotischen Kirchen. Der Ausdruck »beten« kommt mir jetzt falsch vor; ich war ein einziger Schrei. Ich schrie um Hilfe, und darunter konnte ich mir zweierlei vorstellen: dass mein Mann zu mir zurückkehrte oder dass ich stürbe und diese Dauerhinrichtung endlich aufhörte. In dieser Kirche fiel mir, in mein Schreien versunken, ein Wort aus der Bibel ein: »Lass dir an meiner Gnade genügen«.

Ich hasste dieses Wort schon lange, es war für mich der Ausdruck einer durch nichts gemilderten Brutalität. Paulus hatte sich die Gesundheit gewünscht, die er für sein Leben und seine Arbeit brauchte, und Gott warf ihn, der mit aufgedecktem Angesicht vor ihm stand und flehte, mit dem Gesicht auf den steinernen Boden. Der über alles mächtige Gott, der für Tausende Gesundheit, langes Leben und Wohlergehen hatte, hatte für Paulus nichts übrig als einen Spruch, der die unerträgliche Realität nicht änderte, sondern festschrieb.

Ich muss damals in der Mitte des Tunnels angekommen gewesen sein. Ich wusste wirklich nicht, was das theologische Wort »Gnade« bedeuten könnte, wenn alle Realität meines Lebens nichts damit zu tun hätte. Aber »Gott« hatte mir gerade diesen Satz »gesagt«. Ich kam aus der Kirche und betete von nun an nicht mehr darum, dass mein Mann zu mir zurückkäme. (Sterben zu können, darum habe ich noch lang gebetet.) Ich fing, in der Größe eines Stecknadelkopfes, an zu akzeptieren, dass mein Mann einen anderen, seinen eigenen Weg ging. Ich war am Ende, und Gott hatte den ersten Entwurf zerrissen. Er hatte mich nicht getröstet, wie ein Psychologe, der mir erklärte, dass dies vorauszusehen gewesen sei, er bot mir nicht die gesellschaftlich üblichen Beschwichtigungen an. Er warf mich mit dem Gesicht auf den Boden. Es war nicht einmal der Tod, den ich mir wünschte, geschweige denn das Leben. Es war ein anderer Tod.

Später habe ich gemerkt, dass alle, die glauben, ein wenig hinken, wie Jakob, nachdem er mit dem Engel gekämpft hat. Sie sind schon einmal gestorben. Man kann es niemandem wünschen, aber auch nicht versuchen, es ihm durch Belehrung zu ersparen. Die Erfahrung des Glaubens ist ebenso wenig ersetzbar wie die Erfahrung der physischen Liebe. Dass die Gnade tatsächlich »genügt« zum Leben und dass »nichts« uns scheiden kann von der Liebe Gottes, auch der eigene Tod nicht, das sind Erfahrungen, die wir nacherzählen, aber nicht im Plan, im Konstrukt vorwegnehmen können.

Dorothee Sölle

1. Stellen Sie dar, von welchen Erfahrungen Dorothee Sölle erzählt.
2. Wie wird es Dorothee Sölle möglich, nach ihrer Lebenskrise wieder neuen Lebensmut zu fassen? Erläutern Sie.
3. Vergleichen Sie die Überlegungen von Dorothee Sölle zur Sinnfrage mit dem Mythos des Sisyphos bei Camus. Berücksichtigen Sie dabei auch die jeweilige Vorstellung vom »Tod«.
4. Beziehen Sie Stellung.

c// Bescheidenheit üben: »Auf halber Treppe« – Oder: Das Leben gelingt immer nur halb

Nach ihrer Ehescheidung hatte Dorothee Sölle einen neuen Partner gefunden, den katholisch aufgewachsenen Theologen Fulbert Steffensky (geb. 1933). Er schreibt:

Thomas Mann nennt in seinem Josefsroman den alten Jakob »schwer von Geschichten«. Von welcher Schwere sind die Geschichten von uns Alten? Der Dank gegen Gott und der Stolz auf uns selbst erlauben es, uns zunächst an die Geschichten des Gelingens zu erinnern. Wir hatten eine Kindheit. Obwohl in schrecklichen Zeiten, bestand sie nicht nur aus Schrecken. Wir hatten eine Jugend, in der wir mehr gehofft haben, als unsere Jugendlichen hoffen. Wir hatten Ruhe zum Lernen und zur Ausbildung. Wir hatten Ideen und haben einiges dafür gearbeitet. Wir haben geliebt und wurden geliebt. Und wir hatten Tränen, über die zerbrochenen Lieben zu weinen.

Mit all dem sind wir nicht bis ins Land der Träume gekommen. Vieles ist zerbrochen von dem, was wir hatten. Vieles haben wir nur halb gehabt und gemacht. Aber wir hatten wenigstens die Hälfte. Wer sagt denn, dass die Süße nur in der Ganzheit liegt! Wir sind »schwer von Geschichten«. Von keinem protestantischen Vollkommenheitsterrorismus lasse ich mir das Halbe und Nicht-zu-Ende-Gebrachte entwerten. Es gibt ein englisches Kinderlied, das uns beschreibt:

Half way up the stairs
is the stair, where I sit!
There isn't any other stair
quite like it.
It isn't at the bottom.
It isn't at the top.
Half way up the stairs
is the stair where I always stop.

Auf halber Treppe sitzen wir,
es ist nicht oben, nicht unten.
Auf halber Treppe sitzen wir.

Dankbarkeit also für die Hälfte der Treppe, auf die wir kommen durften! Aber nun zu der anderen Hälfte der Treppe, die wir nicht geschafft haben; zu den anderen »schweren Geschichten«! Es sind die Geschichten un-

serer Niederlagen. Wenn wir jungen Menschen etwas voraus haben; wenn es so etwas wie die Weisheit des Alters gibt, dann ist es die größere Anzahl der Niederlagen – der persönlichen und politischen. Vielleicht sind einige davon gelungen. Vielleicht haben uns einige nicht bitterer, resignierter und zynischer gemacht. Vielleicht haben uns einige von falschen Hoffnungen befreit. Vielleicht hat uns unsere Schwäche humanisiert – wenigstens hie und da.
Schwerer ist es, mit den anderen Geschichten umzugehen: Mit den Geschichten unserer Schuld. Zerstörungen haben wir nicht nur erfahren, wir haben sie auch angerichtet, und wir haben Leben beschädigt. Wir sitzen auf halber Treppe und können sie nicht neu hinaufgehen. Wir müssen damit leben, dass bestimmte Dinge unseres Lebens nicht wiedergutgemacht werden können; dass sie unwiederbringlich sind und dass keine Chancen auf Heilung bestehen – zumindest nicht durch uns. Was soll man sagen? Und kann man etwas sagen, ohne sich voreilig zu trösten? Vielleicht dies: dass wir nicht die Garanten und Retter der Welt sind. Vielleicht muss man an Gott glauben, um nicht grandios zu ersticken in dem, was wir versäumt haben. Die Sünde nicht zu vergessen – und nicht so eitel sein zu glauben, sie diktiere die Zukunft – das wäre eine Form der Weisheit, eine geglückte Niederlage.
Was bleibt auf halber Treppe? Zunächst die halbe Treppe, die wir gestiegen sind: all das, was wir gesehen und gehört haben; was wir gearbeitet und gelitten haben – alle Liebe, die sich eingekerbt hat in die Züge unserer Seele. Es bleibt aber auch noch ein Stück Arbeit: sich einzuüben in die sanften Tugenden der Geduld, der Langsamkeit und des Verzichts. Resignation – nicht als verbitterte Zukunftslosigkeit, sondern als Abdanken – ich habe davon gesprochen.
Es bleibt vielleicht noch etwas Anderes – vielleicht bis zum letzten Atemzug: die Lebenszugewandtheit und die Lebensneugier, die wir mit Leiden und Lieben gelernt haben. Dann können uns die Jüngeren sagen:

So sollst du, munt're Greis,
dich nicht betrüben!
Sind gleich die Haare weiß,
doch wirst du lieben.

Am Ende steht der Name Gottes, am Ende unserer Arbeit und am Ende unseres Lebens. Wir wissen nicht genau, was wir sagen, wenn wir ihn nennen. Alt werden heißt erkennen, dass wir nicht genug sind. Wir sind nicht genug, die Weit zu retten und das Leben zu wärmen. Wir einzelnen und wir alle zusammen sind nicht genug, die Stadt zu bauen, in der der Tod entmachtet ist. Der Name Gottes ist unsere große Erleichterung: wir müssen nicht genug sein. Die Last der Welt liegt nicht auf unseren Schultern. Wir können in Heiterkeit Fragment sein. Das gibt unserem Leben Spiel, dass wir selber nicht alles sein müssen. Der Gedanke, dass wir an Gott genesen und dass niemand an unserem Wesen genesen muss, macht uns erträglich für uns selber und macht uns erträglich für die anderen. Wir können die Arbeit aus den Händen legen, nachdem wir unseren Teil getan haben, gut oder schlecht – wir müssen darüber nicht urteilen. Vielleicht ist das die letzte große Kunst, die wir zu lernen haben, dass wir das Urteil über uns selbst nicht fällen. Wir sind, die wir sind am Ende unseres Lebens. Mehr

brauchen wir nicht. Wir brauchen uns nicht zu loben, wir brauchen uns nicht zu verdammen. Wir sind vor den Augen der Güte, die wir sind.

Es ist wahr: Wir Alten haben nur noch eine Frist, ablaufende Zeit. Bis dahin aber werden wir weiter träumen. Und wir werden das wundervolle Altersprivileg genießen, dass niemand mehr uns ganz für voll nimmt, nicht einmal wir uns selber. Lasst uns in Heiterkeit diese Narrenfreiheit genießen!

Fulbert Steffensky

1. Welche Lebenseinstellung kommt im Textauszug von Fulbert Steffensky zum Ausdruck? Skizzieren Sie seine Überlegungen dazu.
2. Welche Antwort auf die Sinnfrage kann er geben? Erläutern Sie.
3. Vergleichen Sie die Gedanken von Steffensky mit denen von Martin Luther King:
   »Unser Glaube an Gott bestimmt, wie wir mit unseren zerbrochenen Träumen fertig werden. Er gibt uns die Überzeugung, dass jenseits der Zeit der Geist Gottes, dass jenseits des zeitlichen Lebens das ewige Leben herrscht.«
4. »Soweit wir zu erkennen vermögen, ist es der einzige Sinn der menschlichen Existenz, ein Licht anzuzünden in der Finsternis des bloßen Seins.« (Carl Gustav Jung) Entspricht dieser Aphorismus den Vorstellungen von Fulbert Steffensky? Beziehen Sie Stellung.

7. Der Tod »mitten im Leben« – Gegebenheit und Aufgabe

a// »Tod oder Leben?« und »Mitten wir im Leben sind mit dem Tod umfangen« – Zwei Einstellungen

Der zeitgenössische Schriftsteller Lutz van Dijk schreibt:

Die Pistole auf der Brust: Tod oder Leben?
Leben.
Die meisten wollen leben. Unsere Sprache drückt das so aus: Ein eiserner Lebenswille. Wir kämpfen um ein Menschenleben. Wer ein Leben rettet, rettet die Welt, sagt eine jüdische Weisheit. Wir leben noch. Wir überleben. Das Leben hat wieder einen Sinn. Ein gutes Leben. Lebenswert und lebensfroh.
Aber auch: Leben voller Schmerzen. Ein Leben auf Kosten anderer. Ein einsames Leben. Das ist kein Leben mehr. Lebensmüde. Sinnloses Leben. Das Leben hängt an einem dünnen Faden. Das Leben verlieren.
Tod oder Leben?
Leben. So zerbrechlich. Das vergessen wir leicht.
Der Tod ist weit weg. Ausgegrenzt. Später. Nicht ich.
Das war nicht immer so. So ist es nicht überall.

Lutz van Dijk

Verkehrsopfer – Blick in das Fenster eines Beerdigungsinstitutes

1. Skizzieren Sie die Einstellungen zum Sterben, die der Autor schildert.

2. Erläutern Sie die letzte Zeile: »Das war nicht immer so. So ist es nicht überall.« Beziehen Sie die folgenden Verse von Notker der Stammler mit in Ihre Überlegungen ein.

Notker der Stammler, Portalrelief, Stiftskirche St. Gallen/Schweiz

Notker der Stammler hat die Antiphon, den kirchlichen Wechselgesang, um 900 verfasst.

Mitten wir im Leben sind
Mit dem Tod umfangen,
Wen suchen wir, der Hülfe tu,
Dass wir Gnad erlangen,
Das bist du Herr alleine;
Uns reuet unser Missetat,
Die dich Herr erzürnet hat,
Heiliger Herre Gott,
Heiliger starker Gott,
Heiliger barmherziger Heiland,
Du ewiger Gott,
Lass uns nicht versinken
In des bittern Todes Not,
Kyrieleison.

Notker der Stammler

3. Interpretieren Sie die Antiphon.

b// Der Ernstfall der Hoffnung – religionsphilosophische Gedanken

Bernhard Welte (1906–1983) war Religionsphilosoph und Theologe in Freiburg/Breisgau.

Manchmal ist der Tod da, inmitten unseres Lebens. Vor allem dann, wenn jemand stirbt, den wir kannten und mit dem wir uns verbunden wussten und den wir vielleicht liebten. Und eines Tages nimmt ihn der Tod hinweg. Dann merken wir erschrocken: dieser andere, den wir liebten und der nun auf einmal gestorben ist: der war ja ein Stück, vielleicht ein entscheidendes Stück unseres eigenen Lebens. Und damit ist mit dem Tod eines geliebten Menschen in uns selber etwas mitgestorben. Sein Tod betrifft uns so, dass wir mitleiden und dass also in uns, den vorderhand noch Weiterlebenden, ein Sterben ist, nicht irgendeines freilich, sondern gerade dieses: dieser unbegreifliche Tod dieses Freundes, dieses Geliebten. [...]

Der Tod zerreißt die Selbsttäuschungen der alltäglichen Oberfläche unseres Lebens. Er bringt uns so vor unsere äußerste Wahrheit. Im Mit-Leiden mit dem Sterben der anderen erwacht auch unser hörendes Achten auf unser eigenes künftiges Sterben ...

Der Tod winkt also wirklich, wenn auch eben im Verborgenen, das aber doch bisweilen ins Offene tritt, in unser Leben hinein. Mitten hinein!

Und weil es ein schweigender Wink ist, sagt er nichts davon, wohin er eigentlich rufe. Er sagt nur: Es wird zu Ende sein. Was aber mit diesem Ende sein wird, was sich vielleicht darin verbirgt, wohin er uns also führt, das verschweigt er. Darum ist dieser Wink für uns ja unheimlich. Und in dieser Unheimlichkeit erfüllt er den Grund unseres Herzens.

In diesem Zusammenhang dürfen wir auch daran denken, dass es Menschen gibt, die nicht vor dem Tod ausweichen und fliehen, sondern die im Gegenteil gerade in ihn hineinfliehen [...]. Viele und oft junge Menschen scheinen größere Angst zu haben vor dem Leben, und dieses scheint ihnen unheimlicher zu sein als der unheimliche Wink des Todes. [...] Sollte es vielleicht so sein: Wir lieben das Leben, und wir haben gleichzeitig oft Angst davor. Und so fliehen wir entweder in den Schein des alles andere verdrängenden Lebens oder in den umgekehrten Schein, mit dem Sterben alles los zu sein. Beides scheint dieselbe Wurzel zu haben: die Fragwürdigkeit des Lebens und Leben-Wollens angesichts der anderen Fragwürdigkeit des Sterben-Müssens. [...]

Wir müssen ein für allemal sterben, ganz und für immer ... Der Tod nimmt das, was wir Leben nennen, hinweg, und dies ganz und für immer. Er sagt nein zu unserem Lebenswillen. Insbesondere nimmt er alles hinweg aus der Hand unseres Verfügens und Disponierens, in dem wir uns sonst so groß tun und mit dem wir gerne große »Macher« sind. Wenn der Tod sich meldet, dann gibt es nichts mehr zu »machen«. Er nimmt uns alles aus der Hand. Und dies so nachdrücklich und so ernst, dass alles, was vor ihm war, wie nichts erscheint: Leid und Freude, Kampf und Friede, Gut und Böse: alles, was ein Leben füllt und was sich in einem Angesicht abzeichnen kann. Alles dies wird hinweggenommen wie nichts ... Der Tod ist etwas wie ein absolutes Nein zum menschlichen Leben und damit, wie es scheint, zu allen menschlichen Hoffnungen.

In dieser seiner Negativität belehrt er uns nachdrücklich darüber, dass wir, von ihm berührt, auf jeden Fall nicht mehr uns selber gehören und also von unserer Intelligenz und von unserer Energie nichts mehr zu erwarten haben. Ist er damit nicht etwas wie ein Hohn auf alle menschlichen Bemühungen und auf alle menschlichen Hoffnungen? Und dies in einem fragwürdigen Gegensatz dazu, dass er unserem Leben auch den Ernst und die Würde der Einmaligkeit gibt. Die Negativität ist der Preis, der für diese Einmaligkeit bezahlt werden muss.

Ist es im Blick auf diese Negativität, auf dieses Nein, auf dieses Schweigen, auf dieses Dunkel, auf dieses Hinweg nicht sehr verständlich, dass wir uns für gewöhnlich von ihm abwenden und vor ihm fliehen und ihn zu vergessen suchen und ihn auch bekämpfen und hinausdrängen, solange und so gut wir können? Und dies ungeachtet der Tatsache, dass auch dieses Leben, das wir auf vielerlei Weisen vor den Bedrohungen des Todes zu schützen und gegen sie zu verteidigen suchen, meistens keine einfache Sache ist. Wir sollten in diesem Zusammenhang immer wieder an jene unglücklichen Menschen denken, die vor eben diesem Leben fliehen und es schließlich wegwerfen wie eine unerträgliche Last. [...]

Wenn wir im Glauben und in der Hoffnung des Glaubens den Mut zum Sterben aufbringen, dann wird von daher auch ein neuer Mut zum Leben erwachen und eine neue furchtlose Zuversicht, die standhält, wie immer es auch gehen mag.

Dies ist im Grunde die Alternative. Wenn sie sich auch noch so oft verschleiern mag: etwas, was ihr standhalten könnte, gibt es eigentlich nicht. Freilich gibt es angesichts dieser Alternative nichts zu wissen im Sinne der neuzeitlichen Wissenschaft. Aber um so mehr zu glauben und zu hoffen.

Herz im Sand vom Meer umspült

Und man wird hinzufügen müssen: Der Mut eines solchen Glaubens und einer solchen Hoffnung wird unserem Herzen wohl nicht leicht fallen angesichts des erschütternden Dunkels des Todes. Und wir werden fragen müssen: Reicht die Kraft unseres wankelmütigen Herzens, diesem Dunkel wirklich standzuhalten? Reicht sie aus, besonders inmitten der oberflächlichen Verführungen unseres Zeitalters, diesen Mut aufzubringen? Bleibt nicht doch das Dunkel zu dunkel für unser im Allgemeinen nicht sehr mutiges Herz? …

Darum ist es gut, dass wir zu dieser Frage, die die wichtigste und die schwierigste zugleich ist, einen Freund und zuverlässigen Zeugen in unserer Geschichte haben, auf den wir hören können und der uns Mut machen kann zum Glauben und Hoffen, gerade angesichts des Todes. Das ist Jesus mit seiner Botschaft, dem Evangelium, die uns vermittelt ist durch die vom Geiste Jesu erfüllten Zeugen seiner Frohbotschaft. Daran kann man sich halten.

Bernhard Welte

1. Skizzieren Sie, was Bernhard Welte inhaltlich zu sagen hat.
2. Arbeiten Sie die Argumentationsstruktur des Textauszuges von Bernhard Welte heraus und erläutern Sie diese.
3. Welche Rolle spielt bei Welte der Glaube an Jesus? Welche Rolle sollte er Ihrer Auffassung nach spielen? Erörtern Sie diese Fragen.

c// Die Perikope von der Tochter des Jairus (Mk 5,35–43) und ihre tiefenpsychologische Deutung

Welche Rolle der Glaube an Jesus spielen kann, wenn es um das Dunkel des Todes geht, kann exemplarisch an einem Text aus dem Markusevangelium konkretisiert werden.

35 Während er noch redet, kommen sie vom Synagogenvorsteher und sagen: Deine Tochter ist gestorben. Was behelligst du noch den Meister? 36 Jesus aber, der das Gespräch mitangehört hatte, das da geführt wurde, sagt dem Synagogenvorsteher: Fürchte dich nicht. Hab nur Vertrauen! 37 Und er ließ niemanden als Begleiter mit sich kommen, außer Petrus, Jakobus und Johannes, den Bruder des Jakobus. 38 So kommen sie zum Haus des Synagogenvorstehers. Da vernimmt er Lärm und wie sie weinen und heftig wehklagen, 39 und er geht hinein und sagt ihnen: Was lärmt und weint ihr? Das Kind ist nicht gestorben, es schläft nur. 40 Da verlachten sie ihn. Er aber warf sie alle hinaus, nimmt den Vater des Kindes und die Mutter und seine Begleiter und geht hinein, wo das Kind war. 41 Und er fasst die Hand des Kindes und sagt ihr: Talitha kum, das heißt übersetzt: Mädchen, ich sage dir: steh auf! 42 Und gleich stand das Mädchen auf und ging umher; es war nämlich (schon) zwölf Jahre alt. Und gleich gerieten sie außer sich, ein großes Außersichsein. 43 Und er gebot ihnen streng, niemand dürfe das erfahren, und er sagte, man solle ihr zu essen geben.

1. Skizzieren Sie die Struktur des Textes.
2. Erläutern Sie, welche Fragen eine Interpretation zu berücksichtigen hat.
3. Setzen Sie sich mit der Deutung durch Eugen Drewermann im folgenden Abschnitt auseinander.

Eine tiefenpsychologische Deutung stammt von Eugen Drewermann (geb. 1940), dem Theologen, Psychotherapeuten, Seelsorger und Autor.

Kann es sein, dass ein Menschenleben zu Ende ist, kaum dass es begonnen hat? Die Erzählung von der Tochter des Jairus berichtet von dieser Möglichkeit, aber auch von dem Weg, sie zu überwinden.

Es ist schlimm, dass der Tod die Macht hat, sehr früh schon, scheinbar willkürlich und wann es ihm beliebt, das Leben von Menschen, die uns nahe stehen, hinwegzuraffen, und die Traurigkeit und der Schmerz, die das Kommen des Todes begleiten, sind schrecklich. Schlimmer aber ist es, dass die Angst vor dem Tod ein Menschenleben zu ersticken vermag, noch

Marie-Jo Lafontaine,
Die Angst, 1988

ehe es überhaupt die Möglichkeit besitzt, frei und selbstständig zu einem eigenen Dasein aufzublühen, und nicht selten ist es die vermeintliche Fürsorge der eigenen Eltern, die das bewirkt. Es ist möglich, aus Angst und Sorge einen solchen Glassturz von Behütung und Obhut über ein Kind zu stülpen, dass es darunter erstickt, und gerade das scheint zwischen dem Synagogenvorsteher Jairus und seiner Tochter geschehen zu sein. Das sogenannte »Mädchen« ist zwölf Jahre alt, wie man am Ende der Geschichte erfährt; es ist also gerade in dem Alter, in dem man in Israel zu einer erwachsenen, heiratsfähigen Frau wurde. In eben diesem Moment geschieht es, dass des Jairus »Töchterlein«, wie wir es immer wieder angeredet hören, nicht mehr zu leben weiß, sondern in seiner Kammer liegt wie tot. – Der Eindruck ist unvermeidbar, dass beides miteinander zusammenhängt: die Verzärtelung und Verkleinerung ihrer Person und ihre tödliche Erkrankung bei Eintritt in das Erwachsenenalter. Was wird aus einem Menschen, wenn von ihm stets nur die Rede ist als von der »Tochter« (oder dem »Sohn«) des Vaters? Es ist erdrückend, wenn sich das Leben eines Menschen nur definieren soll als Schattenbild und Nachgestalt dessen, was Erziehung, Umgebung und der Einfluss der prägenden Vorschriften und Vorstellungen der Eltern aus seinem Leben haben machen wollen.

Vermutlich war das Dasein der Tochter eines Synagogenvorstehers so ähnlich beschaffen wie das Leben der Kinder eines Dorfschullehrers oder eines protestantischen Pfarrers noch vor ein paar Jahrzehnten: Sie hatten der Stolz, das Aushängeschild, das Muster elterlicher Erziehungskunst zu sein. Andere Kinder mochten draußen tollen und spielen oder allerlei Unfug treiben, eines »Synagogenvorstehers« Tochter aber musste auf sich halten, denn: Man sieht auf sie. Wenn sie sich blamiert, blamiert sie damit ihren Vater. Eine ganze Weile lang, über Jahre hin, mag dieses Erziehungskonzept scheinbar ohne Schaden funktionieren; ja, es mag schließlich in der Tat zum Stolz der Tochter werden, zum Stolz ihres Vaters zu gereichen. Erst an der Grenze zum Erwachsenwerden muss dieses Arrangement sich unfehlbar erweisen als das, was es ist: als eine unabsehbare Kette von Angst und Schuldgefühlen. Auf der einen Seite wird eines Jairus »Töchterlein« nie gelernt haben, für sich selbst Entscheidungen zu treffen – die Wahrscheinlichkeit, etwas falsch zu machen, ist zu groß, die Abhängigkeit, ja sogar die Verpflichtung, sich von dem so treusorgenden Vater beschützen zu lassen, noch übermächtig; auf der anderen Seite aber wird es, wie jedes Kind in seinem Alter, den Drang verspürt haben, ein eigenes Leben zu entfalten. Auch in ihm wird sich die Sehnsucht nach Liebe, die träumende Erwartung jugendlicher Phantasie, der Wille zu Protest und Auflehnung gegen ein Zuviel an Gängelung und Bevormundung zu Wort gemeldet haben. Gefühle dieser Art lassen sich nicht zurückdrängen, doch eben deshalb erzeugen sie eine ständige Furcht vor Vorwurf und Strafe.

Auf diese Weise kann ein Leben, das nur im Dämmerlicht einer solchen »verantwortlichen« Fürsorge der Eltern aufwächst, sich zu einer tödlichen Erkrankung auswachsen, und tragischerweise ist es offensichtlich für Vater Jairus unbegreifbar, wie sehr er selber womöglich die eigentliche Ursache für den lebensgefährlichen Zustand seiner Tochter darstellt. Von daher muss es wohl geschehen, dass des Jairus »Töchterlein« zunächst sterben muss, um zum Leben zu kommen, und auch Jesus bleibt nichts anderes übrig, als Vater Jairus auf dem Weg nach Hause diese Grenze eines äußersten Verlustes gerade unter den Augen und unter den Händen Gottes in aller Härte zuzumuten: Nur wenn sie ihrem Vater stirbt, wird des Jairus Tochter leben.

Gerade an dieser Stelle jedoch erfährt man von der Haltung und dem Leben des Jairus etwas außerordentlich Trauriges, letztlich Verzweifeltes. Sabbat um Sabbat wird dieser Synagogenvorsteher den Namen Gottes im Munde geführt haben; nun aber, wo die Leute ihm sagen: »Deine Tochter ist tot«, hört man, dass alle seine Hausgenossen in Wahrheit an Gott gar nicht glauben, sondern ihnen einzig die Allmacht des Todes als etwas Letztes und Endgültiges vorkommt. Allein der Tod besitzt für sie Realität. Es ist der Punkt, an dem ganz deutlich wird, mit welcher Angst latent Jairus für das Leben seiner Tochter sich »gesorgt« hat, als wäre es die Pflicht eines Vaters, sein Kind mit aller Macht gegen den Tod zu beschirmen. In Wahrheit verformt sich bei dieser Einstellung die gesamte Beziehung zwischen Vater und Tochter ins Tödliche.

Verstehen wir »Liebe« als einen Versuch, einander das irdische Leben zu sichern und womöglich mit absoluter Energie gegen die scheinbar unbesiegbare Macht des Todes anzukämpfen, so missrät unser Miteinanderleben unausweichlich zu einer terroristischen Todespraxis aus Fürsorge, Zwang, Dirigismus und erstickender Einengung. Diese Erkenntnis ist ganz entscheidend: Es ist nicht möglich, dass die Liebe atmen kann, wenn es nur das irdische Leben gibt; denn die Liebe lebt von der Freiheit, von der Eröffnung eines unendlichen Horizonts, von dem Wissen um die Unableitbarkeit, die Ewigkeit, die unendliche Größe des anderen, den man liebt. Die Liebe ist die stärkste Versicherung, dass es ein ewiges Leben gibt, und die Geschichte von der Tochter des Jairus zeigt dies zunächst am allermeisten: dass zur Menschlichkeit der Liebe, zum Wagnis der Freiheit, zur Fähigkeit, den anderen im Lichte Gottes wachsen zu lassen, das Vertrauen in die Unsterblichkeit, in die Ewigkeit des Lebens unbedingt gehört. Jesus hebt diesen Zusammenhang besonders hervor, und er stellt es aufs Wort einander so gegenüber: »Das Mädchen«, sagt er, »ist nicht tot, es schläft nur.« Unter den Augen Gottes gibt es keinen Tod, es gibt, betrachtet mit den Augen Gottes, nur einen Übergang aus dieser Welt der Zeit und der Vergänglichkeit hinüber in die Ewigkeit.

Aber: »Da lachen sie ihn aus.« – Auf keiner Bibelseite findet man ein so zynisches und grauenhaftes Gelächter der selbstgewissen Verzweiflung wie hier. Nur: leben wir im Durchschnitt nicht alle so? Welche Interessen zählen für uns wirklich? Wir geben uns ganz sicher, dass man unbedingt zum Leben wissen muss, wie man ein Auto richtig parkt, wie man die Steuererklärung am Jahresende ausfüllt, wie man sein Geld abholt, welche Nahrung man braucht, um die ärztlich verordnete Diät einzuhalten, welche Medikamente man nehmen muss, um das Alter zu erleichtern, und wie man ein Testament aufsetzt. Das alles muss man unbedingt wissen und noch ein paar kleine Tricks zusätzlich. Doch ob es Gott gibt, das muss man schon nicht mehr so unbedingt wissen, ja, eigentlich kann man es auch gar nicht wirklich wissen, und es ist daher geradezu unvornehm geworden zu sagen, das

Ilya Yefimovich Repin, Die Auferweckung der Tochter des Jairus, 1871

ganze Leben hinge davon ab, eben dies zu wissen, ob es Gott gebe oder nicht. Inmitten unseres Kulturbetriebes erschiene es als etwas Peinliches, wenn jemand sagte, die einzig wichtige Frage in unserem Leben bestehe darin, wie wir zu Gott stünden. Fragen dieser Art gelten allzumal als etwas Relatives; die bürgerliche Existenz hingegen scheint selbstgewiss und in sich selbst beruhigt. Muss man es eigens betonen, dass dieser Anschein trügt? In Wirklichkeit erkauft sich die bürgerliche Existenz ihre Selbstberuhigung durch den zynischen Spott gegenüber jeder Hoffnung, durch das Totschreiben des Lebens mitten im Leben, durch die Verwandlung dieser Welt in einen allseits geschlossenen Sarkophag.

Was also soll Jesus anderes tun, als diese ganze »Trauergesellschaft« – »hinauszuschicken« bzw. »hinauszutreiben« ist zu schön übersetzt; wörtlich steht im Griechischen: »er wirft sie hinaus« –; es ist das Ende aller Verständigung; es ist eine endgültige, klare Zäsur. Einzig die Eltern nimmt Jesus mit und drei seiner Jünger, so als schlösse er selbst sich, gesammelt in der Einheit seiner Person, gegen die tödliche Krankheit zusammen. Und da begibt sich das Wunder: Während sonst die Hände von Menschen auf dem Haupt eines anderen liegen können, schwer und lastend wie Zwang und wie Druck, berühren die Hände Jesu die Hand dieses Mädchens, das jetzt eine Frau ist, so, dass es sich »aufrichtet«. Eine wunderbare Mischung liegt in dieser Anrede Jesu: »Mädchen, ich sage dir: steh auf!« »Mädchen«, das heißt: »Ich verstehe all deine Angst, mit der man dich überhäuft hat; ich verstehe all deine Furcht, dich auf die eigenen Beine zu stellen; ich begreife sehr wohl, wie viel man dich an Abhängigkeit, an Fügsamkeit, an falschem Gehorsam und Sicherheitsstreben gelehrt hat.« Und doch fügt er hinzu: »Steh auf« – was so viel heißt wie: »Unternimm den Weg, den du selber gehen kannst; steh auf und bestimme selber die Richtung deines Lebens.« Und wirklich: dieses »Mädchen« geht, buchstäblich und selbstständig. Scheinbar nur geht es in diesem Moment räumlich auf und ab; in Wahrheit unternimmt es die ersten Schritte in ein eigenes Leben.

Zeichnungen von Korbinian Aigner aus der Serie »Apples«: Im Konzentrationslager Dachau züchtete der Pfarrer neue Apfelsorten, womit er der Vernichtung neues »Wachsen« und »Entstehen« entgegensetzte.

Dann aber gilt es zu verhindern, dass aus diesem wunderbaren Erwachen eines Menschen zu seiner Freiheit ein Gerede für die Menschen wird. Wunder wie diese bestehen gerade darin, dass ein Mensch unabhängig wird von der Meinung der Leute. Ausdrücklich muss Jesus es deshalb verbieten, aus der Heilung dieser jungen Frau ein Schaustück für die Öffentlichkeit zu machen. Die wahren Wunder Gottes ereignen sich im Herzen der Menschen, und dort müssen sie bleiben. Nur in diesem quasi privaten Raum des Wunders ist es möglich, die Unendlichkeit des Göttlichen zu ahnen und eben darin dieses kleine Leben lieb zu gewinnen, bis dass es die Gegensätze nicht mehr gibt, die sonst das Diesseits und das Jenseits voneinander trennen. Belehrt zur eigenen Freiheit, vermag diese Frau, die fortan aufhört, des Jairus »Töchterlein« zu sein, wieder Nahrung zu sich zu nehmen. Auch und gerade dieses irdische Leben ist nicht etwas Verächtliches; es ist in seinen wenigen Jahrzehnten ein unendlich kostbares und ewiges Gut aus den Händen Gottes, berufen zur Liebe, berufen zur Freiheit, berufen zum Glück.

Eugen Drewermann

Schlussstück

Dieses Gedicht von Rainer Maria Rilke (1875–1926) entstand 1900/1901.

Der Tod ist groß.
Wir sind die Seinen
lachenden Munds.
Wenn wir uns mitten im Leben meinen,
wagt er zu weinen
mitten in uns.

Rainer Maria Rilke

8. Worin der Sinn des Lebens gründet

Sigmund Freud hat einmal gesagt: »Wer nach dem Sinn des Lebens fragt, der ist krank. Den Sinn des Lebens gibt es nicht. Ich mache den Sinn des Lebens.« Ganz ähnlich heißt es bei Thornton Wilder in seinem Buch »Die Iden des März«: »Das Leben hat keinen Sinn außer dem, den wir ihm geben.« Daran ist sicher richtig, dass es eine allgemeingültige und zugleich griffige Antwort auf die Frage nach dem Sinn des Lebens nicht gibt. Der Einzelne stellt die Frage in den konkreten Gegebenheiten seines Lebens, er möchte wissen, welchen Sinn sein Leben hat. Dabei wird ihm eine allgemein gehaltene Antwort wenig helfen können. Aber ist es der Mensch wirklich selbst und allein, der seinem Leben Sinn gibt? Wenn er nicht selbst der Schöpfer seines Lebens ist, kann er dann der Schöpfer des Sinnes seines Lebens sein? Zweifellos hängt viel davon ab, was ein Mensch aus seinem Leben macht. Aber von woher kann ich sinnvoll etwas aus meinem Leben machen?

Dass sinnvolles Tun unser Leben sinnvoll macht, erscheint einleuchtend. Es ist nicht zu leugnen, dass jemand, der an einer sinnvollen Aufgabe arbeitet, von der Frage nach dem Sinn seines Lebens kaum beunruhigt wird. Eine sinnvolle Aufgabe ergreifen zu können, wird von dem, der lange Zeit darunter gelitten hat, nichts Sinnvolles tun zu können, geradezu als Befreiung erfahren. Dass der Sinn unseres Lebens in sinnvollem Tun seinen Ausdruck findet, ist nicht zu bestreiten. Aber es wäre ein Trugschluss, zu meinen, dass erst das sinnvolle Tun unser Leben sinnvoll mache. Wer sein Leben durch sein Tun rechtfertigen will und seinem Leben durch sein Tun Sinn geben will, hat den Grund verloren, der sein Leben trägt. Hier liegt heute die im buchstäblichen Sinne lebenswichtige Bedeutung der biblischen und reformatorischen Rechtfertigungsbotschaft. Wenn es gilt, dass unser Leben vor unserem Tun und nicht erst durch unser Tun gerechtfertigt ist, dann gilt auch, dass nicht erst das sinnvolle Tun den Sinn unseres Lebens begründen kann, sondern der unserem Leben gegebene Sinn sinnvolles Tun begründet. Ein junger Mensch wird den Sinn seines Lebens nicht in dem Augenblick finden, wo er sagen kann: Jetzt bin ich ein nützliches Glied der Gesellschaft, sondern in dem Augenblick, in dem er die Erfahrung macht, dass er so, wie er ist, geliebt und angenommen ist. […]

Gründet der Sinn unseres Lebens darin, dass wir vor allem Tun als Menschen angenommen und geliebt sind, so kommt es von daher zu sinnvollem Tun als Ausdruck des Sinnes, der unserem Leben gegeben ist. »Sinnvolles Dasein wird uns gegeben zu sinnvollem Tun. Erst im Tun wird Sinn wirklich empfangen – und sei dieses Tun, wenn nichts anderes mehr möglich ist, auch beschränkt auf die innere Antwort des Herzens, auf Dank, Glauben und Lob« (Gollwitzer). Sinnvolles Tun ist also eine Gestalt des Dankes, mit dem wir antworten auf das Geschenk des Sinnes, der unserem Leben gegeben ist. Leben wir davon, dass wir bejaht und angenommen sind, leben wir davon, dass Gott für uns ist, so kann unser Dank nur darin seinen Ausdruck finden, dass wir uns anderen zuwenden und für andere da sind.

Johann Tibbe

Lebenswege trennen sich, führen zusammen; Gemeinschaft verleiht dem Leben Sinn, wenn die Last des Alterns härter wird.

KOMPETENZEN

Am Ende dieses Kapitels sollten Sie Fortschritte beim Erwerb folgender Fähigkeiten erworben haben:

Wahrnehmungs- und Darstellungsfähigkeit – religiös bedeutsame Phänomene wahrnehmen und beschreiben:	• mit dem Altern verbundene leidvolle Situationen erfassen, in denen letzte Fragen nach Grund, Sinn, Ziel und Verantwortung des Lebens aufbrechen • religiöse Spuren und Dimensionen in der Lebenswelt aufdecken, etwa bei der Bewältigung von Leid und Freude • zentrale unterschiedliche säkulare und religiöse Vorstellungen vom Tod und einem Weiterleben nach dem Tod sowie ihre Voraussetzungen und Unterschiede beschreiben • grundlegende religiöse Ausdrucksformen (Symbole, Riten, Mythen, Räume, Zeiten) wahrnehmen und in verschiedenen Kontexten wiedererkennen und einordnen • angesichts der Entwicklung des eigenen Lebens sowie des Vorhandenseins von gealterten Menschen ethische Herausforderungen in der individuellen Lebensgeschichte sowie in unterschiedlichen gesellschaftlichen Handlungsfeldern wie Kultur, Wissenschaft, Politik und Wirtschaft als religiös bedeutsame Entscheidungssituationen erkennen und mögliche Felder für verantwortliches Handeln ausloten
Deutungsfähigkeit – religiös bedeutsame Sprache und Zeugnisse verstehen und deuten:	• im Sprechen über Alter und Tod religiöse Motive und Elemente identifizieren, • den Begriff »Tod« in seiner Vielschichtigkeit analysieren und dabei auch den metaphorischen Begriff erläutern • religiöse Sprachformen analysieren und als Ausdruck existenzieller Erfahrungen verstehen • ästhetisch-künstlerische und mediale Ausdrucksformen identifizieren und ihre Bedeutung und Funktion erklären (Beispiele: biographische und literarische Texte, Bilder, Musik, Werbung, Filme) • grundlegende biblische Texte methodisch reflektiert mit den Mitteln historisch-kritischer Forschung und tiefenpsychologischer Exegese auslegen, etwa anhand der Perikope von der Tochter des Jairus (Mk 5,35–43) • Leiderfahrungen und Lebenskrisen als Bewährungsproben für den Glauben an Gott erfassen • die neutestamentliche Hoffnungsstruktur des Glaubens identifizieren und biblische Hoffnungsbilder erläutern • begründen, warum biblische Hoffnungsbilder die Wahrnehmung der gegenwärtigen Welt verändern • einen literarischen Text mithilfe des Verfahrens der Strukturanalyse interpretieren • Glaubenszeugnisse in Beziehung zum eigenen Leben und zur gesellschaftlichen Wirklichkeit setzen.
Urteilsfähigkeit – in religiösen und ethischen Fragen begründet urteilen:	• deskriptive und normative Aussagen unterscheiden • bei Begriffen wie »Tod« zwischen einem symbolischen Verständnis und der Bezeichnung eines biologischen Prozesses differenzieren • Altern in der Spannung von Offenheit und Enge beschreiben und bewerten • die Frage nach der Planbarkeit bzw. dem nicht planbaren Zukommen stellen und als praktisch zu bewältigende Frage nach dem Verhältnis von Schicksalsannahme und Gestaltungsmöglichkeit identifizieren • eine Lebensplananalyse unter Berücksichtigung der im Lebenslauf auftretenden Sinnfrage bewerten • Formen theologischer Argumentation, etwa aufgrund tiefenpsychologischer und historisch-kritischer Methoden gewonnener Positionen, vergleichen und bewerten • Gemeinsamkeiten von Konfessionen, Religionen und Weltanschauungen, Organisationen usw. sowie deren Unterschiede erklären und kriteriengeleitet bewerten • Leben aus der Sicht eines erfahrenen Menschen als zumeist gebrochenes und nur partiell gelungenes bewerten • das Wort vom »Tod inmitten des Lebens« erläutern und erörtern • im Kontext der Pluralität verschiedener Perspektiven und Deutungen (Camus, Horkheimer, Saint-Exupéry) einen eigenen Standpunkt auch hinsichtlich der impliziten religiösen und ethischen Fragen argumentativ vertreten.
Dialogfähigkeit – am religiösen Dialog argumentierend teilnehmen:	• die Perspektive eines anderen einnehmen und in Bezug zum eigenen Standpunkt setzen, etwa bzgl. der Kritik der historisch-kritischen Exegese aus einer tiefenpsychologischen Perspektive • sich aus der Perspektive des christlichen Glaubens mit anderen religiösen und weltanschaulichen Überzeugungen argumentativ auseinandersetzen, dabei etwa Konsequenzen der christlichen Hoffnung für das individuelle Lebensgefühl, das Lebenskonzept und das alltägliche Handeln von Christen aufzeigen • Kriterien für eine konstruktive Begegnung, die von Verständigung, Respekt und Anerkennung von Differenz geprägt ist, in dialogischen Situationen berücksichtigen.
Gestaltungsfähigkeit – religiös bedeutsame Ausdrucks- und Gestaltungsformen verwenden:	• typische Sprachformen der Bibel theologisch reflektiert transformieren oder literarische Transformationen identifizieren • Aspekten des christlichen Glaubens in textbezogenen Formen Ausdruck verleihen • Ausdrucksformen des christlichen Glaubens erproben und ihren Gebrauch reflektieren • religiöse Symbole der Alltagskultur kriterienbewusst (um-)gestalten • religiös relevante Inhalte und Positionen medial und adressatenbezogen präsentieren

II. Zukunftserwartungen – Vom Tod als Ende und Vollendung des individuellen Lebens

Der Reformator Martin Luther hat im Jahr 1522 geschrieben: »Wir sind alle zum Tode gefordert, und es wird keiner für den andern sterben, sondern jeder muss in eigner Person geharnischt und gerüstet sein, mit dem Tode zu kämpfen.« Demnach ist es Aufgabe jedes Einzelnen sich mit dem Tod, dem niemand ausweichen kann, auseinanderzusetzen.

Freilich bleibt es jedem überlassen, wie er/sie den eigenen Tod deutet: etwa als biologisches Ende des Lebens oder als seine Vollendung. Erich Kästner und Walter Dirks sprechen zu Beginn des Kapitels (1) beispielhaft solche unterschiedlichen Sichtweisen an.

Freilich ist der Tod nicht isoliert vom Leben als Ganzem, von der Entwicklung auf den Zielpunkt hin zu sehen. Daher kommen »Lebensläufe in Schlaglichtern« (2) in den Blick – freilich unter dem Fokus, was auf Menschen zukommt (»adventus«).

Von einer Gesamtschau menschlichen Lebens richtet sich der Blick dann wieder auf das Sterben. »Wie Menschen das Sterben erleben und deuten ...« – zunächst das gewaltsam herbeigeführte Sterben, den »Tod durch fremde Gewalt« (3). »Der Tod des Sokrates« in der Darstellung Platons wird aufgegriffen und im Anschluss an seinen Unsterblichkeitsglauben entfaltet. Platons Wirkung auf die katholische Theologie wird bei Joseph Ratzinger/Benedikt XVI. greifbar sowie mit einer evangelischen Position konfrontiert. Der gewaltsame Tod des Sokrates ist der Thematisierung des Todes Jesu am Kreuz vorweggeschickt. Deutungen von unterschiedlicher Seite sind aufgenommen, sei es in Formen kirchlicher Frömmigkeit oder in theologischer Reflexion.

Sachlogisch schließt sich das Nachdenken darüber an, wie Menschen das natürliche Sterben erleben und deuten (4). (Der Freitod am Ende des Lebens bleibt thematisch ausgespart, da dieser im Kontext eines anderen Bandes im Rahmen ethischer Problemstellungen angesprochen wird.)

Die Frage nach dem Jenseits hat Menschen immer wieder beschäftigt, auch wenn Antworten an die Grenzen menschlicher Sprache führen. Als poetische Zugänge zu dem, was Menschen »nach« ihrem Tod erwarten, bieten sich Gedichte von Marie Luise Kaschnitz und Joachim Ringelnatz zur Interpretation an (5).

Es kann nicht bei dem poetischen »Vielleicht« bleiben, wenn über Jenseitsvorstellungen nachgedacht wird. Zur vertiefenden Reflexion ist auf »Wissenschaften, Weltanschauungen und Religionen zur Frage nach dem Jenseits« (6) zurückzugreifen. Neurobiologische, atheistische, buddhistische, jüdische, christliche und muslimische Zugänge werden bedacht. – Im Rahmen des christlichen Zugangs liegt ein besonderer Schwerpunkt auf dem Glauben an die Auferweckung/Auferstehung der Toten.

Abschließende Überlegungen »Über Zeit und Ewigkeit« (7) regen zum eigenen Weiterdenken und Meditieren über das »Angrenzen« der Zeit an die Ewigkeit an.

Urne in der Auslage eines Beerdigungsinstitutes

1. Verlust und Chance des Alters – Oder: Der Tod als Ende oder Vollendung des Lebens?

a// »Das Altersheim« – Erich Kästner über Verlusterfahrungen am Lebensende

Der Schriftsteller Erich Kästner (1899–1974) studierte nach dem Ersten Weltkrieg Germanistik, Geschichte und Philosophie. 1925 Promotion. Neben schriftstellerischer Tätigkeit war er Theaterkritiker und freier Mitarbeiter bei verschiedenen Zeitungen. Während der Nazizeit stand er unter Publikationsverbot. Von 1945 bis zu seinem Tode lebte Kästner in München.

Das ist ein Pensionat für Greise.
Hier hat man Zeit.
Die Endstation der Lebensreise
ist nicht mehr weit.

Gestern trug man Kinderschuhe.
Heute sitzt man hier vorm Haus.
Morgen fährt man zur ewigen Ruhe
ins Jenseits hinaus.

Ach, so ein Leben ist rasch vergangen,
wie lang es auch sei.
Hat es nicht eben erst angefangen?
Schon ist's vorbei.

Die sich hier zur Ruhe setzten,
wissen vor allem das Eine:
Das ist die letzte Station vor der letzten.
Dazwischen liegt keine.

Erich Kästner

Interpretieren Sie das Gedicht. Berücksichtigen Sie besonders die Pole »Verlust und Chance des Alters«.

Eine Methode zur Erschließung von Gedichten/Liedern

Als Gedicht ist ein lyrischer Text in bildhafter Sprache zu bezeichnen, der ganz oder teilweise aus Versen besteht, aber auch in freier Form gestaltet sein kann […] Wichtige Erkennungszeichen sind Metrum (Versmaß), Rhythmus, Reim und die Gliederung in Strophen […], aber diese Merkmale müssen nicht notwendigerweise vollständig gegeben sein. So werden in der zeitgenössischen Lyrik Gedichte vom Leser oft nicht mehr als Gedichte empfunden, weil ihnen solche »klassischen« Erkennungszeichen wie Reim, Metrum und das lyrische Ich fehlen. Auch die seit dem 19. Jahrhundert aufkommende Gleichsetzung des Gedichts mit dem »lyrischen« Gedicht bedeutet eine irritierende Engführung: denn Gedichte können nicht nur »lyrisch«, sondern auch »dramatisch« oder »episch« geprägt sein.

»Ein Gedicht […] lässt sich als ein besonders reich und dicht strukturierter Text beschreiben, bei dem die normalsprachliche syntaktisch-semantische Kodierung von der metrischen, also der Versifikation [= das In-Verse-Bringen], noch einmal überformt ist. […] ›Reichtum‹ und ›Dichte‹ kommen durch einen Wechselbezug der Elemente zustande, zu denen neben den klanglichen Faktoren (Lautmalerei, Lautsymbolik, Rhythmus) die evokative Wortwahl, unkonventionelle sprachliche Bilder, Durchbrechung stilistischer und grammatischer Gewohnheiten und andere Abweichungen von der Alltagssprache gehören. […] Im Übrigen können alle Faktoren bis auf das Metrum nicht nur im ›Gedicht‹, sondern in jedem sprachlich anspruchsvollen, bewusst gestalteten Text auftreten …« (Hassenstein)

Dadurch dass im Gedicht Stimmungen, Gefühle und Gedanken nicht einfach direkt benannt werden, sondern in bildhafte Sprache gekleidet sind, wird die vordergründige wörtliche Bedeutung der Wörter überstiegen und überlagert von weiteren Bedeutungen und Bezügen (Konnotationen), die beim Leser verschiedene Assoziationen wecken und dem Gedicht dadurch eine faszinierende Vieldeutigkeit verleihen. […]

Ursprünglich bezog sich der Begriff auf alles, was schriftlich abgefasst war (althochdeutsch »tihton« = schreiben) und wurde erst im 18. Jahrhundert eingeengt auf den poetischen Bereich. Allmählich setzte sich dann die Bedeutung von Gedicht als »freie schöpferische Erfindung eines Dichters« durch. […]

Wenn wir Gedichte genauer verstehen wollen, müssen wir das Zusammenspiel von Inhalt und sprachlich-stilistischen Gestaltungsmitteln untersuchen, um daraus die Wirkung und die vermutete Aussageabsicht bestimmen zu können. Die Grundlage für die Textdeutung (Interpretation) bildet eine genaue Textbeschreibung (Analyse).

1. Textaufnahme (erste Eindrücke; erster Verstehensansatz, Arbeits- und Interpretationshypothese)
Welche Wirkung löst das Gedicht insgesamt beim ersten Lesen/Hören bei mir aus? • Welche auffallenden Besonderheiten sind mir im Gedächtnis geblieben? • Worum scheint es in dem Gedicht zu gehen? (Thema) • Was möchte es wohl vermitteln (vermutliche Intention des Textes)? • Daraus eine Arbeits- und Interpretationshypothese aufstellen!

2. Textwiedergabe
Thema und Inhalt (»**Was** ist dargestellt?«)
Inhalt/Aufbau/(Gliederung)/Struktur (dargestellte Situation in den einzelnen Strophen kurz benennen/kennzeichnen)

3. Textbeschreibung (Analyse)
3.1 Form (»**Wie** ist die Darstellung von Thema und Inhalt?«)
Anzahl der Strophen • Gedichtform (einteilig, mehrteilig, Quartette, Terzette …) • Metrum (Versform) und Rhythmus • Reimformen • Rahmen (optisch/inhaltlich?)
3.2 Sprache (»**Womit**/mit welchen besonderen sprachlichen Mitteln ist das Thema/der Inhalt gestaltet?«)
Wortschatz (besondere Substantive, Verben?) • Satzbau (Zeilensprünge?) • Bilder (Metaphern): z. B. Personifizierungen? • Ungewöhnliche, auffallende Formulierungen • Wiederholungen • Klangbild durch Vokale und Konsonanten (Musikalität)

4. Textdeutung (Interpretation)
4.1 Textimmanente Aspekte
Wirkung und Sinn des Materials aus 2 und 3 (in Auswahl) im Zusammenhang deuten
4.2 Textexterne Bezüge
Geschichtlicher Hintergrund der dargestellten Vorgänge • Der Einfluss der Entstehungszeit auf Thema und Inhalt des Gedichtes • Persönliche Situation zur Zeit der Abfassung • Stellenwert des Gedichts im Rahmen der Gattung? der literarischen Epoche? im Gesamtschaffen des Autors? • Gibt es literarische Vorbilder?
4.3 Aussageabsicht (Intention) des Autors (»**Wozu** sind Thema und Inhalt des Textes gerade **so** dargestellt?«)

5. Textbewertung
Persönliche Stellungnahme, wertende Sicht zum Inhalt, zur Gestaltung, zum Autor u. a.

6. Textanwendung
Eine eigene literarische Verarbeitung des Gedichtthemas versuchen u. a.

Gerhard Röckel

b// Chancen des Alters – Reflexionen von Walter Dirks zur Vollendung des Lebens

Walter Dirks hat die folgenden Gedanken im Alter von 75 Jahren verfasst.

Um nicht als Schönredner dazustehen, muss ich zunächst klagen dürfen.

Jean Amery beschreibt in seinem Buch über »Das Altern und das Alter« die Erfahrung der Minderung, des körperlichen, seelischen und geistigen Verfalls mit lähmender Eindringlichkeit. Das beginnt mit dem Blick in den Spiegel. Er hat übertrieben, zumal da er als Siebenundfünfzigjähriger noch gar nicht voll zuständig war. Aber es ist natürlich etwas daran. Man erfährt es nicht täglich, sondern in Schüben. Die Runzeln und der Handspiegel sind das Schlimmste nicht, doch ist es nicht erbaulich, in einem großen Spiegel den ganzen Körper als den eines Greises anzusehen. Wachsende Schwerhörigkeit wird ernstlich lästig, wenn sie es einem kontaktfreudigen Menschen schwer macht, dem Gespräch der Familie oder der Freunde zu folgen. Für einen Bergsteiger, dem nach dem Verlust der Trittsicherheit im Fels noch viele Jahre des Bergwanderns blieben, ist es mehr als nur ein erträglicher Verlust, wenn seine Beine ziemlich plötzlich nicht mehr gehen wollen, nicht einmal kürzeste Strecken. Zahnbeschwerden kennt man das halbe Leben, aber wenn sich das Gefühl einschleicht, nun am Ende nie mehr richtig zubeißen zu können, dann ist das etwas Neues, das wie jene anderen Minderungen an den Nerv oder an die Nieren geht. Denn Zuhören und Mitreden, Gehen, Essen: das sind elementare Dinge. Irgendwann wird man einen brauchen, der einem die Schnürsenkel löst oder aus der Badewanne heraushilft. Dieser Prozess verläuft nicht immer gleichmäßig. Es gibt Erneuerungen verlorengegangener Kräfte, manchmal zur eigenen Überraschung, und dies zu erfahren gehört zu den schönsten, wenn auch etwas melancholischen Chancen des Alters. Die Kurve der Kräfte verläuft wellenförmig. Im Endeffekt aber, da hilft nun einmal nichts, verläuft sie abwärts, und die Chance wird zu jener allgemeinsten, ohne die man dann überhaupt verloren ist: annehmen zu können, was kommt; zu akzeptieren. Ja zu sagen, das allerdings kann befreien.

Ich bin schon in die positiven Chancen hineingeraten und bleibe einen Augenblick dabei, wenn ich dieselbe Ambivalenz noch einmal beschreibe: Dem Annehmen des Widrigen entspricht die Not, Kostbares loslassen zu müssen, und damit die Chance, loslassen zu können, loszulassen, sich dadurch zu befreien. Von Hab und Gut trenne ich mich nicht gern; von Geld schon lieber – ich empfinde eine Art Lust dabei, ein Stück Sicherheit loszulassen. Solches Loslassen hat den Charakter des Schenkens. Es ist eine Chance. Das Gespräch – auch dies nehme ich vorweg – gehört zu den nobelsten Freuden und Chancen des Alters, das ernste und das heitere Gespräch – und da ich das Glück habe, oft von jungen Menschen besucht zu werden, die Information, Orientierungshilfe oder Widerstand suchen, gehört es dann wieder zu den Bitterkeiten, die in die Beine fahren, wenn ein solcher Besucher sich verabschiedet und – so ist es doch in vielen Fällen – ins Nichts verschwindet: Niemals wird er wiederkommen, eine Chance, die da war und die nun zu Ende ist – zum Glück nur so lange, bis der nächste kommt. […]

Das gelebte Leben und dann das daraufhin gelebte Alter muss, so denke ich mir, auch die Chancen verbessern, die den Tod betreffen. Da bin ich allerdings noch nicht zuständig. Es gibt Tage, an denen er mir sehr akzeptabel erscheint: Man sehnt ihn geradezu herbei, »es ist alles zu viel«, man will endlich seine Ruhe. Und es gibt Tage, da durchzuckt einen der Gedanke an ein nahes Ende wie ein Schreck, der lähmt. Wenn es durch den Tod mit der Zeit schlechthin aus sein wird, hat das Wörtchen »nach« keinen Sinn mehr. Vom Leben »nach« dem Tode habe ich also nichts zu sagen. Doch halte ich mich dennoch an den Kern dessen, was ich gelernt habe und von dem mich zu trennen mir zum Glück nicht gelungen ist. Das, was wir Glauben nennen, lässt mich von der »Vollendung« meines und unseres Lebens sprechen, statt nur von seinem »Ende«. Was geschieht und wie es geschieht, wenn der Tod nicht ein Kaputtgehen ist, sondern der letzte und vielleicht wichtigste sinnvolle Teil eines auf Sinn hin gelebten Lebens, das kann ich nicht wissen. Dass ich es mir vorstellen darf, in menschlichen, also auch räumlich-zeitlichen Bildern – andere stehen uns nicht zur Verfügung – etwa als den großen Frieden oder als die große Zärtlichkeit – »Ich werde eure Tränen abwischen von euren Wangen«, lässt Johannes Gott sagen – schon das ist gnädig. Vielleicht wird dennoch, wenn es einmal soweit ist, die kreatürliche Angst stärker sein als die Hoffnung auf Vollendung. Jedenfalls ist sie die Chance, dem Rätsel Tod in einer wenn auch anfechtbaren Souveränität entgegenzugehen.

Walter Dirks

Rolf K. Wegst, Grußkarte

1.	Beschreiben Sie, wie Walter Dirks das Verhältnis von »Verlust und Chance des Alters« bestimmt.
2.	Erläutern Sie, welche Rolle der Gedanke an den Tod im Rahmen seiner Überlegungen einnimmt.
3.	Erörtern und beurteilen Sie den Satz: »Älter werden ist nichts für Feiglinge!« auf dem Hintergrund des anderen Satzes: »Sterben kann nicht so schwer sein, denn es hat ja bisher jeder geschafft!«

Die Lebensspanne

2. Lebensläufe in Schlaglichtern

a// Vom wachsenden Bewusstsein der Zeit

Der Tagebucheintrag von Eugène Ionesco (1909–1994) stammt aus dem Jahr 1967. Rückblickend auf sein Leben bedenkt er die Entwicklung des eigenen Zeitgefühls und der eigenen Endlichkeit.

Wann ist mir zum ersten Mal bewusst geworden, dass die Zeit »vergeht«? Das Gefühl der Zeit war sogleich mit dem Gedanken an den Tod verbunden. Gewiss erkannte ich mit vier oder fünf Jahren, dass ich älter und älter wurde und sterben würde. Mit ungefähr sieben, acht Jahren sagte ich mir, eines Tages würde meine Mutter sterben, und dieser Gedanke erschreckte mich. Ich wusste, sie würde vor mir sterben. Das erschien mir wie ein definitiver Bruch mit der Gegenwart, denn alles war Gegenwart. Ein Tag, eine Stunde erschienen mir lang, grenzenlos. Ich sah kein Ende ab. Wenn man mir vom nächsten Jahr sprach, hatte ich das Gefühl, das nächste Jahr käme nie. Wenn ich in La Chapelle-Anthenaise war, befand ich mich außerhalb der Zeit, also in einer Art Paradies. Mit zehn oder zwölf Jahren, nicht vorher, begann die Ahnung vom Ende

Mit sieben Jahren war ich in Paris, mit acht auf dem Lande. Ich fragte mich, ob ich, solange ich auf dem Lande lebte, an den Tod dachte. Natürlich wünschte ich, meine Mutter zu sehen, die in Paris arbeitete, um mein Internat bezahlen zu können. Trotzdem war ich glücklicher, wenn ich von ihr entfernt war. Denn solange ich bei ihr war, dachte ich an den Tod, an ihren, an meinen. Allein, d.h. ohne sie, inmitten anderer Leute und anderer Kinder, hatte ich diese Angst nicht mehr, nie mehr oder fast nie. Ich muss sagen, der Gedanke an den Tod war, glaube ich, nicht an den Gedanken der Zeit gebunden. Denn die Leute, die starben, waren eben Leute, die »fortgingen«, die ihren Tod nicht erwarteten, sondern sich entfernten. Man entfernt sich. Das geschieht im Raum, nicht in der Zeit. Und doch ist dies nicht ganz wahr. Denn als ich erfuhr, was der Tod ist, begriff ich auch, dass meine Mutter eines Tages sterben würde, und dass wir alle mit Gewissheit, unausweichlich diesem Tage entgegengehen. Demnach war es dieser Gedanke, dass meine Mutter sterben würde, nicht heute, aber eines Tages, eines ganz bestimmten Tages, der mir den Begriff von der Zeit gab …

Seit meinem 15. Lebensjahr […], das heißt, seit dem Augenblick, da von mir abfiel, was von der Kindheit übriggeblieben war, das heißt auch seit dem Augenblick, da es keine Gegenwart mehr gab, nur eine Vergangenheit, die sich in die Zukunft, das heißt in den

Seifenblasen – Metaphern der Vergänglichkeit?

Abgrund stürzte, von dem Augenblick an, da die Gegenwart gestorben und durch die Zeit ersetzt worden war, seitdem ich mir ganz und gar der Zeit bewusst wurde, fühlte ich mich alt und wollte leben. Ich lief dem Leben nach, wie um die Zeit einzuholen, ich wollte leben. Ich bin dem Leben so sehr nachgelaufen, dass es mir immer entschlüpft ist, ich lief, ich kam weder zu spät noch zu früh, und trotzdem habe ich es nie einholen können: Es ist, als wäre ich neben ihm hergelaufen. Was ist das Leben? Für mich ist es nicht die Zeit. Auch nicht die Existenz, die flieht, die uns zwischen den Fingern zerrinnt, die sich wie ein Phantom auflöst, sobald man sie fassen will. Für mich ist das Leben Gegenwart, Dasein, Fülle. Ich bin ihm so sehr nachgelaufen, dass ich es verloren habe. Ich bin in einem Alter, da man in einem Jahr um zehn Jahre altert, da eine Stunde nur wenige Minuten dauert, und da man die Viertelstunden nicht einmal mehr wahrnimmt. Und trotzdem laufe ich noch immer dem Leben nach in der Hoffnung, es im letzten Augenblick einzuholen, so wie man auf das Trittbrett eines Wagens springt, wenn der Zug schon losfährt.

Eugène Ionesco

1.	Skizzieren Sie die Einstellung zu Leben und Tod, die in dem Tagebuchauszug zum Ausdruck kommt.
2.	Belegen Sie, welche Phänomene, die mit dem Erleben von Zeit zu tun haben, im Textauszug thematisiert werden.
3.	Befragen Sie Menschen unterschiedlicher Lebensalter, wie sie Zeit empfinden und welche Gedanken bzgl. der Begrenztheit ihres Lebens sie haben. Vergleichen Sie Ihre Befragungsergebnisse mit denen, die im folgenden Gedicht gestaltet sind, und beziehen Sie Stellung. (Berücksichtigen Sie bei der Interpretation S. 75.)

b// Nachtgebet

Das Gedicht von Carl Zuckmayer (1896–1977) wurde im Jahr 1964 verfasst.

Junge Leute werden manchmal wach
Und wissen, dass sie sterben müssen.
Dann erschauern sie kurz,
Und sehen verschiedene Bilder,
Und denken: Jeder muss sterben, und
Es ist noch Zeit.

Alte Leute werden manchmal wach
Und wissen, dass sie sterben müssen.
Dann wird ihr Herz bang,
Denn sie haben gelernt,
Dass niemand weiß, wie Sterben ist,
Dass keiner wiederkam, davon zu künden,
Dass sie allein sind, wenn das Letzte kommt.
Und wenn sie weise sind,
Dann beten sie. Und schlummern weiter.

Carl Zuckmayer

c// Frau Bertolds wechselhafte Beziehungen zum lieben Gott

Als Frau Bertold ein kleines Mädchen war und noch Lotte Gerhard hieß, waren ihre Beziehungen zum lieben Gott gut. Überhaupt stellte sie ihn sich so vor: erst mal und vor allen Dingen lieb. Als alten weißhaarigen Mann mit ebenso weißem Rauschebart. Irgendwie ähnelte das Bild, das sie sich von ihm machte, ein wenig dem Weihnachtsmann.

Dass er auch zornig sein konnte, erfuhr sie später. Als sie in den Kommunionunterricht ging und lernte, dass Sünden, wie zum Beispiel das Lutschen eines geklauten Bonbons oder das Essen von Fleisch an einem Freitag, gebeichtet und gesühnt werden müssen.

Da fingen ihre Beziehungen zum lieben Gott an, wechselhaft zu werden. Manchmal liebte sie ihn: Wenn sie in der Kirche war, und der Weihrauch duftete, und der Kirchenchor sang, und alles war festlich und feierlich im Flackern der Kerzen und Murmeln der Gebete.

Manchmal fürchtete sie ihn: Wenn sie ihre kleinen Kindersünden beichten musste und sie sich schon im Fegefeuer büßen sah wegen einer ungehorsamen Antwort gegen die Mutter. Oder noch viel schlimmer: sich in der Hölle in einem großen Topf braten sah. (Jedenfalls stellte sie sich das damals so vor.) Besonders schwere Strafe für besonders schwere Vergehen.

Das Leid der Immobilität im Alter – hier religiös verarbeitet?

Trotzdem. Lotte Gerhard war nicht gerade ein frommes Kind. Zu ihrer Zeit ging man eben jeden Sonntag in die Kirche. Das gehörte sich so. Und dass man zur Kommunion oder Konfirmation zu gehen hatte, verstand sich auch von selbst. Da wurde nicht viel gefragt. Schon gar nicht die Kinder.

Und als aus Lotte Gerhard dann Frau Bertold wurde – klar, nicht nur Standesamt, nein: weiße Hochzeit mit Schleier, Myrtenkranz und allem Drum und Dran in der Kirche.

Nun war Frau Bertold erwachsen. Der liebe Gott ihrer Kindheit rückte in immer fernere Himmel. Sonntags hatte sie keine Zeit mehr, in die Kirche zu gehen. Das Essen war zu kochen. Da waren die kleinen Kinder, die sie versorgen musste. Ihre Beziehungen zum lieben Gott schliefen ein bisschen ein. Ein Kirchbesuch zu Weihnachten, mal einer zu Ostern. Hier und da ein bittendes Gebet, wenn sie gar nicht weiter wusste. Manchmal dann, wenn das Übel vorbei war, ein Dankgebet. Voll schlechten Gewissens, weil sie so wenig an Gott dachte.

Aber ihre Kinder waren getauft.

Sie gingen jeden Sonntag zur Kirche. Das gehörte sich so. Das musste sein. »Also, was ihr später macht, das ist eure Sache. Aber solange ihr Kinder seid, habt ihr jeden Sonntag in die Kirche zu gehen. Das schadet euch nicht. Das kann euch nur nützen«, pflegte sie zu ihren Kindern zu sagen, wenn die maulten. Ja.

Je älter Frau Bertold wurde, desto blasser und blasser wurde das Bild, das sie sich vom lieben Gott machte. Überhaupt, lieb war er schon lange nicht mehr für sie. Er war einfach Gott. Und es war ihr sehr, sehr zweifelhaft, ob es ihn überhaupt gab. Da brauchte sie nur an das schreiende Unrecht und die schweren Schicksale zu denken, die es überall in der Welt gibt. Wenn es einen *lieben* Gott gäbe, dann dürfte er so was überhaupt nicht zulassen.

Jedem, der es hören wollte, sagte sie: »Also, nehmen sie doch mal unsere Kirche. Da bezahlen wir Kirchensteuer. Und was machen sie damit? Paläste von Kirchen bauen sie. Immer neue. Und der Bischof läuft rum, behängt von oben bis unten mit Zierrat und Gold. Und in den Kirchen ist auch ein Reichtum wie Gott weiß was! Und die Armen? Würden sie lieber für das was tun! Schließlich ist unser Herr Jesus in 'nem ärmlichen Stall geboren. Ohne Prunk und Pracht. Wenn der gewusst hätte, was die mal für 'nen Protz draus machen! Nein, nein, die ganze Kirche mit allem, was dazugehört, kann mir gestohlen bleiben. Das ist meine Meinung! Jawohl!«

Keine Wendemöglichkeit – jedes Leben führt zum Tod, der auf den Einzelnen zukommt

Albrecht Dürer, Der heilige Hieronymus, 1521

Für eine Zeitlang war Gott aus dem Leben Frau Bertolds ganz verschwunden.

Später waren ihre Kinder verheiratet. Der Sohn in Amerika. Die Tochter in einer anderen Stadt. Alle beide weit, weit weg von ihr. Sie hatte Enkelkinder. Aber die kannte sie fast nur von Fotos.

Da starb ihr Mann. Sie war allein. Ganz allein.

Und dann wurde sie auch noch krank. So, dass sie sich nicht mehr allein versorgen konnte und in ein Pflegeheim musste. Es war ein preiswertes, von Nonnen geleitetes Heim. Ein anderes hätte sie sich gar nicht leisten können. Und überall hingen Heiligenbilder und Kreuze, und eine Kapelle gab es auch. Jeden Sonntag wurde dort eine Messe gelesen für die Kranken. Ausschließen konnte sie sich da nicht. Auch nicht, wenn morgens, mittags und abends vor und nach dem Essen gebetet wurde. Das ging einfach nicht. Die Nonnen waren so nett. Und Frau Bertold mochte sie nicht kränken und außerdem: Sie war jetzt so allein. Und einsam.

Manchmal, in der Nacht, wenn sie wach lag und nicht wieder einschlafen konnte, quälte sie der Gedanke, dass sie nicht mehr gesund werden würde. Dass sie bald sterben müsste. Der Tod machte ihr solche Angst. Sie fühlte sich schwach und hilflos wie ein winziges Kind. Und hoffte nur eins: es gibt ihn, den lieben Gott. Er wird mir verzeihen, dass ich eine Zeitlang ungläubig war. Er wird mich hoffentlich in den Himmel kommen lassen. Wird er das?

Der Gedanke an den allesverzeihenden, lieben, gütigen Gott ihrer Kindertage in einem hellen, lichten, fröhlichen Himmel war ihr einziger Trost. Für Frau Bertold gab es ja sonst nichts mehr.

Ihre Beziehungen zum lieben Gott, einmal wieder aufgenommen, wurden so gut wie niemals zuvor. Jedenfalls von ihrer Seite.

Susanne Kilian

1. Beschreiben Sie den Lebensweg von Frau Bertold in Hinblick auf ihr Gottesbild in den jeweiligen Lebensaltern.
2. Welche Wirkung hat der Gedanke an den Tod auf sie und wie reagiert sie? Erläutern Sie.
3. Interpretieren und erörtern Sie den letzten Satz »Ihre Beziehungen zum lieben Gott, einmal wieder aufgenommen, wurden so gut wie niemals zuvor. Jedenfalls von ihrer Seite.« Was ist auf der anderen Seite von »Gott« zu erwarten?

3. Wie Menschen das Sterben erleben und deuten … – Vom Tod durch fremde Gewalt

a// Der Tod des Sokrates

Platon (427–347 v. Chr.) gilt neben Aristoteles als der einflussreichste Philosoph der Antike. In seinem Ansatz, die Dinge ihrem Wesen nach zu definieren, nimmt Platon eine metaphysische Welt unwandelbarer Ideen an. Die sichtbaren Dinge sind nur ein Abbild dieser Ideen. – Den Tod seines Lehrers Sokrates schildert Platon seinem Gesprächspartner Echekrates so:

Nachdem er gebadet hatte, brachte man seine Kinder zu ihm – er hatte nämlich zwei kleine Söhne und einen großen – und es kamen auch die Frauen seiner Verwandtschaft. In Kritons Gegenwart sprach er mit ihnen und trug ihnen auf, was sein Wille war; dann hieß er die Frauen und Kinder wieder fortgehen, er selbst aber kam zu uns. Und der Untergang der Sonne stand schon nahe bevor, denn er hatte lange Zeit drinnen verweilt.

So kam er also, setzte sich frisch gebadet nieder und sprach danach nicht mehr viel. Dann kam der Diener der Elf-Männer, trat zu ihm und sprach: »Sokrates, über Dich werde ich nicht klagen müssen, wie ich über andere zu klagen habe, dass sie mir zürnen und fluchen, wenn ich sie aufforderte, nach dem Befehl der Archonten das Gift zu nehmen. Dich aber habe ich auch in anderer Beziehung während dieser Zeit als den edelsten und sanftesten und besten Mann von allen erkannt, die jemals hierher gekommen sind; und so weiß ich denn auch jetzt gewiss, dass Du nicht mir zürnest, sondern jenen – denn Du kennst ja die Schuldigen. Also denn, Du weißt, mit welcher Botschaft ich gekommen bin; lebe wohl und suche das Unvermeidliche so leicht als möglich zu tragen!« Dabei traten ihm die Tränen in die Augen, und so wandte er sich um und ging.

Und Sokrates sah ihm nach und sprach. »Auch Du lebe wohl, und tun wir also [wie Du sagst].« Und rasch zu uns [gewendet] sprach er: »Wie feinfühlig ist der Mann! Auch während dieser ganzen Zeit kam er zu mir und unterhielt sich zuweilen mit mir und war der beste Mensch – und jetzt, wie ehrlich beweint er mich! Aber wohlan, Kriton: lass uns ihm gehorchen, und es bringe einer das Gift, wenn es [schon] gerieben ist. Wenn aber nicht, dann soll der Mann es reiben.«

Da sagte Kriton: »Aber ich glaube, Sokrates, die Sonne steht noch auf den Bergen und ist noch nicht untergegangen! Und zudem weiß ich, dass auch andere erst sehr spät, nachdem es ihnen angekündigt worden war, getrunken haben, und haben sogar noch sehr gut gegessen und getrunken, und einige waren noch mit Schönen zusammen, nach denen sie gerade Verlangen hatten. Übereile Dich also nicht, denn Du hast noch Zeit.«

Da sagte Sokrates: »Mit Recht, Kriton, tun jene, von denen Du redest, diese Dinge, denn sie glauben etwas zu gewinnen, wenn sie so tun – und mit Recht will ich meinerseits sie nicht tun; denn dadurch, dass ich ein wenig später trinke, glaube ich weiter nichts zu gewinnen, als dass ich mich vor mir selber lächerlich mache, wenn ich so am Leben klebe und da spare, wo nichts mehr ist. Geh also«, sagte er, »gehorche mir und suche nichts anderes zu tun.«

Als Kriton das hörte, winkte er dem Knaben, der in seiner Nähe stand. Und der Knabe ging hinaus, und nachdem er längere Zeit weggeblieben, kam er und führte den [Mann] herein, der das Gift reichen sollte und es, [zum Trinken] gerieben, in einem Becher brachte. Wie Sokrates den Mann sah, sprach er: »Also, mein Bester, Du verstehst Dich ja wohl darauf: was muss man tun?«

»Nichts weiter als Folgendes«, antwortete [jener]: »Wenn Du getrunken hast, geh umher, bis Dir die Schwere in die Schenkel kommt. Dann lege Dich nieder, und so wird es von selbst wirken.«

Damit reichte er dem Sokrates den Becher. Und der, Echekrates, nahm ihn, und zwar ganz heiter, ohne zu zittern noch die Farbe oder die Gesichtszüge zu verändern; sah vielmehr dem Mann, wie er gewohnt war, fest ins Auge und sprach: »Was meinst Du, ob man von diesem Trunk jemandem spenden darf? Ist es erlaubt oder nicht?«

»Wir reiben nur so viel, Sokrates«, antwortete [jener], »als unserer Meinung nach das Maß für einen Trunk beträgt.« »Ich verstehe«, sagte [Sokrates]. »Aber zu den Göttern beten darf man doch wohl gewiss und soll es auch, auf dass die Wanderung von hier dorthin heilbringend vonstatten gehe. Darum bete ich denn auch, und möge es also geschehen!« Und kaum hatte er das gesagt, setzte er an und trank sehr heiter und gelassen aus.

Die meisten von uns waren bis jetzt einigermaßen imstande gewesen, sich zu beherrschen und nicht zu weinen, als wir aber sahen, wie er trank, und dann, wie er getrunken hatte, nicht mehr.

Auch mir flossen die Tränen gegen meinen Willen und in Strömen herab, so dass ich mich verhüllte und mich selbst beweinte – denn nicht ihn, sondern mein eigenes Los [beweinte ich], weil ich eines solchen Freundes beraubt sein sollte. Kriton war noch vor mir aufgestanden, weil er die Tränen nicht zurückzuhalten vermochte. Apollodoros aber hatte schon vorher nicht aufgehört zu weinen und schrie nun auf, klagend und außer sich geratend, und unter den Anwesenden war nicht einer, den [sein Jammer] nicht erschüttert hätte, außer Sokrates selbst.

Der aber sagte: »Was tut Ihr doch, Ihr törichten Leute? Ich habe doch eben deswegen die Frauen weggeschickt, damit sie keine solche Torheiten anstellen sollten – habe ich doch gehört, man müsse unter heiligem Schweigen sterben. Haltet also Ruhe und seid standhaft!«

Und als wir das hörten, schämten wir uns und hörten mit Weinen auf.

Er ging umher, und als, wie er sagte, seine Schenkel schwer wurden, legte er sich auf den Rücken, denn so hatte der Mann ihn geheißen. Dieser, der ihm das Gift gegeben, befühlte ihn dann nach einiger Zeit und untersuchte seine Füße und Schenkel. Darauf drückte er ihm heftig den Fuß und fragte, ob er es empfinde, [Sokrates] aber verneinte es; und danach die Unterschenkel, und so ging er immer höher hinauf und zeigte uns, wie er erkaltete und erstarrte. Und [dann] fasste er ihn [noch einmal] an und sagte, wenn es ihm bis ans Herz komme, werde er sterben. Schon war es um den Unterleib her fast kalt geworden, da enthüllte er sich noch einmal – denn er hatte sich verhüllt – und sagte, was seine letzten Worte sein sollten: »Kriton, wir schulden dem Asklepios einen Hahn. Opfert ihm den und versäumt es nicht!«

»Wahrlich, das soll geschehen«, antwortete Kriton. »Aber sieh, ob Du sonst noch etwas sagen willst?«

Auf diese Frage antwortete er nichts mehr, sondern kurze Zeit darauf zuckte er, und der Mann deckte ihn auf: da waren seine Augen gebrochen. Als Kriton das sah, schloss er ihm den Mund und die Augen.

So war das Ende unseres Freundes, Echekrates – eines Mannes, von dem wir wohl sagen dürfen, dass er unter allen, die zu seiner Zeit lebten und die wir kennen lernten, der Beste und überhaupt der Einsichtsvollste und Gerechteste gewesen ist. *Platon*

Interpretieren Sie den Textauszug. Arbeiten Sie dabei besonders heraus, was Platon über Sterben, Tod und Unsterblichkeit zu sagen hat. Berücksichtigen Sie auch den folgenden Abschnitt.

Platon legt Sokrates als Deutung des Sterbens in den Mund:

Installation des Künstlers Wilm Weppelmann im Museum für Sepulkralkultur in Kassel

Sokrates: In der Tat also, mein Simmias, trachten die wahren Philosophen danach zu sterben, und der Tod ist ihnen von allen Menschen am wenigsten furchtbar. Stelle nur folgende Erwägung an. Wenn sie nämlich in jeder Hinsicht mit dem Leibe entzweit sind und die Seele ganz für sich allein haben wollen, wäre es da nicht die größte Torheit, wenn sie sich bei Erfüllung dieses Wunsches fürchten und unwillig sein wollten, anstatt mit Freuden dahin zu gehen, wo sie nach ihrer Ankunft hoffen dürfen, das zu erlangen, wonach sie ihr Leben lang getrachtet haben – es war dies aber die Vernunfterkenntnis –, und vom Zusammensein mit dem befreit zu werden, was ihnen zuwider war? Oder sollten nur viele nach dem Tode sterblicher Lieblinge oder Frauen und Kinder freiwillig in die Unterwelt haben gehen wollen, von der Hoffnung geleitet, dort die wiederzusehen, nach denen sie sich sehnten, und mit ihnen zusammen zu sein, wer aber die Vernunfterkenntnis wirklich liebt und ebendieser zuversichtlichen Hoffnung lebt, er werde nirgend anderswo ihrer nach Wunsch teilhaftig werden als in der Unterwelt, den sollte es verdrießen zu sterben, und er sollte nicht freudig dorthin aufbrechen? Nein, das kann man nicht glauben, mein Bester, wenigstens nicht, wenn er ein echter Philosoph ist. Denn gar fest wird ein solcher dies glauben, dass er nirgend woanders die reine Wahrheit antreffen wird als dort. Verhält sich das aber so, wäre es da nicht, wie gesagt, große Unvernunft, wenn ein solcher den Tod fürchtete?

Platon

b// Positionen zum Einfluss Platons in der Geschichte und seine Wirkung auf das Christentum

»Sokrates hat mich nicht davon überzeugen können, dass die Seele unsterblich ist ...«

Die Gedanken zum Tod des Sokrates sind einer Tagebucheintragung von Eugène Ionesco aus dem Jahr 1967 entnommen.

Wir leben, um zu sterben. Der Tod ist das Ziel der Existenz, das ist, wird man sagen, eine Binsenweisheit. Doch zuweilen verschwindet hinter einem abgegriffenen Ausdruck das Banale, und die Wahrheit taucht auf, taucht ganz neu wieder auf. Mir scheint, ich durchlebe einen jener Augenblicke, da ich mir zum ersten Male sage, da ich zum ersten Male entdecke, dass die Existenz nur ein Ziel hat: den Tod. Man kann nichts dagegen tun. Man kann nichts tun. Man kann nichts tun. Man kann nichts dagegen tun. Aber was sind das für Lebensbedingungen, an Fäden gezogen zu werden wie Marionetten? Mit welchem Recht hält man mich zum Narren?

Noch heute wundere ich mich manchmal, nicht mehr zwölf Jahre alt zu sein.

Wenn ich Phädon lese, merke ich erst am Ende des Dialogs, wie gut wir dran sind. Sokrates hat mich nicht davon überzeugen können, dass die Seele unsterblich ist und dass er künftig in einer besseren Welt leben wird. Anscheinend sind seine Jünger auch nicht davon überzeugt, denn sie weinen; warum sollten sie sonst weinen? Wenn der Abend kommt und Sokrates das Gift trinkt, wenn seine Füße erkalten und der Leib, und wenn er schließlich stirbt, packt mich ein Schrecken, eine unsägliche Traurigkeit. Die Beschreibung von Sokrates' Tod ist so überzeugend, viel überzeugender als die Argumente, die Sokrates für die Unsterblichkeit anführt. Außerdem verflüchtigen sich die Argumente augenblicklich; man vergisst sie sofort, doch das Bild vom Tod des Sokrates gräbt sich in meine Erinnerung; alle Menschen sind sterblich. Da Sokrates ein Mensch ist, ist er sterblich. Heute Nacht lag ich wach und dachte daran. Seit langem hatte ich keine so hellsichtige, greifbare, eisige Angst mehr empfunden. Furcht vor dem Nichts. Wie soll ich es beschreiben? Ich legte die Hände auf die Brust, um zu spüren, dass ich da war; dann plötzlich war mir, als hätte die Finsternis des Nichts bereits begonnen, mich

Porte de la Vie – Tür zum Leben

Exit – Fahrstuhl nach unten

Grabstein auf einem Friedhof in Süddeutschland

Anonyme Bestattungen in Südeuropa

zu verschlingen, als hätte ich schon keine Füße, keine Waden, keine Schenkel mehr; ich war nur noch ein Rumpf, an dem die eisigen Flammen des Nichts zehrten. Ich machte Licht. Wie gut ist es zu leben! Zärtlichkeit stieg in mir auf für das Leben, das mir feenhaft schien, eine leuchtende Zauberei der Nacht. Wir töten uns gegenseitig, weil wir wissen, dass wir alle getötet werden. Weil wir den Tod hassen, darum töten wir einander. Der friedvolle, heitere Tod des Sokrates scheint mir plötzlich ganz unwahrscheinlich, und doch ist so etwas möglich. Aber wie?

Eugène Ionesco

1.	Skizzieren Sie, wie Ionesco die Überlegungen des Sokrates über das Sterben und den Bericht über sein Sterben deutet.
2.	Vergleichen Sie Ionescos Gedanken mit denen von Joseph Ratzinger/Benedikt XVI.

»Der Glaube an Unsterblichkeit und Auferstehung [ist] mit dem Glauben an Gott identisch …«

Platon hatte erkannt, dass die Unsterblichkeit nur von dem kommen kann, was unsterblich ist, von der Wahrheit, und dass für den Menschen daher die Hoffnung des ewigen Lebens in seiner Beziehung zur Wahrheit gründet. Aber die Wahrheit blieb letztlich ein Abstraktum. Als dann derjenige in die Welt trat, der von sich sagen konnte »Ich bin die Wahrheit« (Joh 14,6), war auch die Bedeutung dieser Aussagen von Grund auf verändert. Die Formel, dass die Wahrheit Unsterblichkeit gibt, konnte ungeschmälert aufrecht erhalten werden, aber sie war nun zusammengeschmolzen mit der anderen Formel: »Ich bin die Auferstehung und das Leben. Wer an mich glaubt, wird leben, auch wenn er schon gestorben ist …« (Joh 11,25). Die Formel war zu einem Weg geworden: In der Beziehung zu Christus kann die Wahrheit geliebt werden, und darum ist »beim-Herrn-Sein« Leben, »ob wir wachen oder schlafen« (vgl. 1 Thess 5,10; Röm 14,8f).

Weil es so steht, ist letztlich der Glaube an Unsterblichkeit und Auferstehung mit dem Glauben an Gott identisch und nur von ihm her begründbar, von ihm her aber auch vollkommen logisch. Und weil für uns Gott erst in Christus konkret ist, darum ist unsere Hoffnung erst im Christusglauben konkret. Das macht aber die Vernunft nicht überflüssig, sondern vereinigt ihre eigenen tastenden Versuche und gibt ihnen Halt. Beziehung zu Christus aber entsteht nicht durch die Rekonstruktionen der historischen Vernunft, sondern durch die Vollmacht der gemeinschaftlichen Geschichte des Glaubens, das heißt in der Kirche.

Joseph Ratzinger/Benedikt XVI.

1.	Bestimmen Sie die Position von Joseph Ratzinger/Benedikt XVI. zum Verhältnis von platonisch-hellenistischem Denken und dem christlichen Auferstehungsglauben.
2.	Vergleichen Sie die Position von Joseph Ratzinger/Benedikt XVI. mit der von Paul Althaus aus einem evangelischen Lexikon: »Das Bekenntnis zur Auferstehung der Toten steht … in ausschließendem Gegensatz zu allem platonisch-hellenistischen Denken, das die ›Unsterblichkeit der Seele‹ behauptet. Hier wertet man den Leib als Kerker der Seele ab und lehrt das Sterben als Befreiung der Seele aus ihm verstehen. Gegenüber solchem dualistischen Seelen-Glauben betont das christliche Denken mit der Heiligen Schrift die leib-seelische Einheit des Menschen … Sterben besagt: die irdische Daseinsgestalt der Person wird ganz zerbrochen; Auferstehung besagt: Gott gibt der Person die neue, ewige, todüberlegene leiblich-seelische Daseinsgestalt.«

c// Der Tod Jesu

Die Version aus dem Markusevangelium (15,16–41)

[16]Die Soldaten aber führten Jesus in den Palast hinein und trommelten die ganze Mannschaft zusammen. [17]Sie legten ihm einen Purpurmantel um, flochten einen Kranz aus Dornen, setzten ihm den aufs Haupt und verehrten ihn kniefällig: Heil dir, König der Juden! [19]Sie schlugen ihm mit einem Rohrstock (der als Zepter diente) aufs Haupt und spien ihn an, beugten die Knie und verehrten ihn wie einen König. [20]Nach dieser Szene des Spotts zogen sie ihm den Purpurmantel aus, legten ihm seine eigenen Kleider wieder an und führten ihn zur Hinrichtung hinaus. [21]Auf dem Wege trafen sie einen Mann aus Kyrene, der eben vom Feld kam, Simon, den Vater des Alexander und des Rufus. Den zwangen sie, das Kreuz für Jesus hinauszutragen (weil Jesus, der die Balken eigentlich hätte selbst tragen müssen, dazu aus Schwäche nicht in der Lage war).

[22]Schließlich brachten sie ihn ans Ziel: eine Stelle, die Golgatha hieß, auf deutsch: »Totenkopfhügel«. [23]Dort gaben sie ihm Myrrhe in Wein zu trinken, aber er nahm es nicht an. (Mit diesem Getränk pflegte man Gekreuzigte, mit denen man es gut meinte, zu betäuben, um ihnen ihre Qual zu erleichtern.) [24]Nachdem sie ihn ans Kreuz geschlagen hatten, teilten sie seine Kleider unter sich, indem sie das Los warfen, welches Stück jeder erhalten sollte. [25]Es war aber neun Uhr am Vormittag, als sie ihn kreuzigten. [26]Oben am Kreuz war eine Tafel befestigt, auf der der Grund seiner Hinrichtung zu lesen stand: »Der König der Juden«. [27]Mit ihm zugleich kreuzigten sie zwei Räuber, einen zu seiner Rechten, einen zu seiner Linken. [28.29]Währenddessen gingen die Spaziergänger vorbei, verspotteten ihn, schüttelten ihre Köpfe und riefen: Das ist recht! Du wolltest doch den Tempel abreißen und ihn in drei Tagen wieder aufbauen! [30]Hilf dir nun selber und steige vom Kreuz! [31]Auch die Priester verspotteten ihn zusammen mit den Lehrern der Schrift: Anderen hat er geholfen, sich selbst kann er nicht helfen! [32]Wenn er von Gott kommt, wenn er der heilige König Israels ist, dann soll er vom Kreuz herabsteigen, dass wir es sehen! Dann wollen wir ihm glauben! Mit demselben Spott beschimpften ihn auch die beiden, die mit ihm gekreuzigt waren.

[33]Um die Mittagszeit lag drei Stunden lang eine Finsternis über dem Land. [34]Am Nachmittag um drei Uhr schrie Jesus mit furchtbarer Stimme: Eli, Eli, lama sabachthani! Das heißt: Mein Gott, mein Gott, warum hast du mich verlassen! [35]Einige von den Umstehenden, die das hörten, meinten: Er ruft den Elia! [36]Da kam einer gelaufen, füllte einen Schwamm mit Essig, steckte ihn in einen Rohrstock und gab ihm zu trinken mit den Worten: Wir wollen doch sehen, ob Elia kommt und ihn herabnimmt! [37]Jesus aber schrie noch einmal laut auf und starb.

[38]Da zerriss der Vorhang im Tempel (der das Geheimnis des heiligen Gottes vor den Augen der Menschen im Tempel verbergen sollte) von oben bis unten in zwei Teile. [39]Der Hauptmann aber, der Jesus gegenüberstand und sah, dass er so starb, rief: Es ist wahr! Der war Gottes Sohn! [40]Es waren auch Frauen dabei, die von ferne alles mit ansahen: Maria Magdalena, Maria, die Mutter von Jakobus dem Kleinen und Joses, und Salome, [41]die schon in Galiläa mit ihm gezogen waren und ihn versorgt hatten. Aber auch viele andere standen da, die mit ihm nach Jerusalem gekommen waren.

Mk 15,16–41

1.	Strukturieren und interpretieren Sie Mk 15,16–41.
2.	Vergleichen Sie die Darstellung des Todes Jesu durch Markus mit der Schilderung des Todes von Sokrates durch Platon.
3.	Erläutern Sie inwiefern es sich in Mk 15,16–41 um einen bekenntnishaften Text handelt.
4.	Erörtern Sie anhand des folgenden Kirchenliedes, wie der Kreuzestod Jesu auf den einzelnen Christen, der das Lied singt, bezogen wird.

Romanisches Kreuz mit Corpus – Dom von Osnabrück

d// »O Haupt voll Blut und Wunden« – Ein Kirchenlied

Schmerzensmannkreuz, um 1350, Neumünster in Würzburg

Das Kirchenlied »O Haupt voll Blut und Wunden« von Paul Gerhardt entstand 1656.

[…]

Wann ich einmal soll scheiden,
So scheide nicht von mir;
Wann ich den Tod soll leiden,
So tritt du dann herfür;
Wann mir am allerbängsten
Wird um das Herze sein,
So reiß mich aus den Ängsten
Kraft deiner Angst und Pein!

Erscheine mir zum Schilde,
Zum Trost in meinem Tod,
Und lass mich sehn dein Bilde
In deiner Kreuzesnot.
Da will ich nach dir blicken,
Da will ich glaubensvoll
Dich fest an mein Herz drücken.
Wer so stirbt, der stirbt wohl.

Interpretieren Sie die Strophen und berücksichtigen Sie dabei S. 75.

Kreuz zum Gedenken an die in den Weltkriegen Gefallenen

Grabsymbole in Kassel

4. Wie Menschen das Sterben erleben und deuten … – Vom natürlichen Sterben

a// Anregungen eines Hausarztes: Zeit füreinander haben …

Es ist schon schwer genug, einem Mitmenschen mitzuteilen, dass sein Leben begrenzt ist und nach dem eigenen Wissen wohl schon in absehbarer Zeit, vielleicht auch unter vorhersehbarem Leiden zu Ende gehen wird. Schwierigkeiten gibt es insbesondere, was die Wahl von Zeit, Ort und Formulierung betrifft. Hier erscheint mir wichtig, der Tatsache eingedenk zu sein, dass sich aus einer solchen Mitteilung Konsequenzen für alle ergeben, die da miteinander sprechen. Konsequenzen, die man zusammenfassen könnte in der Erkenntnis: Damit wird offenbar, dass wir den Kranken nicht mehr allein lassen dürfen in seinem Leiden, dass wir nun zusammengehören auf einem Wege, dessen Ende wir alle sehen. Einen Weg gemeinsam zu gehen bedeutet aber auch, Zeit haben zu müssen füreinander.
Und wie sollte es einem Krankenhausarzt möglich sein, für jeden seiner schwerkranken, vielleicht dem Tode nahen Patienten Zeit zu haben, und dies auch noch zu dem Zeitpunkt, zu dem es der Patient gerade bräuchte.
Da habe ich es als Hausarzt leichter. Ich bin in der zeitlichen Tagesgestaltung freier, kann meinen Besuch für morgen oder für heute Abend ankündigen, und diese Verfügungsgewalt erlaubt mir, mit größerer innerer Bereitschaft und Vorbereitung einem solchen Gespräch entgegenzusehen, als dies vielleicht einem Krankenhausarzt möglich ist.
Zum anderen: Über Kranksein, Leiden und Sterben zu sprechen bedeutet auch, etwas über sich selbst mitzuteilen. Wir sollten uns bewusst sein, dass unsere eigenen Vorstellungen, Ängste und Sicherheiten in jedes Wort mit hineinfließen, das wir an den anderen richten. […] Ich erinnere mich noch gut an meine Hilflosigkeit, wenn ich als junger Arzt im Krankenhaus die Fragen meines Patienten nach seiner Zukunft zu beantworten hatte.
Es gibt also gute Gründe, warum ärztliche Aussage und Auskunft in der Klinik so gegeben werden kann, wie ich dies in der Krankengeschichte des Herrn H. geschildert habe. Eigene Unsicherheit, Angst vor den Konsequenzen der eigenen Aussage und auch das Gefühl, den Kranken schonen zu müssen, sind da in gleicher Weise wirksam.

»Barmherzige Lügen« untergraben jedes Vertrauensverhältnis
Aus meiner heutigen Erfahrung als Hausarzt muss ich jedoch auch aussprechen, dass im Nachhinein sehr häufig gerade der um die Wahrheit betrogene Patient das Verhalten des Krankenhausarztes tadelt. Zum einen wird seine ehrlich gemeinte Frage nicht einer ebenso ehrlichen Antwort gewürdigt. Zum anderen fühlt sich der bewusst lebende oder bewusst werdende Kranke um Tage oder Wochen des Erlebens gebracht, die ihm die Gewissheit seines baldigen Sterbens ermöglicht hätte; denn, erinnern wir uns, die Wahrheit über die Zukunft hatte für uns alle bedeutet, füreinander da zu sein, miteinander sprechen zu können im Bewusstsein des gemeinsamen Weges.
Demgegenüber ist uns auch allen klar, dass eine erste »barmherzige Lüge« die Notwendigkeit zur Fortsetzung der Unwahrhaftigkeit auslöst. Dies haben wir alle sicher schon erlebt. Dies untergräbt jedes Vertrauensverhältnis. Man kann sich nicht mehr in die Augen sehen, und gerade dann, wenn es in der Endphase des Leidens auf Vertrauen ankommt, ist eben dieses nicht mehr vorhanden.
Zurück zu unserem Patienten: Als ich zu meinem ersten Besuch erschien, standen die vorgetragenen Fragen und Probleme wohl irgendwie im Hintergrund, aber die Realität des Tages war doch vorherrschend. Herr H. berichtete vom Krankenhaus, von der Operation, von der Nachbehandlung im Sanatorium und von der Freude, jetzt zu Hause zu sein, auch wenn es ihm gar nicht gut ginge und er sich nicht wohl fühle. Aber es ginge besser mit dem Essen und leichter mit dem Schlafen, und der Tag wäre ausgefüllt und die Hoffnung, dass es nun aufwärts gehen möge, beflügele die Kräfte. Und die Angehörigen ließen sich von diesem Gefühl mittragen. Das änderte sich im Laufe einer Woche. Bei einem meiner nächsten Besuche konfrontierte mich Herr H. zum Entsetzen seiner Angehörigen ganz unvermittelt mit seiner wahren Situation. »Herr Doktor«, sagte er, »wenn ich wüsste, dass ich Krebs habe, dann würde ich Schluss machen mit dem Leben, und auch Sie könnten mich nicht daran hindern.« Das war es, die Angst, das nicht Erkennbare nicht tragen zu können. Nicht der mögliche Schmerz, nicht das Leiden waren angesprochen, sondern das Sterben, das Hineingehen in eine unbekannte Welt.

Die Ehefrau brach in Tränen aus, die Töchter rangen um ihre Fassung. Es war ausgesprochen, was alle beherrschte: Verzweiflung. Auf meine Frage: »Und warum glauben Sie, Krebs zu haben?« brachen aus Herrn H. alle Erfahrungen über widersprüchliche Auskünfte, vage Versprechungen, offensichtliche Beschönigungen hervor, die ihm in den vergangenen Wochen zuteil geworden waren von Ärzten, Schwestern, Frau, Kindern und Verwandten. Sie hatten sich viel nachhaltiger in die Erinnerung eingegraben, als die Auskunft Gebenden je vermuten konnten. Sie waren nur für kurze Zeit ein wirklich überzeugender Trost gewesen.
Nach einer weiteren Stunde waren wir alle gewiss: Wir würden diesen Weg gemeinsam gehen, Hand in Hand, bis Herr H. unsere Hand loslassen würde, um dorthin zu gehen, wo wir alle herkommen. Es würde keine Frage geben, die wir nicht voreinander ausbreiten könnten und um deren Beantwortung wir uns gemeinsam bemühen konnten. wir würden nicht nötig haben, uns voreinander zu verstecken, Gefühle und Ängste zu verbergen. Wenn wir getrennt miteinander sprechen würden, so wäre das kein Grund zum Misstrauen für den vom Gespräch Ausgeschlossenen. Gerade er dürfte auf die liebevolle Besorgtheit der Sprechenden vertrauen. [...] Er wurde inne, dass er nicht bei Tag und Nacht Ursache panischer Angst für andere werden wollte.
Herr H. hat nie mehr darüber gesprochen. Ich möchte nicht glauben, dass er von jetzt auf nachher von diesem Gedanken Abstand nehmen konnte, aber die Art, wie er mich mit stets festem Blick jetzt bei meinen Besuchen empfing und verabschiedete, machte mich da ganz ruhig, und auch seine Angehörigen empfanden dies. Die Nacht konnte für alle zur Ruhe bestimmt werden, und die fortschreitende Krankheit verlor ihre tödliche Bedrohung. Familie H. wurde in den letzten Wochen und Tagen das Bewusstsein der Zusammengehörigkeit, der gegenseitigen Zuneigung und Verbundenheit in besonderem Maße geschenkt.

Winfried Peitgen

1. Welche Impulse für die Begleitung Sterbender gibt der Text?
2. Dem Sterbenden die Wahrheit sagen? Vergleichen Sie die Position von Winfried Peitgen mit der von Georg Volk im folgenden Textausschnitt und beurteilen Sie sie.

b// Gedanken eines Theologen: Hoffnung über jeden Tod hinaus

Wie oft sagen vom Tode Gezeichnete, dass sie sich besser fühlen, dass sie wieder Hoffnung haben. Wie oft hören wir von Menschen, die Todkranke besucht haben und denen die Kranken sich gegenüber »zuversichtlich äußerten«, wie unbegreiflich es doch sei, dass sich dieser Kranke darüber täuscht, dass er bald sterbe. Das ist möglich. Aber die Hoffnung des Todkranken muss weder Utopie noch eine krankhafte Wohlgestimmtheit, die sogenannte Euphorie, sein. Sondern: der Mensch drückt in dieser Lage aus, dass er niemals zu Nichts werden kann, denn auch der Todkranke, der schon vom Tod Gezeichnete, ist in einer Grenzsituation. Er vermag sich meist nur innerhalb des Gefüges seiner Krankheit auszudrücken. Wenn er also meint, »heute fühle ich mich kräftiger«, »heute geht es besser«, dann drückt er damit mehr aus als die Hoffnung, leiblich wieder gesund zu werden. In der Tiefe dieser Aussage schwingt die ahnungshafte Gewissheit seiner Dauer über jeden Tod hinaus. Wir dürfen nicht meinen, der unreflexive Mensch erfahre das nicht. Er erfährt es, drückt es aber seiner Denkweise und seiner Lage entsprechend unreflexiv aus. Wenn also die Tochter dem sterbenden Vater für seine Liebe dankt und ihm sagt, »sei getrost, habe keine Angst, sei zuversichtlich, wir sind bei dir, wir sind mit dir«, dann ist dies keine Täuschung, sondern darin gerade nimmt sie ihn als sterbenden Menschen ernst. Es ist die Anrede auf das Eigentliche hin in der Sprache, die sich aus der Lage des Sterbenden ergibt. [...]
Wenn jemand meint, für den, der ihn fragt, ob er bald sterben müsse, gebe es nur zwei Möglichkeiten der Antwort, ihm entweder »die nackte Wahrheit« zu sagen oder ihn zu belügen, der irrt. Die Wahrheit und demgemäß das Wort – sind nicht ein Punkt, sondern ein Raum. Die Antwort heißt: »Fürchte dich nicht, wir sind bei dir, du weißt, es wird alles für deine Besserung getan. Wir nehmen das Leiden in Gottes und Christi Namen an. Du weißt, wie wir uns lieben. Wer aber liebt, kann nicht vernichtet werden. [...] Du kannst also wirklich in jedem Falle getröstet sein.« [...] In allem muss die [...] Geborgenheit in Gott spürbar sein.
Das macht für alle, die anwesend sind, die Sterbestunde menschlich. Denn Menschlichkeit kommt nur durch den verwirklichten Glauben. Wie ich es einmal erfuhr: die Frau des Sterbenden saß am Bett und hielt seine Hand, die Kinder umstanden den sterbenden Vater und die Mutter. Da neigte sich die älteste Tochter dem Sterbenden zu und sagte: »Vater, wir danken dir, dass du so gut warst.« Der Sterbende blickt alle an und sagte: »Sterben, es ist nicht schwer.«

Georg Volk

»Der Abend des Lebens bringt seine Leuchte mit.« (Joseph Joubert)

5. Was Menschen »nach« ihrem Tod erwarten – »Vielleicht« so, so oder so …: Poetische Zugänge

Vielleicht

Vielleicht sind wir doch nicht
Sind wir nicht Gottes Kinder
Vielleicht ist da keine
Ist keine Himmelsleiter
Vielleicht sitzt keiner am Ende
Über uns zu Gericht.
Eines ist sicher:
Wir fallen, zerfallen
Unsere Hände fallen ab
Unsere Wangen
Die Augen zuerst
Eines Tages wird nichts mehr da sein
Von dieser so und so
Gearteten Person
Nur ein Schmerz in der Magengrube
Eines der sie geliebt.

Marie Luise Kaschnitz

1. Interpretieren Sie das 1973 verfasste Gedicht von Marie Luise Kaschnitz (Berücksichtigen Sie bei der Interpretation S. 75).

2. Erarbeiten Sie, welche Bedeutung dem »Vielleicht« zukommt. Vergleichen Sie den Gebrauch dieses »Vielleicht« mit dem »Vielleicht« (1930), das bei Joachim Ringelnatz angesprochen wird.

Was dann?

Wo wird es bleiben,
Was mit dem letzten Hauch entweicht?
Wie Winde werden wir treiben –
Vielleicht!

Werden wir reinigend wehen?
Und kennen jedes Menschen Gesicht.
Und jeder darf durch uns gehen,
Erkennt aber uns nicht.

Wir werden drohen und mahnen
Als Sturm,
Und lenken die Wetterfahnen
Auf jedem Turm.

Ach, sehen wir die dann wieder,
Die vor uns gestorben sind?
Wir, dann ungreifbarer Wind?
Richten wir auf und nieder
Die andern, die nach uns leben?

Wie weit wohl Gottes Gnade reicht.
Uns alles zu vergeben?
Vielleicht? – Vielleicht!

Joachim Ringelnatz

3. Beziehen Sie Stellung, welches Gedicht von den beiden Sie am ehesten anspricht.

6. Wissenschaften, Weltanschauungen und Religionen zur Frage nach dem Jenseits

a// Berichte vom Rande des Bewusstseins – Neurowissenschaftler nehmen Stellung

Das Hirn und das Bewusstsein: eine wissenschaftliche Sicht

Reinhard Werth, geboren 1947, ist ein deutscher Neuropsychologe.

Eine notwendige Voraussetzung dafür, dass bewusste Erfahrung entsteht, ist die Existenz eines funktionsfähigen Gehirns. Dieses Gehirn muss darüber hinaus auf einem hinreichend hohen Aktivierungsniveau gehalten werden. Dieses Aktivierungsniveau wird durch Neuronenverbände des Hirnstamms gesteuert, zu denen das sogenannte *aktivierende retikuläre aufsteigende* System gehört. Hier entspringende Axone erreichen das gesamte Großhirn und bestimmen die Höhe der Hintergrundaktivierung. Ausgedehnte Schädigungen dieses Aktivierungssystems lassen die Patienten in tiefe Bewusstlosigkeit fallen, in der alle bewussten Erfahrungen erlöschen. Bestenfalls erhalten sich, je nach Stadium der Bewusstlosigkeit, noch sehr elementare Erfahrungen.
Zahlreiche Untersuchungen an hirngeschädigten Patienten zeigen eindeutig, dass unsere bewussten Ereignisse das Schicksal aller durch das Hirn vermittelten Leistungen teilen. Ist eine Hirnregion, deren

Fritz Otto Becker, »Charon«, der Fährmann in die Ewigkeit
Charon war in der griechischen Mythologie der düstere greise Fährmann, welcher die Toten für einen Obolus (Münze) über den Totenfluss schiffte. – Kunstwerk vor einer Klinik in Bad Rothenfelde

Funktion notwenig ist, damit eine Hirnleistung zustande kommt, völlig zerstört und kann die Leistung von keiner anderen Hirnregion übernommen werden, so ist sie unwiederbringlich verloren. Dann ist dieser Teil unserer Person nicht mehr existent, während die übrigen Leistungen unvermindert fortbestehen.
Alles, was wir über das Gehirn, über die Entstehung psychischer Leistungen und über das Bewusstsein wissen, lässt nur die Erkenntnis zu, dass unsere Wahrnehmungen, Empfindungen, unsere Erinnerungen, unser gesamtes Denken und Planen, Verstehen und Sprechen, alles, was uns je bewusst werden kann, ein funktionierendes Hirn voraussetzen. Nichts spricht dafür, dass auch nur die rudimentärste Bewusstseinsfähigkeit ohne unser Gehirn möglich wäre. Die zahllosen Beobachtungen an hirngeschädigten Patienten haben uns deutlich gemacht, dass die Schädigung bestimmter Hirnareale ganz spezielle Leistungen ausfallen lassen kann, obwohl alle anderen Fähigkeiten völlig intakt bleiben. Nur das Sprachverständnis oder nur die Sprachproduktion, nur das Bewegungssehen oder nur das Erkennen von Gesichtern, nur das Erkennen der Existenz einer Raum- und Körperhälfte und vieles mehr können selektiv verloren gehen, während alle anderen Bereiche des menschlichen Leistungsspektrums unangetastet weiterbestehen.
[...]
Menschen haben in ihren Mythologien seit dem Altertum, wahrscheinlich schon in weit früherer Zeit, von der wir keine Zeugnisse besitzen, versucht, den Tod zu begreifen, sich eine Vorstellung von ihm zu machen. Aber wir können uns die Nichtexistenz, durch die der Tod charakterisiert ist, nicht vorstellen, da es nichts Vorstellbares gibt. Es ist, als wollten wir uns vorstellen, wie es uns während der Jahrmilliarden seit Bestehen des Universums erging, als wir noch nicht geboren waren.
So wie die biblische Vorstellung, der Mensch und die Tiere seien in ihrer heutigen Gestalt erschaffen worden, durch die Einsicht in die Evolution ihre Gültigkeit verlor, wie die Astronomen die Auffassung, die Erde sei eine Scheibe, widerlegten, so ist es eine einfache Folgerung aus den Ergebnissen neurobiologischer und vor allem der neuropsychologischen Forschung, dass ein Weiterleben nach dem Erlöschen jeglicher Hirnfunktion ausgeschlossen ist. Bewusstsein ist an Hirnfunktionen gebunden, kein Argument spricht dagegen. Die Vorstellung eines Weiterlebens ohne funktionsfähige Hirnstrukturen ist eine Metaphysik, der alle wissenschaftlich fundierten Erkenntnisse der Neurobiologie und Neuropsychologie widersprechen. Wenn die Nervenzellen des Gehirns keine Aktionspotentiale mehr entstehen lassen, wenn keine Überträgerstoffe mehr ausgeschüttet werden, wenn also die Funktion des Gehirns für immer eingestellt ist, so existiert diese Funktion der Neuronen nicht in einer transzendenten Welt weiter. So wenig wie nach dem Hirntod die Hirnfunktion außerhalb des Gehirns weiterleben kann, so wenig können durch sie hervorgebrachte Leistungen wie Wahrnehmen, Empfinden, Handeln, Denken, das Erleben der Zeit und des Raumes und all das, was das Bewusstsein einer Person zu irgendeiner Zeit ausmacht, an einem dieser Welt unzugänglichen metaphysischen Ort ihre Existenz fortsetzen. Der Glaube, es könne eine Weiterexistenz unseres Bewusstseins ohne funktionsfähige Hirnstrukturen geben, mag dem Wunsch entspringen, das Bewusstsein über den Tod hinaus zu retten. Doch wir müssen erkennen, dass solche Vorstellungen nicht der Wirklichkeit entsprechen und durch alle Erkenntnisse über die biologischen Grundlagen des Psychischen widerlegt werden.

Reinhard Werth

1. Skizzieren Sie, welche Aussagen der Textauszug über ein Jenseits zulässt.
2. Inwiefern handelt es sich um einen wissenschaftlichen Zugang? Erläutern Sie.

Bekenntnis eines Neurophysiologen: die Sicht eines Glaubenden

Der 1903 in Melbourne geborene australische Neurophysiologe Sir John C. Eccles spezialisierte sich auf die Hirnforschung und entdeckte entscheidende physikalisch-chemische Prozesse bei der Entstehung und Übertragung von Nervenimpulsen. 1963 erhielt er zusammen mit anderen den Nobelpreis für Medizin.

Der Mensch hat in dieser heutigen Zeit den Weg verloren. Man hat diesen Zustand als »die missliche Lage« bezeichnet, in der die Menschheit sich befindet. Ich glaube, dass die Wissenschaft zu weit gegangen ist, als sie den Glauben des Menschen an seine geistige Größe zum Einsturz brachte und ihm stattdessen die Überzeugung einflößte, dass der Mensch bloß ein unbedeutendes animalisches Lebewesen ist, das aus einem Gemisch von Zufall und Notwendigkeit auf einem unbedeutenden Planeten entstanden ist. Ich glaube, die Hauptursache der Beunruhigung, von der die Menschheit heute ergriffen ist, liegt darin, dass die geistigen Führer in ihrem Eigendünkel zu arrogant sind. Wir sollten stets der großen unbekannten Tatsachen eingedenk sein, die ebenso in der materiellen

Gerhard Glück, Ohne Titel, 1992

Ausstattung und Arbeitsweise unseres Gehirns zu bemerken sind wie in den Beziehungen zwischen Gehirn und Geist sowie auch in unserer kreativen Phantasie. Wenn wir an diese großen Geheimnisse denken und vor allem auch an das Geheimnis unseres Entstehens, so sollten wir – meine ich – viel bescheidener sein. Die Zukunft, die wir uns jetzt noch nicht vorstellen können, die aber dereinst die unsere sein wird, kann dann vielleicht die Erfüllung dieses unseres gegenwärtigen Lebens bedeuten. Deshalb sollten wir bereit sein, die darin liegenden Möglichkeiten als das größte uns zuteil werdende Geschenk zu betrachten und als solches anzunehmen.

Indem wir dieses wunderbare Geschenk von Leben und Tod entgegennehmen, müssen wir nicht auf die Unvermeidbarkeit, sondern auf die Möglichkeit irgendeiner anderen Existenz vorbereitet sein … Auch ich selbst habe die feste Überzeugung, dass wir für die Zukunft aufgeschlossen sein müssen. Dieses ganze Weltall läuft nicht, ohne dass irgendein Sinn dahintersteckt, bloß immer nur weiter und weiter. Ich bin zu der Überzeugung gelangt, dass wir Geschöpfe sind, die irgendeine übernatürliche Bedeutung haben, die aber bis jetzt noch nicht genau bezeichnet ist. Wir können nicht mehr tun, als daran zu denken, dass wir alle vielleicht Teil irgendeines großartigen Planes sind. Jeder von uns darf zumindest die Überzeugung haben, dass er eine Rolle in irgendeinem gewaltigen, unvorstellbaren, übernatürlichen Drama spielt. Wir sollten alles daransetzen, um unsere Rolle nach bestem Können zu verwirklichen. Dann mögen wir mit Ernst und zugleich auch voller Freude auf die künftigen Enthüllungen alles dessen harren, was uns nach dem Tode bevorsteht.

John C. Eccles

1. Beschreiben Sie das Anliegen des Textes.
2. Vergleichen Sie dieses mit dem von Reinhard Werth.
3. Reinhard Werth und John C. Eccles, beide sind Neurowissenschaftler. Sind die Positionen miteinander zu vereinbaren? Wenn ja, wie ist dies vorzustellen? Erörtern Sie Möglichkeiten.

b// »Laßt euch nicht verführen …« – Atheismus kontrovers

Gegen Verführung

Laßt euch nicht verführen!
Es gibt keine Wiederkehr.
Der Tag steht in den Türen;
Ihr könnt schon Nachtwind spüren;
Es kommt kein Morgen mehr.

Laßt euch nicht betrügen!
Das Leben wenig ist.
Schlürft es in vollen Zügen!
Es wird euch nicht genügen
Wenn ihr es lassen müßt!

Laßt euch nicht vertrösten!
Ihr habt nicht zu viel Zeit!
Laßt Moder den Erlösten!
Das Leben ist am größten:
Es steht nicht mehr bereit.

Laßt euch nicht verführen
Zu Fron und Ausgezehr!
Was kann euch Angst noch rühren?
Ihr sterbt mit allen Tieren
Und es kommt nichts nachher.

Bertolt Brecht

Laßt euch nicht verführen!
Es gibt eine Wiederkehr.
Der Tag steht in den Türen;
Ihr könnt schon Nachtwind spüren:
Es kommt ein Morgen mehr.

Laßt euch nicht betrügen!
Das Leben wenig ist.
Schlürft nicht in schnellen Zügen!
Es wird euch nicht genügen
Wenn ihr es lassen müßt!

Laßt euch nicht vertrösten!
Ihr habt nicht zu viel Zeit!
Faßt Moder die Erlösten?
Das Leben ist am größten:
Es steht noch mehr bereit.

Laßt euch nicht verführen
Zu Fron und Ausgezehr!
Was kann euch Angst noch rühren?
Ihr sterbt nicht mit den Tieren
Es kommt kein Nichts nachher.

Hans Küng

1. Interpretieren Sie das Gedicht von Brecht. (Berücksichtigen Sie bei der Interpretation S. 75.)
2. Vergleichen Sie Brechts Gedicht mit der von dem katholischen Theologen Hans Küng vorgenommenen »Überarbeitung«.
3. Erläutern Sie, inwiefern die Fassung von Küng das ursprüngliche Gedicht von Brecht zu erschließen hilft.
4. Setzen Sie sich mit den inhaltlichen Positionen der beiden Fassungen auseinander.

Lebensende als Katastrophe oder rettende Erlösung?

c// Ein Blick in eine östliche Religion anhand eines exemplarischen Zugangs – Aus dem Totenbuch der Tibeter

Meeresstrand am Abend. Ein verbreiteter buddhistischer Spruch besagt, das Eingehen in das Nirwana sei so, wie wenn ein Tropfen Wasser im unendlichen Ozean versinkt.

Der buddhistische Text »Des Todes Boten« aus dem Tibetischen Totenbuch stammt aus der Zeit um 750:

All die Gedankenlosen, die nicht sorgen,
Zu welcher Zeit des Todes Boten kommen,
Müssen in niederer Verkörperung
Lange die Qual der Leiden fühlen.
Die jedoch gut und heilig sind,
Betragen sich nicht gedankenlos,
Wenn des Todes Boten erscheinen,
Beachten, was die Hohe Lehre sagt,
Und sehn, erschreckt, in der Verhaftung
Die ew'ge Quelle von Geburt und Tod,
Befrein sich selbst von diesem Hang
Und tilgen so Geburt und Tod.
Sicher und glücklich ruhen sie.
Entlassen aus der flutenden Schau,
Entbunden aller Sünd' und Furcht;
Sie sind nun alles Elends bloß.

Tibetisches Totenbuch

1. Analysieren Sie: Welche Antwort gibt der Text auf die Frage nach einem Jenseits?

2. Beurteilen Sie, ob der Ausdruck von der »ewigen Wiederkehr« die tibetische Vorstellung hinreichend charakterisiert.

3. Setzen Sie sich mit dem Vorschlag des Meditationsmeisters Sogyal Rinpoche (geb. 1948) auseinander, zur Einübung ins Sterben das folgende Gebet zu sprechen:

Möge ich ein Schützender sein für die,
die keinen Schutz besitzen,
ein Führer für die Reisenden,
ein Boot, eine Brücke, ein Übergang für die,
die sich nach dem anderen Ufer sehnen.

Möge der Schmerz eines jeden Lebewesens
vollständig beseitigt sein.
Möge ich Arzt und die Arznei sein
Und auch die Pflegerin
Für alle Kranken in der Welt,
bis sie völlig geheilt sind.

Möge ich, gleich dem Raum
Und den Elementen, wie etwa der Erde,
stets das Leben aller ungezählten Wesen schützen.

Und bis sie nicht vom Schmerz geschieden sind,
möge ich der Lebensquell
für alle Daseinsbereiche sein,
die bis zum Ende des Universums reichen.

Sogyal Rinpoche

Bernhard Petz, Wiedergeburt, 2006

d// Ein Blick ins Judentum – Aus der Welt des Chassidismus

Das Judentum hat viele Gesichter. Im Folgenden wird nur eines vorgestellt, das des Chassidismus, einer religiösen Bewegung aus dem Osten Europas. Es geht um »Einfache Wahrheiten für eine schwierige Welt«, die aus dem Munde von Rabbi Menachem Mendel Schneerson (1902–1994) stammen, des Führers und Rebben der Lubawitscher Richtung innerhalb des Chassidismus. – Einer jüdischen Tradition folgend wird der Begriff »Gott« aus Ehrfurcht vor dem Ewigen nicht ausgeschrieben, sondern durch »G-tt« ersetzt.

Der Tod – eine »Tür« zu einem anderen Leben?

Was bedeutet der Tod wirklich?

Tod: Bereits das Wort bewirkt Angst im Herzen der Leute. Sie betrachten den Tod als genauso unauslotbar wie unausweichlich. Sie können kaum darüber sprechen, die meisten können kaum über das Wort hinausblicken und sich darauf einlassen, seine wahre Bedeutung zu überlegen. Das ist eine verständliche Reaktion, wenn man daran denkt, dass so viele Menschen das Leben als einen Zustand ansehen, in dem der Körper aktiv ist. Wir müssen uns jedoch die Frage stellen: *Was* passiert nach dem Tode, falls überhaupt etwas passiert? Was bedeutet der Tod in Wirklichkeit? Wie sollten die Überlebenden, die Hinterbliebenen, darauf reagieren?

Das Mysterium, das Geheimnis des Todes, ist Teil des Rätsels der Seele und des Lebens selbst: Den Tod zu verstehen heißt, das Leben zu verstehen. Während des Lebens, wie wir es kennen, wird der Körper von der Seele belebt und aufrecht erhalten; beim Tod gibt es eine Trennung zwischen Körper und Seele. Die Seele jedoch lebt weiter, wie sie es immer getan hat, jetzt indes ohne die Fesseln der physischen Beschränkungen. Und da der wahre Charakter einer Person – ihre Güte, ihre Tugend und ihre Selbstlosigkeit – in der Seele liegen, wird sie zu einem höheren Zustand aufsteigen, nachdem sie ihre Verantwortlichkeiten auf Erden erfüllt hat.

Die moderne Physik sagt uns, dass keine Substanz jemals wirklich verschwindet, sondern dass sie lediglich ihre Erscheinungsform verändert. Sie sagt uns, dass Materie eine andere Form von Energie ist. Ein Baum wird vielleicht gefällt, um ein Haus damit zu bauen oder einen Tisch oder Stuhl zu fertigen. Gleich, wie sich die Form verändert, bleibt Holz doch Holz. Und wenn dasselbe Holz in einem Kamin verbrannt wird, verändert es erneut seine Form und wird zu Energie, die Hitze und Gase abstrahlt. Der Baum, der Stuhl und das Feuer sind einfach nur unterschiedliche Formen derselben Substanz.

Wenn das für materielle Substanz stimmt, dann trifft es umso mehr auf eine spirituelle Substanz zu. Die spirituelle Kraft im Menschen, die Seele, löst sich nie auf. Beim Tode wandelt sie sich von einer Form in eine andere, höhere Form. Das mag anfangs nur schwer zu verstehen sein, da wir so davon abhängig sind, unsere Sinnesorgane zu benutzen, um durch das Leben zu kommen. Beim Holz ist es zum Beispiel einfacher, einen Stuhl in den Händen zu halten, als die Hitze und Energie zu erfassen, die vom brennenden Holz freigesetzt werden. Und doch ist diese Hitze nicht weniger real als der Holzstuhl.

In dem Maße, wie wir uns mehr auf das spirituelle Denken einstimmen, lernen wir, eine Beziehung zur Wirklichkeit des Geistes aufzunehmen und dessen Erhebung beim Tode und bei der Befreiung vom Körper als eine Umwandlung in eine reinere Form der spirituellen Energie zu würdigen.

Ungeachtet, welche körperlichen Beschwerden einen Menschen befallen, sind sie doch nicht mehr als physische Beschwerden. Nichts, was mit dem Fleisch und Blut geschieht, vermindert auf irgendeine Weise die Kraft der Seele, die rein geistig, rein spirituell ist. Deshalb ist es nicht passend, den Begriff »Nachleben« zu verwenden, um das zu bezeichnen, was nach dem Tode passiert. »Nachleben« beinhaltet, dass wir an einen anderen, getrennten Ort eingetreten sind, während der Tod in Wahrheit eine Fortsetzung des Lebens ist, wie wir es bereits kennen, nur in einer neuen, höheren Form. Der Abschnitt in der Schöpfungsgeschichte, der den Tod der Sarah behandelt, heißt zum Beispiel »Das Leben der Sarah«. Das Kapitel, das über

Jüdischer Friedhof Worms

den Tod Jakobs berichtet, heißt »Und Jakob lebte«. Bevor wir also die Frage »Was ist der Tod?« wirklich beantworten können, müssen wir zuerst fragen, »Was ist das Leben?« Die Definition in der Medizin lautet, dass Leben stattfindet, wenn das Gehirn funktioniert und das Herz schlägt. Es ist jedoch durchaus möglich, dass eine Person biologisch lebendig ist, aber überhaupt nicht wirklich lebt. Atmen und Gehen und Sprechen sind lediglich *Manifestationen* dessen, was wir Leben nennen. Die wahre Quelle des Lebens, die Energie, die es dem Körper möglich macht zu funktionieren, ist die Seele. Und die Seele ist, weil sie mit G-tt dem Lebensspender verbunden ist, unsterblich. Während die Ausdrucksformen des Lebens beim Tode vielleicht aufhören, lebt die Seele weiter, nur in einer anderen Form.

Wie kann sich ein sterblicher Mensch mit dem ewigen Leben verbinden? Indem er ein Leben führt, das Körper und Seele verschmilzt und sich auf diese Weise mit G-tt verbindet. Eine Person, die ihren Körper in ein Gefäß der Liebe und Großherzigkeit verwandelt, ist eine Person, die ihre ewige Seele nährt und stärkt. Indem wir anderen geben, werden wir wahrhaft lebendig.

Für jemanden, für den das Leben darin besteht, materielle Vorteile zu erlangen, wird der Tod tatsächlich »das Ende« darstellen. Das ist dann die Zeit, in der alle vergänglichen Dinge abgehalten werden. Für einen Menschen jedoch, dessen Leben in spirituellen Gewinnen besteht, hört das Leben niemals auf. Die Seele wird durch die unerschöpfliche Energie guter Taten angetrieben, die jemand auf Erden vollbracht hat, und diese Energie lebt materiell weiter in dessen Kindern und anderen, welche die spirituelle Vitalität dieser Person fortsetzen. Wie die Weisen uns sagen: »Wie ihre Abkömmlinge lebendig sind, so sind auch sie lebendig.«

Es fällt uns oft schwer, zwischen dem biologischen und dem spirituellen oder dem wahren Leben zu unterscheiden. Wir werden von den vielen materiellen »Zutaten« des biologischen Lebens abgelenkt. Wenn die Seele eines Tages den Körper verlässt, werden wir indes klar sehen, wie sie weiterlebt, wie diese Seele fortfährt, Menschen anzuregen, gute Taten zu vollbringen und andere weiterzubilden bzw. anderen zu helfen, ein g-ttliches und spirituelles Leben zu führen. Wenn ein rechtschaffener Mensch die Erde physisch verlässt, dann beginnt er bzw. sie, die nachhaltigste Wirkung auszuüben.

Ein hochgeschätzter Rabbi bat, als er sich dem Tode sehr nahe fühlte, dass man ihn in die Studierhalle bringen sollte, in der er sonst seine Ansprachen hielt. »Ich gehe in den Himmel«, sagte er seinen Anhängern, »aber ich hinterlasse euch meine Schriften«, die Schriften, die seinen Geist trugen.

Als sein Sohn diese Worte hörte, begann er zu weinen. Sein Vater, von der Krankheit schon sehr geschwächt, wandte sich ihm zu und sagte: »Emotionen? Emotionen? Nein. Intellekt. Intellekt.« Von diesem Augenblick an blieb der Sohn gefasst und dachte nur noch an das Leben der ewigen Seele seines Vaters.

Simon Jacobsen/Rabbi Schneerson

1. Skizzieren Sie die Antworten des Rabbi Schneerson auf die Frage nach Sterben und Tod.
2. Erläutern Sie, inwiefern die Gedanken als Lebenshilfe dienen können.
3. Beschreiben Sie, was der Tod eines geliebten Menschen für Hinterbliebene bedeuten kann. Vergleichen Sie Ihre Überlegungen mit denen des Rabbi Schneerson im folgenden Textauszug.

Was bedeutet der Tod für die Hinterbliebenen?

Obwohl der Tod die Erhebung der Seele auf eine höhere Ebene darstellt, bleibt er für die Hinterbliebenen dennoch eine schmerzvolle Erfahrung. Zugleich sollte er – wie alle Erfahrungen des Lebens – als eine Lektion dienen, als ein Schritt nach vorn. Wir dürfen den Tod nicht als eine negative Kraft sehen, sondern als eine Gelegenheit zum Wachstum und zur Entwicklung.

Da der Tod solche starken Gefühle auslöst, brauchen wir einen klaren »Kanal«, durch den wir diese Emotionen zum Ausdruck bringen, um auf konstruktive Weise zur Heilung beizutragen. Wenn ein geliebter Mensch stirbt, werden machtvolle und miteinander in Konflikt stehende Gefühle erweckt: Trauer über den Verlust und Unsicherheit im Hinblick auf die Zukunft. Die Weisen sagen uns, dass es barbarisch wäre, gar nicht zu trauern, aber dass wir auch nicht länger als notwendig trauern sollten. Eine Woche der Trauer ist hinreichend, denn sonst nimmt der Tod einer Person eine eigene Gestalt an und wird selbst zu einer Präsenz, die uns bekümmert und unsere eigene Lebensentwicklung hemmt.

Warum aber sollten wir unseren natürlichen Schmerz und unsere Trauer zügeln, wenn ein geliebter Mensch verstirbt? Kummer ist schließlich ein Gefühl und Gefühle können und sollen doch nicht beherrscht werden, oder? Ist es nicht falsch, Grenzen zu setzen und unsere Trauer zu unterdrücken oder ihn in eine bestimmte Richtung zu lenken?

Es stimmt: Gefühle sind Gefühle, aber wir können uns durchaus entscheiden, ob wir sie in einem destruktiven oder in einem produktiven Lichte erfahren wollen. Der Schlüssel liegt in diesem Fall darin, den Tod als das zu verstehen, was er ist, und sein positives Element zu feiern. Ein trauernder Mensch muss schließlich erkennen, dass die Seele eines geliebten Menschen nun einen noch höheren und besseren Platz erreicht hat, als er ihn während seiner Zeit auf der Erde eingenommen hat, und dass die Seele fortfahren wird, aufzusteigen. Der Akt, diese positive Erkenntnis mit unserem Kummer zu versöhnen, kann den Tod von einer traumatischen Erfahrung in eine kathartische verwandeln.

Den Ausdruck unserer Trauer zu vermindern wäre ungesund und unstimmig; wenn wir uns jedoch von unserem Kummer überwältigen lassen, dann übersehen wir aus eigensüchtigen Motiven die wahre Bedeutung des Todes: die Tatsache, dass die Seele eines rechtschaffenen Menschen nun ein noch passenderes Heim gefunden hat.

Was sollten wir durch den Tod lernen?

Eine Zeit der Trauer hat neben der Feier der Erhebung der Seele eines geliebten Menschen und dem Ausdruck unseres eigenen Kummers noch einen anderen Zweck: Der Tod ist auch eine gute Gelegenheit, um unser Leben zu bedenken und einzuschätzen, wie sehr wir unsere g-ttliche Mission erfüllen. Wie Maimonides schreibt, sollte ein Trauernder »darum besorgt sein, sein eigenes Verhalten zu bewerten, zu bereuen«.

Die Erinnerung an die Seele eines geliebten Menschen ist also ein besonders geeigneter Anlass, dass Sie in Ihre eigene Seele blicken. Wir alle wissen, wie schwierig es uns fallen kann, unser eigenes Verhalten einzuschätzen, und häufig werden wir dazu erst dann gezwungen, wenn ein Freund oder Angehöriger hinübergegangen ist. Dann erinnern wir uns der Dinge, die er oder sie während des Lebens getan und vollbracht hat, wie dieser Mensch seine Familie und Freunde behandelt hat, wie die Person sich eingesetzt hat, um Fremden zu helfen. Leider ist es oft erst der Schlag des Todes, der uns aus unserer Selbstzufriedenheit herausholt und uns veranlasst, die eigenen Prioritäten zu überdenken.

Da die wahre Verbindung zwischen Eltern und Kind oder Ehemann und Ehefrau spiritueller Natur ist, bleibt sie auch nach dem Tode intakt und stark. Das Trauern hilft uns, diese Bindung aufrechtzuerhalten, denn die Seele einer fortgegangenen Person, die ewig und intakt ist und bleibt, wacht über die Menschen, denen sie nahe war. Jede gute Handlung macht ihr große Freude und schenkt ihr Zufriedenheit, besonders dann, wenn solche Handlungen in dem Geiste erfolgen, wie sie selbst es gelebt oder gelehrt hat.

Grabstein in Titz-Rödingen. Unter dem Magen David besagen zwei Buchstaben: Hier ruht – abgekürzt als פ נ

Die Seele ist sich dessen voll bewusst, was mit den Freunden und Verwandten geschieht, die sie hinterlassen hat. Die Seele leidet, wenn die Hinterbliebenen übermäßigen Kummer oder Niedergeschlagenheit erleben, und sie freut sich, wenn die Hinterbliebenen über ihren anfänglichen Schmerz hinausgehen und darin fortfahren, ihr Leben weiter aufzubauen und ihre Umgebung zu inspirieren.

Es ist unmöglich, einen geliebten Menschen zu ersetzen, der hinübergegangen ist, denn jeder Mensch stellt für sich eine ganze Welt dar. Aber es gibt eine Möglichkeit, die Leere teilweise auszufüllen. Wenn Familie und Freunde ihre üblichen guten Taten mit weiteren, zusätzlich tugendhaften Verhaltensweisen ergänzen und verstärken, im Namen des oder der Verstorbenen, dann setzen sie damit dessen bzw. deren Seelenwerk fort. Indem wir solche Akte in Erinnerung an einen geliebten Menschen ausführen, können wir tatsächlich so etwas wie ein lebendes Ehrenmal schaffen.

Woher kann man diese zusätzliche Energie schöpfen, zumal wir ja gerade den Kummer des Todesfalls erfahren? So wie der Körper, wenn er angegriffen wird, seine Kraftreserven mobilisiert, kann die Seele während Zeiten traumatischer Erlebnisse eine verborgene Stärke aktivieren, eine Kraft, die wir bislang vielleicht noch nicht einmal gekannt haben.

Was sollen wir also mit all dem anfangen, diesem Überdenken des Todes? Welche Folgerungen ergeben sich daraus für die unter uns, die in einer Realität leben, welche von den fünf Sinnen und den Naturgesetzen bestimmt wird, einer Realität, in der das physische Leben ganz unausweichlich einem physischen Tod weicht?

Für Menschen, die weiterhin nur die äußere Schicht des Lebens betrachten, die physische Komponente also, die vom menschlichen Körper gebildet wird, scheint der Tod tatsächlich das Ende des Lebens zu sein. Wir müssen jedoch lernen, durch diese Außenschicht hindurchzublicken und die menschliche Seele zu sehen, unsere Verbindung mit G-tt und der Ewigkeit.

Tief in unserem Herzen sind wir uns alle dieser Verbindung bewusst. Jeder denkende Mensch, der zum Beispiel über das Sonnensystem nachsinnt oder die Komplexitäten eines Atoms, muss zur Schlussfolgerung gelangen, dass unser Universum nicht aufgrund irgendeines absonderlichen Zufalls entstanden sein kann. Es besteht auch keineswegs lediglich aus physischer Materie, sondern jede Faser des Seins pulsiert voller Energie. Wohin wir uns auch wenden, sehen wir einen Entwurf, einen Plan, sehen wir Zweck und

Sinn – und das ist das Kennzeichen unseres Schöpfers. Daraus würde folgen, dass auch jedes menschliche Wesen einen Zweck und Sinne besitzt und genauso jedes einzelne Ereignis in unserem Leben.

Auch der Tod hat demnach einen Sinn in unserem Leben. Selbst der Tod wird zu einem Mittel, um ein von mehr Sinn erfülltes Leben zu führen. Sogar der Tod ist eine andere Erscheinungsform von Energie.

Letztlich indes ist der Tod unbegreiflich; er bleibt eine niederschmetternde Erfahrung für jene, die zurückgelassen werden. Trotz aller Rationalisierungen, trotz aller Erklärungen, schreit das Herz auf und weint. Und das *sollte* es auch tun.

Wenn Freunde oder Verwandte um einen geliebten Menschen trauern, versuchen Sie nicht, irgendetwas zu erklären, sondern seien Sie einfach bei ihnen. Trösten Sie die Menschen, lindern Sie deren Schmerz, und weinen Sie mit ihnen. Man kann in Wahrheit nichts wirklich sagen, denn so sehr wir uns auch bemühen mögen, müssen wir akzeptieren, dass wir häufig die unerforschlichen Wege G-ttes nicht verstehen.

Aber wir sollten G-tt darum bitten, doch endlich den Tag zu bringen, an dem der Tod nicht mehr ist, wenn »der Tod für immer verschlungen ist und G-tt die Tränen von jedem Gesicht wischt«.

Simon Jacobsen/Rabbi Schneerson

4. Beurteilen Sie die Überlegungen von Rabbi Schneerson.

e// Ein Blick ins Christentum: Über Mut und Zuversicht aus der Hoffnung des Glaubens – Oder: Aus dem Glauben an Auferweckung/Auferstehung leben …

Die Grundlage des Glaubens an Auferstehung

Prägnant fasst der evangelische Pädagoge Eduard Spranger in der Zeit um 1945 zusammen, was die Grundlage des Glaubens an die Auferweckung/Auferstehung darstellt.

Der irdische Tod wird für den, der in der Liebe Gottes lebt, nicht aufgehoben, und was etwa auf den Tod folgt, wird nicht offenbart. Wir haben nichts als die Verheißung, dass die Liebe ewiglich währt, und aus dieser Voraussetzung heraus können wir so leben, als ob der Tod keine Macht über uns hätte. Mit einem Bilde: wir haben einen Schlüssel empfangen. Aber als irdisch Lebende können wir die Pforte nicht aufschließen. Wir existieren nur in der Hoffnung, dass der Tod nicht in das Nichts hineinführt, sondern dass gerade er die Pforte ist, durch die wir in Gottes Herrlichkeit eingehen.

Eduard Spranger

1.	Erläutern Sie, inwiefern die Ausführungen von Eduard Spranger den Kern der Auferweckungs-/Auferstehungshoffnung treffen.
2.	Beurteilen Sie die Metapher vom Schlüssel und der Pforte.
3.	Interpretieren Sie das Gedicht. (Berücksichtigen Sie dabei S. 75.)

»über auferstehung«

Sie fragen mich nach der auferstehung
sicher sicher gehört hab ich davon
dass ein mensch dem tod nicht mehr entgegenrast
dass der tod hinter einem sein kann
weil vor einem die liebe ist
dass die angst hinter einem sein kann
die angst verlassen zu bleiben
weil man selber – gehört hab ich davon
so ganz wird dass nichts da ist
das fortgehen könnte für immer
Ach fragt nicht nach der auferstehung
ein märchen aus uralten zeiten
das kommt dir schnell aus dem sinn
ich höre denen zu
die mich austrocknen und kleinmachen
ich richte mich ein
auf die langsame gewöhnung ans totsein
in der geheizten wohnung
den großen stein vor der tür
Ach frag du mich nach der auferstehung
ach hör nicht auf mich zu fragen

Dorothee Sölle

Pietà, Zisterzienserabtei Marienfeld/Münsterland

4. Vergleichen Sie das Gedicht von Dorothee Sölle mit dem von Josef Dirnbeck/Martin Gutl. (Berücksichtigen Sie bei der Interpretation S. 75.)

»Auferstanden«

Grab, das ist: nicht mehr weiter können.
Grab, das ist: keine Aussicht haben.
Grab, das ist: zerbrochene Seele.
Grab, das ist: ausgeronnen.
Grab, das ist: tot.
Auferstanden, das Ist: Aufgabe haben.
Auferstanden, das ist: Neuland sehen.
Auferstanden, das ist: Liebe schenken.
Auferstanden, das ist: vertrauen können.

Josef Dirnbeck/Martin Gutl

Die Auferstehung Christi als historisches oder metahistorisches Ereignis?

Josef Finkenzeller lehrte als katholischer Theologe an der Universität München.

Wenn die anstehende Frage einigermaßen befriedigend beantwortet werden soll, so bedarf es zunächst einer Klärung bestimmter Begriffe. Es sei aber vorweg zugestanden, dass in diesen wie in vielen ähnlichen Fällen mit der Festlegung der Begriffe auf einen bestimmten Sinn eine Sprachregelung verbunden ist, deren Sinnhaftigkeit zu bezweifeln grundsätzlich niemandem verwehrt ist.

Historisch ist, was der Historiker mit seiner kritischen Methode als Tatsache der Vergangenheit feststellen kann. In diesem Sinn ist es historisch, dass Kaiser Augustus zu einer bestimmten Zeit regiert hat. Auf die Person Christi übertragen lässt sich sagen: Die Geburt, das irdische Leben und der Tod Jesu sind historische Ereignisse im strengen Sinne des Wortes, weil sie mit der kritisch-historischen Methode als innerweltliche Ereignisse festgestellt werden können. Selbstverständlich mindert die Schwierigkeit, Tag und Jahr der Ereignisse im Einzelnen festzustellen, nicht die Historizität der Ereignisse als solcher.

Als geschichtlich bezeichnet man die Wirkung, die ein historisches Ereignis, insbesondere das Leben eines Menschen, in der Nachwelt hinterlassen hat. In diesem Sinn sind selbstverständlich das Leben, der Tod und die Auferstehung Jesu geschichtlich, sie wirken ja bis heute nach. Ohne diese Ereignisse gäbe es die Kirche nicht, zu der wir alle gehören und deren Wirkung auf die ganze Menschheit auch von ihren schärfsten Gegnern in keiner Weise bestritten wird.

Als eschatologisch oder jenseitig bezeichnet man schließlich ein wirkliches Ereignis und eine feststehende Tatsache, die jenseits aller Geschichte liegen. Der Himmel als die Existenzweise des ewigen Lohnes oder die Hölle als die Existenzweise der ewigen Strafe sind eschatologische Ereignisse und Tatsachen, für die freilich der Historiker nicht mehr zuständig ist, weil sie nur im Glauben erkannt und bekannt werden können.

Es muss also klar sein, dass der Tatsachen- und Ereignischarakter nicht auf das Historische eingeengt werden kann. Auf der anderen Seite ist es aber auch nicht sinnvoll, den Historiker zu bemühen, ein jenseitiges Ereignis historisch sicherzustellen. Auf die Frage, in welchem Sinn für den Gläubigen ein Zusammenhang zwischen eschatologischen Ereignissen und der Heilsgeschichte besteht, soll später eingegangen werden. Es ist selbstverständlich, dass für den Gläubigen ein unlösbarer Zusammenhang zwischen Tod und Auferstehung Christi besteht. Der Hinweis auf diesen heilsgeschichtlichen Zusammenhang ist ja eine der wichtigsten Aussagen der Leidens- und Ostergeschichten. Das ändert aber nichts daran, dass der Historiker aufgrund seiner Methode nur für die Feststellung des Leidens und des Todes zuständig ist.

Wenn wir nun diese Begrifflichkeit auf die Auferstehung Christi und auf alle damit zusammenhängenden Ereignisse übertragen, so kann Folgendes gesagt werden: Historisch ist der Osterglaube der Jünger, über dessen Entstehen, Sich-Ausbreiten, Wachsen und Verteidigen die Schriften des Neuen Testamentes ein vielfältiges Zeugnis ablegen. Da alle Schriften des Neuen Testamentes aus dem nachösterlichen Kerygma der Urgemeinde erwachsen sind, bezeugen sie insgesamt den Osterglauben schlechthin. Es ist heute exegetisch nicht mehr bestritten, dass die Macht dieses Osterglaubens so stark war, dass auch das Bild des vorösterlichen Jesus und vor allem auch die Darstellung des historisch feststellbaren Leidens von ihm geprägt sind. Im Lichte des Osterglaubens hat man über die Worte und Taten des historischen Jesus reflektiert. Der Einfluss des Ostererlebnisses auf die konkrete Gestalt der Evangelien war so stark, dass es im Einzelnen schwer ist, die sogenannte »ipsissima vox Christi« festzustellen. Insgesamt geht es um das Problem, das man mit dem Wort »Historischer Jesus – Kerygmatischer Christus« umschreibt.

Damit ist jedoch die entscheidende Frage noch nicht beantwortet, ob nämlich die Auferstehung Christi selbst ein historisches Ereignis ist. Selbstverständlich ist es niemandem verwehrt, die Auferstehung insofern ein historisches Ereignis zu nennen, als sie aufgrund

Antoni Tàpies, Ascensió de peus (Auferstehung der Füße), 1988

der Osterberichte einigermaßen historisch eingeordnet werden kann. Wenn wir aber auf das eigentliche Ereignis der Auferstehung selbst schauen, so wird es besser sein, dieses Ereignis nicht als ein historisches, sondern als ein eschatologischen Ereignis zu bezeichnen. Es ist nicht zu übersehen, dass an keiner Stelle des Neuen Testamentes das Ereignis der Auferstehung geschildert, sondern nur berichtet oder bekannt wird. Bedenken wir ferner, dass die Ostergeschichten eine immer größere Erweiterung und Ausschmückung erfahren haben, weil auf diese Weise theologisch bedeutsame Erkenntnisse zum Ausdruck gebracht wurden. Trotzdem erfolgt in den Evangelien nirgends auch nur annähernd eine bildhafte Beschreibung der Auferstehung selbst.

Josef Finkenzeller

1. Beschreiben Sie das Anliegen des Textes von Josef Finkenzeller.
2. Beurteilen Sie die Unterscheidung zwischen historisch, metahistorisch, eschatologisch.

Gibt es konkrete Erfahrungen, wie man dem Auferstandenen begegnen kann?

Wenn man Auferstehung als metahistorisches Ereignis betrachtet, stellt sich die Frage: Gibt es konkrete Erfahrungen, wie man dem Auferstandenen begegnen kann? Welche Erfahrungen stehen hinter den Ostergeschichten der Evangelien? Sind diese Erfahrungen für den modernen Menschen nachvollziehbar? Ist es so sicher, dass wir solche Erfahrungen nicht mehr machen? – Der Neutestamentler Gerhard Lohfink geht der Frage nach.

Als der französische Mathematiker und Naturwissenschaftler Blaise Pascal gestorben war, fand man eingenäht in eines seiner Kleidungsstücke ein sehr sorgfältig beschriebenes Stück Papier, das ihm offensichtlich sehr viel bedeutet und das er stets bei sich getragen hatte. Dieses *Memorial,* wie man es genannt hat, hält die Erfahrung eines ganz bestimmten Tages und einer ganz bestimmten Stunde im Leben Pascals fest: Es lautet:
»Das Jahr der Gnade 1654. Montag, 23. November, Tag des heiligen Clemens, des Papstes und Märtyrers,

und anderer im Martyrologium, Vigil des heiligen Chrysogonus, des Märtyrers, und anderer, von ungefähr zehneinhalb Uhr am Abend bis ungefähr eine halbe Stunde nach Mitternacht, Feuer. ›Gott Abrahams, Gott Isaaks, Gott Jakobs‹, nicht der Philosophen und Gelehrten. Gewissheit. Gewissheit. Empfindung. Freude. Friede. Gott Jesu Christi. *Deum meum et deum vestrum.* ›Dein Gott soll mein Gott sein.‹ Vergessen der Welt und aller Dinge, ausgenommen Gott. Er wird nur auf den Wegen gefunden, die im Evangelium gelehrt sind. Größe der menschlichen Seele. ›Gerechter Vater, die Welt hat dich nicht erkannt, aber ich habe dich erkannt.‹ Freude, Freude, Freude, Tränen der Freude. Ich habe mich von ihm getrennt: *Derelinquerunt me fontem aquae vivae.* ›Mein Gott, wirst du mich verlassen?‹ Möge ich nicht ewig von ihm getrennt werden. ›Dies ist das ewige Leben, dass sie Dich erkennen, den einzigen, wahren Gott, und den Du gesandt hast, Jesus Christus.‹ Jesus Christus. Ich habe mich von ihm getrennt; ich bin vor ihm geflohen, ich habe ihn verleugnet, gekreuzigt. Möge ich nie von ihm getrennt sein. Er wird nur auf den Wegen bewahrt, die im Evangelium gelehrt sind: Vollkommene, innige Entsagung. Vollkommene Unterwerfung unter Jesus Christus und unter meinen geistlichen Führer. Ewig in der Freude für einen Tag der Plage auf Erden. *Non obliviscar sermones tuos.* Amen.«

Dieses Memorial berichtet von einer wirklichen Erfahrung. Sie wird genau datiert. Der Naturwissenschaftler Pascal hat sie fast wie die Daten eines Experiments festgehalten. Die Erfahrung, die er gemacht hat, lässt sich mit der der Emmaus-Jünger vergleichen. Es handelt sich nicht um theologische Einsichten, die man jeden Tag haben kann, sondern um die erschütternde und alles verändernde *Erfahrung* einer ganz bestimmten Stunde, die man nie mehr vergisst. Es handelt sich aber auch nicht um eine allgemein menschliche Erfahrung, die jeder religiöse Mensch machen kann, sondern um eine spezifisch *christliche* Erfahrung, die ihre Vorgeschichte hat: nämlich die Glaubensgeschichte vieler Generationen. Pascal ist in einer ganz bestimmten Stunde Christus begegnet und in Christus dem Gott Abrahams, Isaaks und Jakobs. Diese Begegnung bewirkte tiefste Freude und zugleich Frieden.

Wir haben nicht das Recht, die Worte »Freude, Freude, Freude, Tränen der Freude« in irgendeiner Weise aufzulösen. In dieser Freude findet Pascal den Frieden. Einen Frieden, der das Leben neu ordnet, der es auf eine neue Ebene stellt, der es ganz klar und eindeutig macht. Pascal weiß plötzlich, dass er bisher von Christus getrennt war, obwohl er doch schon vorher geglaubt hatte. Er weiß, dass er Christus und in ihm Gott erst jetzt wirklich gefunden hat. Und in all dem tiefste Gewissheit. Pascal wiederholt dieses Wort zweimal. [...]

Verlassen wir an dieser Stelle das Memorial Pascals und stellen wir die letzte und entscheidende Frage: Gibt es für uns ähnliche Erfahrungen, wie sie Pascal an jenem Abend gemacht hat? Oder ist das alles eben doch singulär, absolute Ausnahme, nur bestimmten Menschen vorbehalten?

So wie es Pascal erlebt hat, ist es sicher unwiederholbar. Erfahrungen, die derart in die Geschichte eines ganz bestimmten Menschen eingebunden sind, können nie in der gleichen Weise wiederkehren. Das ist übrigens auch der Grund, warum sich die Ostererfahrungen der ersten Zeugen nicht mehr wiederholen. Sie setzen eine ganz bestimmte geschichtliche Situation voraus, die nicht mehr die unsere ist.

Und doch gibt es in den Ostererscheinungen, in der Erfahrung Pascals und in den Erfahrungen vieler Christen etwas Gemeinsames, das sich stets von neuem wiederholen kann: die Erfahrung, dass man plötzlich vor dem Gott Jesu Christi steht und ihm nicht mehr ausweichen kann; die Erfahrung, dass einem das Herz brennt; die Erfahrung einer Freude, die so tief ist, dass alle anderen Freuden dieser Welt verblassen; die Erfahrung tiefen Friedens und letzter Gewissheit. All diese Erfahrungen können sehr verschieden sein. Sie können uns überwältigen, sie können sich aber auch so leise im Herzen melden, dass wir sie übersehen. In irgendeiner Form jedoch kann jeder Christ sie machen. Man macht sie vor allem dann, wenn man bereit ist, Jesus nachzufolgen und sich von ihm führen zu lassen. Man macht sie dann, wenn man nur noch den Willen Gottes tun will und sonst nichts mehr. Man macht sie dann, wenn man mit seiner ganzen Existenz für die anderen Menschen da sein will. Wer Erfahrungen dieser Art einmal gemacht hat, kommt von ihnen nicht mehr los. Man kann sie zuschütten, man kann sie verdrängen, aber dann melden sie sich eines Tages von neuem. Man kann sie bei sich selbst in Frage stellen und man kann sich sehr wohl darüber im klaren sein, dass es im Raum dieser Erfahrungen keine Stelle gibt, die nicht mit den Mitteln der Psychologie sezierbar und hinterfragbar wäre. Und trotzdem weiß man, dass keine Psychologie die Erfahrung der Freude, der Gewissheit und der Sinnhaftigkeit, die man in der verborgenen Begegnung mit Jesus und mit Gott gemacht hat, je hinreichend erklären kann. Sowenig ein Kunstwerk auf der Ebene einer rein wissenschaftlichen Analyse *adäquat* verstanden werden kann, so wenig lassen sich religi-

Alfred Manessier,
Auferstehung, 1949

öse Erfahrungen mit den Mitteln der Psychologie *adäquat* verstehen.

Um es noch einmal ganz deutlich zu sagen: Es soll nicht behauptet werden, dass solche Erfahrungen, wie ich sie hier zu beschreiben suchte, mit den Ostererfahrungen der ersten Zeugen sachlich einfachhin identisch wären. Aber wer die beschriebenen Erfahrungen je gemacht hat, wird glauben können, dass damals, vor fast zweitausend Jahren, zwei Jünger auf einem ganz bestimmten Weg und zu einer ganz bestimmten Stunde erfuhren: Jesus lebt; er ist bei uns; er macht, dass unser Herz brennt; er schenkt uns seinen österlichen Frieden. Und er wird auch glauben, dass einmal die eine Stunde kommt, für die sämtliche Ostererfahrungen dieser Welt nur Vorspiel sind: die Stunde der letzten und endgültigen Begegnung, die Stunde der alles überströmenden Freude, in der wir endgültig erkennen und in der uns Jesus nicht mehr entschwindet. Dann wird es nie mehr Abend werden, und kein Tag wird sich dann mehr neigen. Die Freude des Mahles hat kein Ende.

Gerhard Lohfink

1. Skizzieren Sie den Gedankengang des Textes.
2. Erörtern Sie die Ausführungen Gerhard Lohfinks.

Begegnung mit dem auferstandenen Jesus – so oder anders: Strukturanalytische Annäherung an zwei exemplarische Erscheinungsgeschichten

Man muss zwischen den Zeilen lesen können, um eine schriftliche Mitteilung richtig zu verstehen. Denn der Verfasser und seine Absicht »verleiblichen« sich nie vollständig in einem Text. Aufschlüsse über die Absichten eines Verfassers gibt oft die Struktur seines Textes. Das soll an einem biblischen Beispiel erläutert werden. Lukas überliefert in seinem Doppelwerk – Evangelium und Apostelgeschichte – zwei Erzählungen, die sonst keine Parallelen im Neuen Testament haben, untereinander jedoch eng verbunden sind.

Text 1: Begegnung mit dem Auferstandenen – Die Perikope von den Emmaus-Jüngern Lk 24,13–35

13 Am gleichen Tag waren zwei von den Jüngern auf dem Weg in ein Dorf namens Emmaus, das sechzig Stadien von Jerusalem entfernt ist. 14 Sie sprachen miteinander über all das, was sich ereignet hatte. 15 Und während sie redeten und ihre Meinung austauschten, kam Jesus dazu und ging mit ihnen. 16 Doch sie waren mit Blindheit geschlagen, so dass sie ihn nicht erkannten. 17 Er fragte sie: Was sind das für Dinge, über die ihr auf dem Weg miteinander redet? Da blieben sie traurig stehen, 18 und der eine von ihnen, der Kleopas hieß, antwortete ihm: Bist du der Einzige in Jerusalem, der nicht gehört hat, was sich in diesen Tagen dort ereignete? 19 Er fragte sie: Was denn? Sie antworteten ihm: Das mit Jesus aus Nazaret; er war ein Prophet und hat vor Gott und allem Volk Großes getan und gesagt. 20 Doch unsere Hohenpriester und Führer haben ihn zum Tod verurteilt und ans Kreuz schlagen lassen. 21 Wir aber hofften, dass er es sei, der Israel retten werde. Und heute ist schon der dritte Tag, seit das geschehen ist. 22 Einige Frauen aus unserem Kreis haben uns allerdings in große Aufregung versetzt. Sie waren in der Frühe am Grab, 23 fanden aber seinen Leichnam nicht. Als sie zurückkamen, erzählten sie, ihnen seien Engel erschienen und hätten gesagt, dass er lebe. 24 Einige von uns gingen dann zum Grab und fanden es so, wie die Frauen gesagt hatten; ihn selbst aber sahen sie nicht.

25 Da sagte er zu ihnen: Begreift ihr denn nicht? Wie schwer fällt es euch, alles zu glauben, was die Propheten gesagt haben! 26 Musste nicht der Messias all das erleiden und so in seine Herrlichkeit eintreten? 27 Und Jesus legte ihnen dar, was in der ganzen Schrift über ihn geschrieben steht. 28 So erreichten sie das Dorf, zu dem sie unterwegs waren. Jesus tat, als wolle er weitergehen, 29 aber sie drängten ihn und sagten: Bleib bei uns; es wird bald Abend, der Tag hat sich schon geneigt. Da ging er mit hinein, um bei ihnen zu bleiben. 30 Und als er sich mit ihnen zum Essen niedergesetzt hatte, nahm er das Brot, sprach den Segen, brach es und gab es ihnen. 31 Da gingen ihnen die Augen auf, und sie erkannten ihn; doch auf einmal war er nicht mehr zu sehen. 32 Und sie sagten zueinander: Brannte nicht unser Herz, als er unterwegs mit uns redete und uns den Sinn der Schrift erklärte? 33 Noch in derselben Stunde brachen sie auf und kehrten nach Jerusalem zurück. Sie fanden die Elf und die anderen Jünger versammelt. 34 Diese sagten: Der Herr ist wirklich auferweckt worden und ist dem Simon erschienen. 35 Da erzählten auch sie, was sie unterwegs erlebt hatten und wie sie ihn erkannten, als er das Brot brach.

Text 2: Ein weiterer Zugang des Lukas – Die Taufe des Äthiopiers Apg 8,26–40

26 Ein Engel des Herrn sagte zu Philippus: Steh auf und zieh nach Süden auf der Straße, die von Jerusalem nach Gaza hinabführt; sie ist menschenleer. 27 Und er brach auf. Da war aber ein Äthiopier, ein Eunuch, Hofbeamter der Kandake, der Königin der Äthiopier, der ihren ganzen Schatz verwaltete. Dieser hatte eine Wallfahrt nach Jerusalem gemacht 28 und fuhr nun heimwärts. Er saß auf seinem Wagen und las den Propheten Jesaja. 29 Und der Geist sagte zu Philippus: Geh und schließ dich diesem Wagen an! 30 Philippus lief hin und hörte ihn den Propheten Jesaja lesen. Da sagte er: Verstehst du auch, was du liest? 31 Jener antwortete: Wie könnte ich es, wenn mich niemand anleitet? Und er bat den Philippus, einzusteigen und neben ihm Platz zu nehmen. 32 Der Abschnitt der Schrift, den er las, lautete:

Wie ein Schaf wurde er zum Schlachten geführt,
und wie ein Lamm vor seinem Scherer verstummt,
so tat er seinen Mund nicht auf.
33 In der Erniedrigung wurde sein Gericht aufgehoben;
seine Nachkommen, wer kann sie zählen?
Denn sein Leben wird fortgenommen von der Erde.

34 Der Eunuch wandte sich an Philippus und sagte: Ich bitte dich, von wem sagt der Prophet das? Von sich selbst oder von einem anderen? 35 Da begann Philippus zu reden, und ausgehend von diesem Schriftwort verkündete er ihm das Evangelium von Jesus. 36 Als sie nun weiterzogen, kamen sie zu einer Wasserstelle. Da sagte der Eunuch: Hier ist Wasser. Was hindert, dass ich getauft werde? 38 Er ließ den Wagen halten, und beide, Philippus und der Eunuch, stiegen in das Wasser hinab, und er taufte ihn. 39 Als sie aber aus dem Wasser stiegen, entführte der Geist des Herrn

Rudolf Hurzlmeier, Feierabend, 2003

den Philippus. Der Eunuch sah ihn nicht mehr, und er zog voll Freude weiter. 40 Den Philippus sah man in Aschdod wieder. Und er wanderte durch alle Städte und verkündete das Evangelium, bis er nach Cäsarea kam.

1.	Arbeiten Sie die Struktur der jeweiligen Texte heraus.
2.	Vergleichen Sie Ihr Ergebnis mit dem von Hildegard Gollinger.

Bei aller Unterschiedlichkeit fällt auf, dass die Struktur der beiden Erzählungen weitgehend übereinstimmt [...] Sie haben den Nachweis zum Inhalt, dass die Schrift zum Glauben an Jesus als den Messias führt. Im einen Fall ist dieses Motiv jedoch in eine Auferstehungsgeschichte, im andern Fall in eine Missionsgeschichte eingebettet. Ein weiterer Unterschied besteht darin, dass Jesus aus eigenem Wissen handelt, während bei Philippus ein dreimaliges übernatürliches Eingreifen nötig ist.
Vergleicht man Übereinstimmungen und Unterschiede beider Erzählungen sorgfältig miteinander, so zeigt sich, dass beide Geschichten völlig parallel verlaufen; alle Unterschiede sind auf die veränderte Situation zurückzuführen: Bei den Jüngern handelt es sich um die erste Generation von Christen, um Augenzeugen des Lebens Jesu, bei Philippus und dem Kämmerer dagegen um die zweite Generation, die nur durch das Zeugnis anderer zum Glauben kommen kann. Folgerichtig gipfelt die zweite Geschichte nicht in der persönlichen Gemeinschaft mit dem Auferstandenen, sondern in der Gemeinschaft mit den an ihn Glaubenden, vermittelt durch die Taufe. Diese strenge Unterscheidung zwischen den Augenzeugen und der späteren Generation kehrt bei Lukas immer wieder. Es geht jedoch um den gleichen Glauben an den gleichen Jesus und um den gleichen Glaubensprozess. Das schlägt sich bis in die Struktur der Erzählungen nieder.

Hildegard Gollinger

3.	Erörtern Sie, welche Hilfen zum Verstehen des Auferstehungsglaubens die Ausführungen von Hildegard Gollinger anbieten.

Grabeskirche Mönchengladbach

Zusammenfassende Überlegungen zur Auferstehung – Oder: Was sucht ihr den Lebendigen bei den Toten?

Die evangelische Theologin Renate Wind geht den Erzählungen vom Auferstandenen in den Evangelien nach und fragt nach ihrer Botschaft für uns heute.

Wie soll man sich die Auferstehung Jesu von den Toten vorstellen? Selbst in den biblischen Erzählungen ist von diesem Vorgang nirgends die Rede. Dort wird lediglich von dem leeren Grab berichtet, der Botschaft der Engel und den unterschiedlichen Begegnungen der Jüngerinnen und Jünger mit dem Auferstandenen.

Alle Evangelisten berichten zunächst, dass Jesus nicht im Grab geblieben sei. Aber sie machen auch deutlich, dass dies für die Frauen und Männer, die zum Grab kommen, keineswegs ein Beweis für die Totenauferweckung ist. Die befürchten vielmehr, dass der Leichnam Jesu gestohlen wurde. Das vermuten auch die Gegner der Jesusgemeinde, die in der Botschaft vom leeren Grab ein raffiniertes Täuschungsmanöver sehen.

Gesehenes und Geglaubtes wird zu einer Botschaft zusammengefasst.

So, wie die Geschichten erzählt wurden, können sie kaum wirklich geschehen sein. Sie fassen vielmehr Geschehenes und Geglaubtes zu einer Botschaft zusammen, die es zu erschließen gilt. Auffällig ist zunächst, dass in den ersten drei Evangelien ausschließlich Frauen als Zeuginnen der Kreuzigung, der Grablegung und der Auferstehungsbotschaft am leeren Grab erwähnt werden, während es von den Jüngern heißt, dass sie Jesus nach seiner Verhaftung verließen und flohen. Das deutet darauf hin, dass es Frauen waren, die die Jesusbewegung in ihrer größten Krise, nach der Verhaftung und Hinrichtung Jesu weitergeführt haben. Von den Frauen wird erzählt, dass sie am dritten Tag zum Grab gekommen seien, um den Leichnam zu salben, weil zuvor der Sabbat eingehalten werden musste – als hätte sich die Jesusbewegung je davon abhalten lassen, am Sabbat etwas Wichtiges zu tun!

Der erste Tag nach dem Sabbat: Beginn einer neuen Schöpfung.

Die Entdeckung der Auferweckung Jesu am ersten Tag nach dem Sabbat soll einen anderen Gedanken zum Ausdruck bringen: Mit dem Sabbat endete die erste Schöpfung Gottes. Der erste Tag nach dem Sabbat ist nun der Beginn der neuen Schöpfung, und der auferweckte Jesus ist der erste Mensch dieser neuen Schöpfung, der neue Adam, der Mensch, wie Gott ihn will.

Für die frühe Christenheit ist der Glaube an die Auferweckung Jesu verbunden mit der Vorstellung, dass Gott die erste, vielfach gefallene und gefährdete Schöpfung von Grund auf erneuern wird, und dass die mit Jesus verbundenen Menschen wie er verwandelte und erneuerte Geschöpfe sein werden. Diese vitale und lebensbejahende Botschaft verkünden auch die Gottesboten: »Was sucht ihr den Lebenden bei den Toten?«

Wo ist der lebende Jesus zu finden?

Wo aber ist der lebende Jesus zu finden? Die biblischen Texte geben darauf unterschiedliche Antworten. Bei Markus und Matthäus sollen die Jüngerinnen und Jünger Jesu nach Galiläa zurückkehren: Dort werden sie ihn sehen. Das ist nicht einfach eine Ortsangabe, sondern die Orientierung auf die Nachfolge des irdischen Jesus aus Nazaret, dessen Weg in Galiläa begann. Das bedeutet aber auch die Abkehr von Jerusalem, vom Zentrum der Macht und von der Vorstellung eines Messias auf dem Thron Davids. Die Umkehr zur Basis, zu den Wurzeln der Jesusbewegung in Galiläa, in die befreiende Praxis einer messianischen

Die »Schöpfung« von Michelangelo – passend für den Trauerfall?

Gemeinde ist die Voraussetzung dafür, dass der Auferstandene zu »sehen« sein wird im Leben und im Handeln seiner Nachfolgerinnen und Nachfolger.

Der Weg nach Emmaus

Letztlich laufen die Erscheinungsgeschichten bei Lukas und Johannes auf die gleiche Aussage hinaus, auch wenn diese Evangelisten Jerusalem als Ort der ersten Jesusgemeinde ansehen. Doch bei Lukas findet die entscheidende Begegnung mit dem Auferstandenen ohnehin unterwegs statt. Zwei Jünger begegnen einem Unbekannten auf dem Weg nach Emmaus; sie erkennen zunächst Jesus nicht in ihm. Spätestens hier wird deutlich, dass es den biblischen Erzählern nicht um die Darstellung einer wundersamen leiblichen Auferstehung geht, sondern um eine andere Art der Begegnung mit dem lebendigen Jesus. Der wird zunächst nicht einmal in der Unterweisung erkannt, in der der Fremde den beiden Jüngern den Sinn des Leidens und Sterbens Jesu darlegt. Erst als die Jünger den Fremden zum Bleiben einladen, weil er nicht allein und hungrig durch die Nacht gehen soll, erkennen sie beim Brotbrechen in ihm den auferstandenen Herrn. Die rechte Praxis wird zum entscheidenden Mittel der Erkenntnis. Der Ort der Begegnung mit dem lebendigen Jesus ist die Praxis seiner Gemeinde. Dort wird er im Herrenmahl gegenwärtig sein, im Teilen von Wein und Brot, im Teilen des Lebens mit dem Nächsten.

Jesus begegnet Maria von Magdala.

Ein ähnlicher Erkenntnisprozess vollzieht sich in der Geschichte von der Begegnung Jesu mit Maria von Magdala, die im Johannesevangelium erzählt wird. Auch dort erkennt Maria von Magdala den auferstandenen Jesus nicht sofort, sondern hält ihn für den Gärtner. Erst als er ihren Namen ausspricht, begegnet ihr in dem Fremden der lebendige Herr. Indirekt wird hier an die Zusage Gottes erinnert: »Ich habe dich bei deinem Namen gerufen, du bist mein!« und damit ist auch hier der Ort der Vergegenwärtigung Jesu in der Gemeinde deutlich bezeichnet. Die Taufe, mit der sich häufig eine neue, christliche Namensgebung verband, wird zur entscheidenden Begegnung mit dem unsichtbar anwesenden Herrn der christlichen Gemeinde, dem nun das eigene Leben anvertraut wird und unter dessen Herrschaft das Leben seiner Nachfolger stehen soll.

Lebendig in der Praxis der Nachfolge

Der Auferstandene ist lebendig und gegenwärtig im Leben und Handeln seiner Gemeinde. Ohne die Praxis der Nachfolge bliebe er für immer tot und begraben.

Renate Wind

f// Ein Blick in den Koran, das heilige Buch des Islam

Aus dem Koran, entstanden nach 600:

[11]Und so wird Gott sie vor dem Weh jenes Tages be-
wahren und wird ihnen Heiterkeit und Freude ertei-
len [12]und wird sie belohnen für all ihre Geduld in Wid-
rigkeit mit einem Garten (der Seligkeit) und mit
(Gewändern aus) Seide. [13]In jenem (Garten) werden
sie sich zurücklehnen auf Ruhebetten und werden da-
rin weder (brennende) Sonne noch strenge Kälte ken-
nen, [14]da seine (segensvollen) Schatten tief auf sie
herunterkommen werden, [14]und tief herabhängen
werden seine Büschel von Frucht, ganz leicht zu er-
reichen. [15]Und ihnen wird aufgewartet werden mit
Gefäßen aus Silber und Kelchen, die Kristall (zu) sein
(scheinen) [16]– kristallartig, (aber) aus Silber – deren
Maß sie allein bestimmen werden. [17]Und in jenem
(Paradies) wird ihnen von einem Becher zu trinken
gegeben werden, mit Geschmack von Ingwer verse-
hen, [18](entnommen aus) einer Quelle (die) darin (zu
finden ist), deren Name ist »Suche deinen Weg«. [19]Und
unsterbliche Jugendliche werden ihnen aufwarten:
wenn du sie siehst, würdest du sie für verstreute Per-
len halten; [20]und wenn du (irgendetwas, das) dort (ist)
siehst, wirst du (nur) Seligkeit und ein transzendentes
Reich sehen. [21]Auf jenen (Seligen) werden Gewänder
aus grüner Seide und Brokat sein; und sie werden ge-
schmückt sein mit Armreifen
aus Silber. Und ihr Erhalter
wird ihnen zu trinken geben
von einem reinsten Trank.
[22](Und ihnen wird gesagt wer-
den:) »Wahrlich, all dies ist eu-
er Lohn, da euer Bemühen (im
Leben Gottes) gefällige Annah-
me gefunden hat!«

Sure 76,11–22

1.	Beschreiben Sie, wie die 76. Sure das Jenseits schildert.
2.	Wie ist diese Sure zu verstehen? Erläutern Sie mögliche Interpretationen.

Grab eines muslimischen Soldaten der Fremdenlegion, der 1953 den Tod fand

7. Über Zeit und Ewigkeit

Wenn wir von den sogenannten »letzten Dingen« (wie Auferstehung oder Jüngstes Gericht usw.) reden, so stellen wir uns vor, dass hier die Zeit, wie wir sie aus unserer eigenen Geschichte und alltäglichen Zeiterfahrung kennen, an die Ewigkeit »angrenzt«. Aber diese Ewigkeit, an die die Geschichte angrenzt, wird dabei nicht einfach als neutrale »Zeitlosigkeit« verstanden, sondern sie hat den Charakter von Zukunft (die wir sonst immer nur als innergeschichtliche Zukunft kennen). Sie ist sozusagen »ewige Zukunft«. Wie kann nun Zeit in dieser Weise an Ewigkeit grenzen? Wie kann diese Grund-Kategorie »ewige Zukunft« überhaupt konzipiert werden? [...]

Hier müsste sich nun das theologische Nachdenken mit einer philosophischen Besinnung über das Wesen der Zeit verbinden. Zunächst müssen Vorurteile und landläufige Begriffe überwunden werden. Wir müssen uns an das Phänomen »Zeit« halten, wie wir es tatsächlich erfahren. Dieses ist weder »zyklisch« noch »linear«, noch »punktuell«. Was wissen wir von einem »zyklischen Zeitverständnis«, wie es angeblich die Zeiterfahrung des »mythisch denkenden Menschen« gewesen ist? Einem Zeitverständnis, bei dem sich der Weltprozess in einem ständigen Kreislauf befindet? Wie könnte man eine solche Zeiterfahrung, die man selber nicht macht (in deren Inneres man keinen Einblick hat), zur Grundlage eines philosophischen Gedankens machen? Die Zeit ist aber, entgegen dem ersten Anschein, auch nicht »linear«. Ein solches Zeitverständnis scheitert an unseren elementarsten Erfahrungen. Denn wenn man einen »linearen« Zeitbegriff konsequent zu Ende denkt, so ist jeder Augenblick im nächsten Augenblick schon wieder vergangen; im nächsten Augenblick ist er ins Nichts gesunken. Der nächstfolgende Augenblick dagegen ist noch nicht da und ist damit seinerseits noch ein Nichts. Wenn ich aber nur schon einen Satz spreche, so ist dabei der Anfang des Satzes schon vergangen, und das Ende des Satzes steht noch aus, und dennoch sind beide, das Vergangene und das noch Ausstehende, keineswegs ein Nichts, sondern sie sind jetzt gegenwärtig; denn sonst hätte es überhaupt keinen Sinn, dass ich weiterspreche. – Schließlich ist auch ein »punktueller« Zeitbegriff, der das Jetzt einer geschichtlichen Entscheidung betont und dies als das wahrhaft Zeitliche versteht, noch ungenügend, denn dadurch würde die Zeit verkürzt. Das Vergangene und das Künftige, die doch für jede geschichtliche Ent-

René Magritte, Die unsichtbare Welt, 1953/1954

»Jetzt schauen wir in einen Spiegel und sehen nur rätselhafte Umrisse; dann aber schauen wir von Angesicht zu Angesicht: Jetzt erkenne ich unvollkommen, dann aber werde ich durch und durch erkennen, so wie ich auch durch und durch erkannt worden bin.« (1 Kor 13,12)

scheidung der Existenz ausschlaggebend sind, würden nicht hinreichend denkerisch zur Geltung gebracht.

Vielmehr haben wir es stets mit einem »Ineinander«, einer »Durchdringung« des Gewesenen, des Anwesenden und des Künftigen zu tun. Keine dieser drei »Zeitdimensionen« würde etwas bedeuten ohne die beiden anderen. In der Gegenwart spiegeln sich stets die Vergangenheit und die Zukunft. – Nun muss aber zu dieser philosophischen Deutung der Zeit aus unserer alltäglichen geschichtlichen Zeiterfahrung in der theologischen Besinnung ein weiteres Moment hinzutreten. Jeder Moment der so verstandenen Zeit ist mit Gott, mit dem Anspruch des zu-kommenden (insofern primär künftigen und dadurch auch Vergangenheit und Gegenwart dominierenden) Gottes konfrontiert. Ausgehend davon, dass in unserer Zeit mit ihrem charakteristischen Ineinanderspielen von Vergangenheit, Gegenwart und Zukunft Gott selbst mit seinem Anspruch und seiner Ankunft gegenwärtig ist, können wir vielleicht dereinst den Begriff der »ewigen Zukunft«, als die eschatologische Grundkategorie besser denken. Und damit würden wir auch besser verstehen, was ein »Angrenzen« der Zeit an die Ewigkeit als ihre Zukunft bedeutet. Gerade an einem derartigen Problem wird uns nun aber anschaulich, wie das theologische Denken, das Denken überhaupt, ein Unterwegssein ist.

Heinrich Ott

KOMPETENZEN

Am Ende dieses Kapitels sollten Sie Fortschritte beim Erwerb folgender Fähigkeiten erworben haben:

Wahrnehmungs- und Darstellungsfähigkeit – religiös bedeutsame Phänomene wahrnehmen und beschreiben:	• mit dem Altern verbundene leidvolle Situationen erfassen, in denen letzte Fragen nach Grund, Sinn, Ziel und Verantwortung des Lebens aufbrechen • religiöse Spuren und Dimensionen in der Lebenswelt aufdecken, etwa bei der Bewältigung von Leid und Freude • Lebensläufe und Sterbeprozesse beschreiben • zentrale unterschiedliche säkulare und religiöse Vorstellungen vom Tod und einem Weiterleben nach dem Tod sowie ihre Voraussetzungen und Unterschiede beschreiben • grundlegende religiöse Ausdrucksformen (Symbole, Riten, Mythen, Räume, Zeiten) wahrnehmen und in verschiedenen Kontexten wiedererkennen und einordnen
Deutungsfähigkeit – religiös bedeutsame Sprache und Zeugnisse verstehen und deuten:	• im Sprechen über Alter und Sterben religiöse Motive und Elemente identifizieren, • neurobiologische, atheistische, buddhistische, jüdische, christliche und muslimische Zugänge zur Frage nach dem Jenseits analysieren und erläutern • religiöse Sprachformen analysieren und als Ausdruck existenzieller Erfahrungen verstehen • ästhetisch-künstlerische und mediale Ausdrucksformen identifizieren und ihre Bedeutung und Funktion erklären (Beispiele: biographische und literarische Texte, Bilder, Musik, Werbung, Filme) • biblische Texte, die für den christlichen Glauben grundlegend sind, methodisch reflektiert mit den Mitteln historisch-kritischer Forschung auslegen, etwa anhand der Perikope von den Emmaus-Jüngern • Leiderfahrungen und Lebenskrisen als Bewährungsproben für den Glauben an Gott erfassen • die neutestamentliche Hoffnungsstruktur des Glaubens identifizieren und biblische Hoffnungsbilder erläutern • Deutungen von Auferstehung/Auferweckung identifizieren • begründen, warum biblische Hoffnungsbilder die Wahrnehmung der gegenwärtigen Welt verändern • Glaubenszeugnisse in Beziehung zum eigenen Leben und zur gesellschaftlichen Wirklichkeit setzen.
Urteilsfähigkeit – in religiösen und ethischen Fragen begründet urteilen:	• deskriptive und normative Aussagen unterscheiden • bei Begriffen wie »Tod« zwischen einem symbolischen Verständnis und der Bezeichnung eines biologischen Prozesses differenzieren • Altern in der Spannung von Offenheit und Enge beschreiben und bewerten • die Frage nach der Planbarkeit bzw. dem nicht planbaren Zukommen stellen und als praktisch zu bewältigende Frage nach dem Verhältnis von Schicksalsannahme und Gestaltungsmöglichkeit identifizieren • eine Lebensplananalyse unter Berücksichtigung der im Lebenslauf auftretenden Sinnfrage bewerten • Formen theologischer Argumentation, etwa aufgrund tiefenpsychologischer und historisch-kritischer Methoden gewonnener Positionen, vergleichen und bewerten • Gemeinsamkeiten von Konfessionen, Religionen und Weltanschauungen, Organisationen usw. sowie deren Unterschiede erklären und kriteriengeleitet bewerten • die Schriftauslegung als Modell ethischer Urteilsbildung kritisch beurteilen und beispielhaft anwenden • Leben aus der Sicht eines erfahrenen Menschen als zumeist gebrochenes und nur partiell gelungenes bewerten • das Wort vom »Tod inmitten des Lebens« erläutern und erörtern
Dialogfähigkeit – am religiösen Dialog argumentierend teilnehmen:	• die Perspektive eines anderen einnehmen und in Bezug zum eigenen Standpunkt setzen, etwa bzgl. der Zukunfts- und Jenseitsvorstellungen anderer Religionen (vor allem »Reinkarnation«) zu den christlichen in Beziehung setzen • Gemeinsamkeiten von religiösen und weltanschaulichen Überzeugungen sowie Unterschiede benennen und im Blick auf mögliche Dialogpartner kommunizieren, etwa mit neurobiologischen, atheistischen, buddhistischen, jüdischen, christlichen und muslimischen Zugängen zur Jenseitsthematik umgehen • sich aus der Perspektive des christlichen Glaubens mit anderen religiösen und weltanschaulichen Überzeugungen argumentativ auseinandersetzen, dabei etwa Konsequenzen der christlichen Hoffnung für das individuelle Lebensgefühl, das Lebenskonzept und das alltägliche Handeln von Christen aufzeigen • Kriterien für eine konstruktive Begegnung, die von Verständigung, Respekt und Anerkennung von Differenz geprägt ist, in dialogischen Situationen berücksichtigen.
Gestaltungsfähigkeit – religiös bedeutsame Ausdrucks- und Gestaltungsformen verwenden:	• typische Sprachformen der Bibel theologisch reflektiert transformieren oder literarische Transformationen identifizieren • Aspekten des christlichen Glaubens in textbezogenen Formen Ausdruck verleihen • Ausdrucksformen des christlichen Glaubens erproben und ihren Gebrauch reflektieren • religiöse Symbole der Alltagskultur kriterienbewusst (um-) gestalten • religiös relevante Inhalte und Positionen medial und adressatenbezogen präsentieren

III. Apokalypse – Vom Ende der Welt und der Zeit

Der Gedanke an die Zukunft bereitet vielen Zeitgenossen Angst. Krisen- und Katastrophenerwartungen bestimmen ihr Seelenleben. Und man fürchtet das Hereinbrechen apokalytischer Zustände. Auch in der Antike waren solche Empfindungen verbreitet, wie wir aus den Schriften der Apokalyptik wissen. Die Schriften wiesen den Weg, die glaubende Existenz ganz auf den universal handelnden Gott zu setzen. – Apokalyptik kommt vom griechischen Wort *apokalyptein* = aufdecken. Man spricht vom Zeitalter der Apokalyptik (2. Jh. v. Chr. bis 1. Jh. n. Chr.) oder auch von der Literaturgattung der apokalyptischen Schriften. Beides gehört zusammen: Um die Zeitenwende (genauer seit etwa 180 v. Chr.) herrschte im Orient vor allem auf Grund politisch-religiöser Entwicklungen ein Endzeitgefühl vor, das das Ende der Welt durch Gottes richterliches Eingreifen in unmittelbarer Zukunft erwartete. Literarisch hat sich dieses Denken im Alten Testament vor allem im Buch Daniel bzw. Teilen von Jes niedergeschlagen, christliche Apokalypsen liegen in der Johannesoffenbarung des Neuen Testaments, in Mk 13 (vgl. Mt 24; Lk 21), aber auch in Paulusbriefen (vgl. z. B. 1 Thess 4,13–5,6) vor. Außerhalb der Bibel gibt es eine Fülle von jüdischen Schriften, die der Gattung der Apokalyptik zuzuordnen sind und die das Denken jener »zwischentestamentlichen« Zeit (also der Zeit zwischen AT und NT) widerspiegeln. Grundlegend für apokalyptisches Denken ist die Vorstellung von zwei Weltzeiten, den »zwei Äonen« (Äon: von griech. *aion*). Dieser Äon ist der von den bösen Mächten geplagte, dem der künftige heilvolle Äon gegenübersteht. Beide Äonen sind voneinander scharf getrennt: Der »neue Himmel« und die »neue Erde« lösen die todverfallene Jetztzeit ab, und das geschieht in unmittelbarer Zukunft; Gott wird die Qual der Gegenwart beenden und die universale Heilszeit heraufführen. Dieses Geschehen wird in Bildern beschrieben und in Zahlenspekulationen angedeutet, die uns fremd sind und deshalb entschlüsselt und »übersetzt« werden müssen. Die Apokalyptiker sind aber nicht primär an realen Beschreibungen der Zukunft des Kosmos als solcher interessiert, sondern vor allem an dem Nachweis, dass das von ihnen beabsichtigte Durchhalten in der Zeit der Bedrängnis Früchte trägt, also der gegenwärtigen bedrückenden Erfahrung und Entfremdung ein ungetrübtes Neusein im kommenden Äon folgt.

Auch die Botschaft Jesu ist von diesem Denken her zu verstehen, hat es aber beträchtlich verändert, indem Jesus Zeichen dafür setzte, dass diese Welt und der Mensch dieses Äons nicht verloren, sondern heilbar sind und für die anbrechende Herrschaft Gottes sensibilisiert werden können. Für Jesus ist die Geschichte nicht zwangsläufig auf das katastrophale Unheil zulaufende Geschichte, sondern prinzipiell Heils-Geschichte. Dem dienen seine Machttaten (z. B. Dämonenaustreibungen) und seine Zuwendung zu den Randgruppen (z. B. der Heilsruf an die Armen).

Von überzeitlicher Bedeutung ist vor allem der Gedanke der konkreten Utopie in der Apokalyptik, die alles Bestehende relativiert und in der Hoffnung auf Überwindung jedweder Selbstentfremdung des Menschen auf Gott setzt. Die Abwertung der Geschichte als Unheilsgeschichte wird man dagegen vom christlichen Standpunkt aus nicht teilen können (vgl. das alternative Verhalten der Propheten).

Man wird die Tragweite dieses jüdisch-christlichen Zukunftsdenkens kaum überschätzen können. Von ihm ist unser Denken maßgeblich beeinflusst, reicht es doch in Bereiche von Politik und Gesellschaft hinein und begründet letztlich den individuellen und gesellschaftlichen Einsatz für eine bessere Welt.

Das Kapitel setzt bei heutigen Stimmungslagen an, die sich in literarischen Bestsellern niederschlagen. Zu ihnen gehört der Roman von Tim LaHaye/Jerry B. Jenkins über die letzten Tage der Erde (1), der zum Einstieg in die Thematik motivieren kann. Es folgen Erläuterungen von Jürgen Moltmann (2) sowie Harry Kuitert (3), die helfen, den Interpretationsrahmen ideengeschichtlich und theologisch aufzuarbeiten.

Ein Blick auf die Sterne: Gibt es nur unseren Kosmos oder viele Weltensysteme? Welche Zukunft steht unserer Welt als ganzer bevor? – Was sagt die Wissenschaft? Was sagt der Glaube? Können Glaube und Naturwissenschaft bei solchen Fragen in Konflikt geraten?

Neutestamentliche Aspekte zum Verständnis der Gerichtspredigt Jesu durch Thomas Söding (4) ermöglichen eine moderne Deutung apokalyptischen Denkens und Empfindens. Den Zusammenhang von Politik und Religion in diesem Kontext erläutert wiederum Jürgen Moltmann (5). Abschließend fasst Anton Vögtle zusammen, wie biblisches Denken und naturwissenschaftliche Zugänge zur Frage der Zukunft in Einklang miteinander gebracht werden können.

1. Die letzten Tage der Erde – Eine literarische Annäherung

Über dem Gewitter

Cameron Williams war aufgewacht, als die alte Frau direkt vor ihm nach dem Piloten gerufen hatte. Der Pilot hatte sie mit einem Blick auf Buck zum Schweigen gebracht. Buck fuhr sich mit den Fingern durch sein blondes Haar und zwang sich zu einem Lächeln.
»Gibt es Schwierigkeiten, Ma'am?«
»Es geht um meinen Harold«, sagte sie.
Als sie an Bord gegangen waren, hatte Buck dem alten Mann geholfen, sein Jackett und seinen Hut in die Gepäckablage zu legen. Harold war ein kleiner Mann mit braunen Hosen und einem braunen Pullover über seinem Hemd mit der Krawatte. Sein Haar lichtete sich bereits, und Buck nahm an, dass er, wenn die Klimaanlage eingeschaltet wurde, bestimmt seinen Hut wiederhaben wollte.
»Braucht er etwas?«
»Er ist fort!«
»Wie bitte?«
»Er ist verschwunden!«
»Ich bin sicher, er ist nur eben mal zur Toilette gegangen, während Sie geschlafen haben.«
»Würden Sie bitte einmal nachsehen? Und nehmen Sie eine Decke mit.«
»Wie bitte?«
»Ich fürchte, er ist nackt. Er ist so religiös, und er wäre schrecklich verlegen.«
Buck unterdrückte ein Lächeln, als er den verängstigten Gesichtsausdruck der Frau bemerkte. Er stieg über den schlafenden Passagier neben sich hinweg, der den kostenlosen Getränken zu stark zugesprochen hatte, und nahm die Decke von der alten Frau entgegen. Tatsächlich, Harolds Kleider lagen fein säuberlich auf seinem Sitz, seine Brille und sein Hörgerät obenauf. Die Hosenbeine hingen über den Sitz, darunter standen seine Schuhe mit seinen Socken. Seltsam, dachte Buck. Warum so ordentlich? Er erinnerte sich

an einen Freund in der High School, der unter einer bestimmten Form von Epilepsie litt. Manchmal hatte er einen Blackout, obwohl er nach außen ganz normal wirkte. Dann zog er sich in der Öffentlichkeit die Schuhe und Strümpfe aus oder kam mit offenen Kleidern aus einem Waschraum.

»Leidet Ihr Mann unter Epilepsie?« »Nein.«

»Schlafwandelt er?« »Nein.«

»Ich komme sofort zurück.«

Die Toiletten der ersten Klasse waren nicht besetzt, doch als Buck zu den Treppen ging, standen einige Passagiere im Gang. »Entschuldigen Sie«, sagte er, »ich suche jemanden.«

»Wer nicht?«, erwiderte eine Frau.

Buck drängte sich an den Leuten vorbei und stellte fest, dass sich vor den Toiletten der Business und Economy Class Schlangen gebildet hatten. Wortlos stürmte der Pilot an ihm vorbei. Die Chefstewardess kam auf ihn zu. »Sir, ich muss Sie bitten, auf Ihren Platz zurückzukehren und sich anzuschnallen.«

»Ich suche –«

»Alle suchen jemanden«, sagte sie. »Wir hoffen, Ihnen in wenigen Minuten mehr sagen zu können. Gehen Sie jetzt bitte zu Ihrem Platz zurück.« Sie führte ihn zu der Treppe zurück, dann rannte sie zwei Stufen auf einmal nehmend hinauf.

Auf halber Treppe drehte Buck sich um und betrachtete das Bild, das sich ihm bot. Es war mitten in der Nacht, um Himmels willen, und als das Kabinenlicht eingeschaltet wurde, erschauerte er. Im ganzen Flugzeug hielten Leute Kleidungsstücke hoch und schrien, dass jemand nicht mehr da sei.

Irgendwie wusste er, dass dies kein Traum war, und er empfand denselben Schrecken wie damals vor einem Jahr, als er in Israel auf seinen Tod gewartet hatte. Was sollte er Harolds Frau sagen? Sie sind nicht die Einzige? Viele andere Leute haben ihre Kleider auf ihren Sitzen zurückgelassen?

Während er zu seinem Platz zurückeilte, durchforstete er sein Gedächtnis nach irgendetwas, das er vielleicht einmal gelesen, gesehen oder gehört hatte von einer Technologie, die Menschen aus ihren Kleidern holen und aus einer entschieden sicheren Umgebung verschwinden lassen konnte. Saßen die Initiatoren dieser Katastrophe vielleicht im Flugzeug? Würden sie irgendwelche Forderungen stellen? Würden noch mehr Menschen verschwinden? Würde auch er Opfer sein? Wo würde er sich wiederfinden?

Furcht schien die ganze Kabine zu durchdringen, als er wieder über seinen schlafenden Sitznachbarn hinwegstieg. Er lehnte sich über den vorderen Sitz. »Offensichtlich fehlen eine Reihe von Menschen«, erklärte er der alten Frau. Sie blickte ihn verwirrt und ängstlich an. Auch Buck empfand Furcht.

Er setzte sich wieder auf seinen Platz. Der Kapitän sprach über Bordlautsprecher zu den Passagieren. Nachdem er sie aufgefordert hatte, sich auf ihre Plätze zu begeben, erklärte er: »Ich bitte die Stewardessen, die Toiletten zu überprüfen, um sicherzugehen, dass alle Passagiere erfasst werden können. Die Stewardessen werden Ihnen dann Einreiseformulare aushändigen. Wenn jemand, den Sie kennen, fehlt, so möchte ich Sie bitten, dieses Formular auf seinen Namen auszufüllen und alles anzugeben, was Sie von ihm wissen, vom Geburtsdatum bis zu einer Personenbeschreibung.

Ich bin sicher, Ihnen allen ist klar, dass wir uns in einer sehr schwierigen Situation befinden. Mit Hilfe der Formulare können wir feststellen, wer fehlt, und ich habe etwas in der Hand, das ich den Behörden übergeben kann. Mein Erster Offizier, Mr. Smith, wird nun durch die Reihen gehen und die leeren Plätze zählen. Ich werde versuchen, Kontakt zur Pan-Continental Fluggesellschaft aufzunehmen. Ich muss Ihnen jedoch sagen, dass es aufgrund unserer gegenwärtigen Position sehr schwierig sein wird, mit dem Bodenpersonal zu sprechen. Zwar gibt es Satelliten, doch wir befinden uns über einem ziemlich abgelegenen Gebiet. Sobald ich etwas weiß, werde ich es Ihnen mitteilen. In der Zwischenzeit wäre ich Ihnen sehr dankbar, wenn Sie Ruhe bewahren und unseren Anweisungen folgen würden.«

Buck beobachtete, wie der Erste Offizier ohne Mütze und mit hochrotem Kopf aus dem Cockpit stürmte. Er eilte einen Gang hinunter, einen zweiten hinauf und ließ seinen Blick über die Sitze gleiten, während die Stewardessen die Formulare austeilten.

Bucks Sitznachbar erwachte, als eine Stewardess ihn fragte, ob jemand aus seiner Reisegruppe fehle. »Ob jemand fehlt? Nein. Außerdem reise ich allein.« Er rollte sich wieder zusammen und schlief ein.

Der erste Offizier war nur wenige Minuten fort, als Rayford seinen Schlüssel in der Cockpittür hörte. Die Tür flog auf. Christopher ließ sich auf seinen Sitz fallen, ignorierte den Gurt und barg den Kopf in seinen Händen.

»Was ist hier los, Ray?«, fragte er. »Uns fehlen mehr als einhundert Leute. Nur ihre Kleider sind noch da.«

»So viele?«

»Ja, meinst du, es wäre besser, wenn wir nur fünfzig wären? Wie um alles in der Welt sollen wir erklären, dass wir mit weniger Passagieren landen als wir gestartet sind?«

Rayford schüttelte den Kopf. Er beschäftigte sich noch

immer mit dem Funkgerät und versuchte, Kontakt zu bekommen, mit irgendjemandem, in Grönland, auf einer Insel oder sonst wo. Doch sie waren zu weit entfernt, um eine Funkstation zu erreichen. Schließlich gelang es ihm, den Funkkontakt zu einer Concorde herzustellen, die mehrere Meilen entfernt in die andere Richtung flog. Mit einem Kopfnicken forderte er Christopher auf, seine Kopfhörer aufzusetzen.

»Haben Sie genügend Treibstoff, um in die Staaten zurückzukehren, over?«, fragte der Pilot Rayford.

Er blickte Christopher an, der nickte und flüsterte: »Wir haben die Hälfte der Strecke zurückgelegt.«

»Ich könnte es bis zum Kennedy Airport schaffen«, erwiderte Rayford.

»Vergessen Sie's«, kam die Antwort. »In New York geht nichts mehr. Zwei Landebahnen in Chicago sind noch offen. Das ist unser Ziel.«

»Wir kommen aus Chicago. Kann ich nicht in Heathrow landen?«

»Negativ. Geschlossen.«

»Paris?«

»Mann, Sie müssen zu dem Ort zurück, von wo aus Sie gestartet sind. Wir haben Paris vor einer Stunde verlassen. Wir erfuhren, was passiert war, und bekamen Order, direkt nach Chicago zu fliegen.«

»Was ist denn passiert, Concorde?«

»Wenn Sie das nicht wissen, warum haben Sie dann ›Mayday‹ gesendet?«

»Ich habe eine Situation an Bord, über die ich nicht sprechen möchte.«

»Hey, Freund, das ist in der ganzen Welt so, verstehen Sie?«

»Negativ, ich verstehe nicht«, erwiderte Rayford. »Sagen Sie es mir.«

»Ihnen fehlen Passagiere, nicht?«

»Roger. Mehr als einhundert.«

»Wow! Uns fehlen fast fünzig.«

»Wie gehen Sie damit um, Concorde?«

»Zuerst dachte ich, es sei eine Art Selbstentzündung, doch dann hätte man Rauch schon müssen, Überreste. Diese Menschen sind einfach verschwunden. Ich muss an die Serie ›Raumschiff Enterprise‹ denken, wo Menschen dematerialisiert und rematerialisiert, von einem Ort zum anderen gebeamt wurden.«

»Ich wünschte wirklich von Herzen, ich könnte meinen Leuten sagen, ihre Lieben würden genauso schnell und unversehrt zurückkommen, wie sie verschwunden sind«, meinte Rayford.

»Das ist nicht das Schlimmste, Pan Heavy. Überall sind Leute verschwunden. Orly hat Fluglotsen und Bodenpersonal verloren. In einigen Flugzeugen ist ein Teil der Crew verschwunden. Da, wo zum Zeitpunkt des Verschwindens Tag war, gab es Massenkarambolagen, Chaos überall. Unzählige Flugzeugabstürze.«

»Dann ist das also ein weltweites Phänomen?«

»Es passierte überall zugleich, vor einer knappen Stunde.«

»Und ich dachte, es sei nur in diesem Flugzeug passiert. Gas oder irgendeine Fehlfunktion.«

»Dass es nur hier und da jemanden betrifft, meinen Sie, over?«

Rayford spürte den Sarkasmus.

»Ich verstehe, was Sie meinen, Concorde. Muss zugeben, so etwas hatten wir noch nie.«

»Und möchten wir auch nicht noch einmal erleben. Ich sage mir immer wieder, dass es nur ein schlechter Taum ist.«

»Ein Albtraum, over.«

»Roger, aber das ist es nicht, nicht wahr?«

»Was werden Sie Ihren Passagieren mitteilen, Concorde?«

»Keine Ahnung. Sie, over?«

»Die Wahrheit.«

»Kann nicht schaden. Aber was ist die Wahrheit? Was wissen wir denn?«

»Überhaupt nichts.«

»Da haben Sie Recht, Pan Heavy. Wissen Sie eigentlich, was einige Leute sagen, over?«

»Roger«, erwiderte Rayford. »Es ist besser, dass diese Leute in den Himmel gegangen sind, als dass irgendeiner dies mit irgendwelchen seltsamen Strahlen angerichtet hat.«

»Wir haben erfahren, dass jedes Land betroffen ist. Wir sehen uns in Chicago.«

»Roger.«

Rayford Steele blickte Christopher an, der einen neuen Kurs eingab, um die Maschine in einer großen Kurve zu wenden und in die Staaten zurückzufliegen.

»Meine Damen und Herren«, sagte Rayford über den Bordlautsprecher, »da wir nicht in der Lage sind, in Europa zu landen, fliegen wir nach Chicago zurück. Wir haben fast genau die Hälfte der Flugstrecke zu unserem ursprünglichen Ziel zurückgelegt, so dass es keine Treibstoffprobleme geben wird. Ich hoffe, dass Sie das ein wenig beruhigt. Ich werde Sie wissen lassen, wenn Sie Ihre Telefone wieder benutzen können. Bis dahin tun Sie sich selbst einen Gefallen, wenn Sie es gar nicht erst versuchen.«

Tim LaHaye/Jerry B. Jenkins

1.	Beschreiben Sie das im Textauszug enthaltene Endzeitszenario.
2.	Entwerfen Sie den weiteren Fortgang des Romans.

3. Setzen Sie sich damit auseinander, wie das Endzeitszenario in folgender Passage in biblische Bezüge gestellt wird.

Rayford Steele lag auf dem Rücken und starrte an die Decke. Er hatte nur schlecht und mit Unterbrechungen geschlafen, und er fühlte sich benommen. Er wollte keine Nachrichten sehen. Er wollte die Zeitung nicht lesen. Mittlerweile würde wohl die neuste Ausgabe vor der Haustür liegen. Er wünschte sich, dass Chloe endlich nach Hause käme, damit sie gemeinsam trauern könnten. Es gab nichts Einsameres, stellte er fest, als die Trauer.

Er und seine Tochter würden Arbeit vor sich haben. Er wollte nachforschen, lernen, wissen, handeln. Er begann damit, dass er nach einer Bibel suchte, nicht der Familienbibel, die seit Jahren verstaubt im Regal stand. Er suchte Irenes Bibel. Sie würde Notizen gemacht haben, und vielleicht fand er etwas, das ihm den richtigen Weg zeigen würde.

Sie war nicht schwer zu finden. Gewöhnlich lag sie in Reichweite ihres Bettes. Er fand sie auf dem Boden neben dem Bett. Würde er einen Hinweis bekommen? Irgendetwas, das auf die Entrückung oder das Gericht oder so hindeutete? Wenn nicht, würde er vielleicht am Ende anfangen. Wenn Genesis »Anfang« bedeutete, hatte die Offenbarung vielleicht etwas mit dem Ende zu tun, auch wenn das Wort nicht so übersetzt wurde. Der einzige Bibelvers, den Rayford auswendig aufsagen konnte, war Genesis 1,1: »Im Anfang schuf Gott Himmel und Erde.« Er hoffte, dass es einen ähnlichen Vers am Ende der Bibel geben würde, der etwa folgendermaßen lauten würde: »Am Ende holte Gott sein Volk in den Himmel. Allen anderen gab er noch eine Chance.«

Aber da hatte er kein Glück. Der letzte Vers der Bibel sagte ihm nichts. Dort hieß es: »Die Gnade des Herrn Jesus sei mit allen!« Das hörte sich genauso an wie das ganze religiöse Geschwätz, das er im Gottesdienst gehört hatte. Er las den Vers davor: »Er, der dies bezeugt, spricht: »Ja, ich komme bald – Amen. Komm, Herr Jesus.«

Jetzt kam er der Sache schon näher. Wer war das denn, der »dies« bezeugte, und was war »dies«? Die zitierten Worte waren rot gedruckt. Was bedeutete das? Er blätterte die Bibel durch und entdeckte auf dem Einband: »Worte Christi in rot.« Jesus hatte also gesagt, dass er bald kommen würde. War er gekommen? Und wenn die Bibel so alt war, wie es den Anschein hatte, was bedeutete dieses »bald«? Vielleicht hatte es eine andere Bedeutung, denn »bald« war es ja nicht, es sei denn aus der Sicht eines Menschen mit einem großen Überblick über die Geschichte. Vielleicht meinte Jesus, dass sein Kommen schnell geschehen würde. Ging es darum? Rayford las das letzte Kapitel als Ganzes durch. Noch drei andere Verse waren rot gedruckt, und zwei davon sprachen ebenfalls von einem baldigen Kommen.

Rayford konnte den Text dieses Kapitels nicht verstehen. Er schien ihm alt und formell. Doch gegen Ende des Kapitels fiel ihm ein Vers ins Auge, der eine große Wirkung auf ihn hatte. Ohne seine Bedeutung verstehen zu können, las er: »Wer durstig ist, der komme. Wer will, empfange umsonst das Wasser des Lebens.« Jesus war bestimmt nicht der Durstige. Er war bestimmt nicht derjenige, der das Wasser des Lebens nehmen wollte. Rayford nahm an, dass damit der Leser gemeint war. Ihm kam der Gedanke, dass er durstig war, sehr durstig. Aber was war das »Wasser des Lebens«? Er hatte bereits einen schrecklichen Preis dafür bezahlt, dass er es nicht angenommen hatte. Was immer es war, es stand schon seit Hunderten von Jahren in diesem Buch.

Rayford blätterte die Bibel durch, las einige Passagen, doch keine war ihm verständlich. Sie entmutigten ihn, weil sie sich nicht aufeinander bezogen, keine einheitliche Richtung zu haben schienen. Die Sprache war ihm fremd.

Hier und da hatte Irene sich Notizen an den Rand gemacht. Manchmal hatte sie einfach nur »kostbar« geschrieben. Er war entschlossen, nachzuforschen und jemanden zu finden, der ihm diese Passagen erklären konnte. Er war versucht, neben den Vers in der Offenbarung über das Wasser des Lebens »kostbar« zu schreiben. Es erschien ihm kostbar zu sein, wenn er es auch nicht verstehen konnte.

Am schlimmsten war seine Befürchtung, dass er zu spät mit dem Bibellesen begonnen hatte. Ganz offensichtlich war es zu spät für ihn, mit seiner Frau und seinem Sohn zusammen in den Himmel zu gehen. Aber war es für ihn wirklich endgültig zu spät?

Vorne in der Bibel lag das Kirchenblättchen vom vergangenen Sonntag. Welcher Tag war heute? Mittwoch. Vor drei Tagen war er wo gewesen? In der Garage. Raymie hatte ihn gebeten, sie in den Gottesdienst zu begleiten. Er hatte versprochen, am kommenden Sonntag mitzugehen. »Das hast du auch letzte Woche gesagt«, hatte Raymie geantwortet.

»Willst du nun, dass ich dein Kettcar repariere oder nicht? So viel Zeit habe ich nicht.«

Raymie konnte man nicht so leicht Schuldgefühle einreden. Er wiederholte nur: »Nächsten Sonntag?«

»Ganz bestimmt«, hatte Rayford erwidert. Und nun wünschte er, es wäre schon der nächste Sonntag. Er wünschte noch mehr, dass Raymie da wäre, um in den Gottesdienst zu gehen, denn diesmal würde er wirklich gehen. Oder vielleicht doch nicht? Würde er an diesem Tag arbeiten müssen? Und würde überhaupt ein Gottesdienst stattfinden? Waren noch Leute von dieser Gemeinde übrig? Er holte das Gemeindeblatt aus Irenes Bibel und umkringelte die Telefonnummer. Später, wenn er mit *Pan-Continental* gesprochen hatte, würde er das Gemeindebüro anrufen und fragen, wie es weitergehen sollte.

Er wollte die Bibel gerade wieder auf den Nachttisch legen, als er neugierig wurde und sie noch einmal öffnete. Auf der ersten weißen Seite entdeckte er die Inschrift. Er hatte Irene diese Bibel an ihrem ersten Hochzeitstag geschenkt. Wie konnte er das vergessen haben, und was hatte er sich dabei gedacht? Damals war sie dem christlichen Glauben nicht mehr zugetan gewesen als er, doch sie sprach davon, dass sie regelmäßig zur Kirche gehen wollte, bevor die Kinder kamen. Vermutlich hatte er sie beeindrucken wollen. Vielleicht dachte er, sie würde ihn für geistlich halten, wenn er ihr ein solches Geschenk machte. Vielleicht hoffte er auch, sie würde ihn vom Haken lassen und allein in die Kirche gehen, wenn er ihr mit diesem Geschenk seine geistliche Aufgeschlossenheit zeigte.

Jahrelang hatte er die Gemeinde toleriert. Sie hatten sich einer Kirche angeschlossen, in der wenig gefordert und viel geboten wurde. Sie schlossen viele Freundschaften dort, fanden in dieser Gemeinde ihren Arzt, Zahnarzt, Versicherungsvertreter und bekamen sogar Zugang zu ihrem *Country Club*. Rayford wurde verehrt und Neulingen und Gästen stolz als 747-Kapitän vorgestellt. Einige Jahre lang gehörte er sogar dem Gemeindevorstand an.

Als Irene den christlichen Radiosender entdeckte und das, was sie »richtiges Predigen und Lehren« nannte, wurde sie immer unzufriedener mit ihrer Gemeinde und begann, nach einer neuen zu suchen. Dies nahm Rayford zum Anlass, überhaupt nicht mehr zum Gottesdienst zu gehen. Er sagte ihr, wenn sie eine gefunden hätte, die ihr wirklich gefiel, würde er sie wieder begleiten. Sie fand eine, und gelegentlich ging er mit, aber es war ihm dort ein wenig zu eng und zu persönlich. Er wurde nicht hofiert. Und meistens blieb er fort.

Da stand noch mehr in Irenes Bibel. Sie bezeichnete es als ihre Gebetsliste, und er, Ray, führte sie an. Sie hatte geschrieben: »Ray, für seine Errettung und dass ich ihm eine liebevolle Frau sein kann. Chloe, dass sie Christ wird und rein lebt. Ray jr., dass er seinen starken, kindlichen Glauben nicht verliert.« Dann hatte sie ihren Pastor, politische Führer, Missionare, Weltkonflikte und mehrere Freunde und andere Verwandte aufgeführt.

»Für seine Errettung«, flüsterte Rayford. »Errettung.« Wieder so ein Kirchenwort, das ihn nie wirklich beeindruckt hatte. Er wusste, dass Irenes neue Gemeinde sich für die »Errettung der Seelen« einsetzte, etwas, das er in der vorherigen Gemeinde nie gehört hatte. Doch je mehr er davon gehört hatte, desto mehr hatte er sich abgestoßen gefühlt. Hatte Errettung nicht irgendetwas mit Konfirmation, Taufe, Zeugnis und »Frommsein« zu tun? Davon hatte er nichts wissen wollen. Und nun wünschte er sich verzweifelt zu erfahren, was genau das war.

Tim LaHaye/Jerry B. Jenkins

Über den Wolken geschehen seltsame Dinge.

2. Warum viele Amerikaner die Bibel als verschlüsselten Fahrplan der Weltgeschichte lesen – Der Theologe Jürgen Moltmann über die Frage nach dem Beginn der Endzeit

Ein regulärer Flug mit dem Jumbojet über den Atlantik ist auf dem Weg nach London. Die Maschine ist voll besetzt. Da kommt plötzlich die Stewardess zu dem Kapitän ins Cockpit. Mit weichen Knien und zitternder Stimme meldet sie: Dutzende der Passagiere sind verschwunden. Ihre Schuhe, Socken, Hosen und Kleider sind zurückgeblieben. Er sieht nach, findet in der ersten Klasse alles in Ordnung, in der zweiten Klasse aber schreit eine Frau nach ihrem verschwundenen Mann. Keiner weiß, was los ist. Er ruft Heathrow Airport an, kann dort aber nicht landen: Zahllose Flugzeuge sind abgestürzt, weil die Piloten plötzlich verschwunden sind, auch in der Flugleitung ist keiner mehr.

Der Pilot fliegt nach Chicago zurück. Dort herrscht dasselbe Chaos, aber Räumdienste machen ihm die Landebahn frei. Die Katastrophe ist perfekt: abgestürzte Flugzeuge, zusammengestoßene Autos, entgleiste Züge, Tausende von Toten. Nur CNN funktioniert noch, und man sieht Bilder aus Kreißsälen, in denen Babys plötzlich aus dem Bauch schwangerer Frauen verschwinden, einem Bräutigam vor dem Altar die Braut abhanden kommt und auf den Philippinen ganze Schulklassen sich in nichts auflösen. Als der Kapitän endlich nach Hause kommt, ist auch seine Frau verschwunden.

Was ist passiert? Für ihn selbst war die Sache mit Gott immer nur irgendwie okay, aber seine Frau ging regelmäßig in Bibelstunden und gehörte zu einer Gruppe wiedergeborener Christen. Das bringt ihn auf die Spur. Sein Pastor erklärt ihm: Die Endzeit hat begonnen. Wie die Bibel prophezeit, werden die wahren Gläubigen in die Wolken zu Christus »entrückt«, während über die zurückbleibenden Ungläubigen die Schrecken des Weltuntergangs kommen. Die Endzeit beginnt mit *the great rapture* der Gläubigen und führt die Ungläubigen sieben Jahre lang in *the great tribulation* mit Seuchen, Erdbeben, Tornados, Überschwemmungen und dem Terror des Antichristen im »Zeichen des Tieres«. Zuletzt aber kommt Christus wieder, tötet den Antichristen und errichtet sein tausendjähriges Reich, in dem die Gläubigen mit ihm herrschen werden, während die Ungläubigen vernichtet sind.

Wem die Stunde schlägt

Natürlich sind das Fiktionen, aber die Leser sind reale Menschen. Seit 1995 erscheint in Amerika in Romanform die (auch verfilmte) Serie *Left Behind* der beiden Sonntagsschullehrer Tim LaHaye und Jerry Jenkins, die mit dieser Story anfängt. Auflage mehr als 40 Millionen. Für Band zehn *The Remnants* gab es 2002 2,5 Millionen Vorbestellungen. Nur die Hälfte der Leser mögen evangelikale Christen sein. Nach den Anschlägen vom 11. September stieg der Absatz um 60 Prozent. Auch säkulare Menschen fragten: Kommt das Weltende?, und viele lieben den *doom and gloom* in der Welt des Krimis und der Science-Fiction: *»Beam me up, Scotty!«* Zweifellos die angenehmste Art, mit dem Bösen umzugehen.

1970 gab es schon einmal eine solche fiktive Apokalypse in Hal Lindsays Buch *The Late Great Planet Earth* mit

ähnlicher Millionenauflage. Damals ging es um Harmageddon, den Endkampf zwischen Gott und den Teufeln, Christus und Antichrist, den Guten hier und dem Reich des Bösen dort in jenem Tal bei Jerusalem. Dort sollten zuerst die Rote Armee der antichristlichen Sowjetunion, dann die Volksarmee des gottlosen China mit Atom- beziehungsweise Wasserstoffbomben vernichtet werden. Lindsay diente Ronald Reagan als Nahost- und Israelberater und überzeugte den Präsidenten von einem unvermeidlichen »Armageddon in unserer Generation«. Zum Glück kam Michail Gorbatschow mit seiner Friedenspolitik dazwischen. Es scheint, als ob das apokalyptische Szenario immer dann attraktiv wird, wenn säkulare Menschen die Welt nicht mehr verstehen wie nach dem Terror des 11. September. Nach *Time*/CNN fürchteten 59 Prozent aller Amerikaner, dass die apokalyptischen Weissagungen der Bibel wahr werden, und 25 Prozent glaubten sogar, die Bibel habe den terroristischen Angriff auf New York vorausgesagt.

Woher stammt die typisch amerikanische Lust auf den Weltuntergang? Theologisch gründet sie seit 1860 im sogenannten *dispensationalism* des evangelischen Evangelisten John Nelson Darby und wurde durch die Scofield Reference Bible von 1909 populär. Hier wird die Bibel nicht als Glaubenszeugnis gelesen, sondern als verschlüsselter göttlicher Fahrplan der Weltgeschichte. Die Zahl – zum Beispiel 666 – wird zum Schlüssel der Weltgeschichte. Man nennt diese Lesart der Bibel zwar »Biblizismus«, es handelt sich jedoch um eine Errungenschaft der frühen Aufklärungszeit. Wie Newton durch Erkenntnis der Naturgesetze die Natur entzauberte, so wollten die frühen »prophetischen Bibelausleger« die Geheimnisse der Geschichte durch Erkenntnis ihres geplanten Ablaufs durchschauen. Der Grundgedanke ist einfach: Wie Gott in sieben Tagen die Welt geschaffen hat, wird auch – *dispensations* genannt – ihre Geschichte in sieben Zeitaltern ablaufen. Mit dem Erscheinen Christi sind wir in das christliche sechste Zeitalter eingetreten, und heute steht uns das siebte und letzte Weltzeitalter bevor. Biblische Prophetie soll geschichtliche Weissagung sein. Die Weissagung für die Endzeit steht in der Apokalypse. Folglich ist die Johannes-Offenbarung das wichtigste Buch der Bibel. Auch von Sir Isaak Newton gibt es Auslegungen der Apokalypse, schließlich war seine Weltmaschine eine Weltenuhr, an deren Zustand man erkennen sollte, was die Stunde geschlagen hat. Die apokalyptische Aussicht auf die bevorstehenden Schrecken der Endzeit gewann im Zeitalter der allgemeinen Fortschrittseuphorie Bedeutung für die fundamentalistische Reaktion auf den Modernismus und Liberalismus der protestantischen Welt. Sie stammt aber aus der gleichen Wurzel der Aufklärungszeit, die Glauben in Wissen überführen wollte.

Fromme Entrückung

Kritisch wird bemerkt, dass dieses Endzeitszenario nicht von Christus stammt, denn »Zeit und Stunde weiß niemand, auch nicht der Sohn« (Markus 13,32). Die »Entrückung« der Glaubenden, von der Paulus in 1. Thess. 4,17 spricht, ist auch kein Eskapismus zum Hohn auf die Hinterbliebenen, sondern ein Bild, in dem die Bewohner einer Stadt ihrem ankommenden König entgegengehen, um ihn in ihre Stadt zu geleiten. Von Schrecken der Zurückgelassenen steht da nichts. Die Zukunft Christi findet auf Erden statt, nicht im Himmel. Es wäre also besser, die Glaubenden blieben der Erde auch in Katastrophen treu und würden sich nicht ins Jenseits flüchten. Der fromme Entrückungstraum dagegen enthält eine Resignation, die diese Erde der Vernichtung

Schalter geschlossen – wer findet Einlass?

Das Jüngste Gericht, St. Anna im Lehel, München

preisgibt. Wer in seinem Glauben andere »zurücklässt«, verlässt sie. Das kann weder eine gesegnete Hoffnung sein, noch etwas mit Liebe zu tun haben. Schließlich: Ein Gott, der nur darauf wartet, christliche Besatzungen aus ihren Flugzeugen zu »entrücken«, damit diese abstürzen und Tausende Menschen getötet werden, kann kein Gott sein, dem man vertrauen kann. Das ist eher der üble Abgott einer krankhaften Weltverachtung.

In sektiererischen Zirkeln hat es solche Vorstellungen immer gegeben, im heutigen Amerika aber sind sie eine Massenerscheinung. Mehr und mehr Amerikaner lesen und sprechen über das Weltende, während Europäer das ziemlich kalt lässt. Warum? Ein Land, das seine Bestimmung von Anfang an in göttlicher Vorsehung begründet, hat eine natürliche Schwäche für Propheten. Ein Volk, das eine »neue Welt« gegenüber einer »alten Welt« in Europa bauen wollte, ist geneigt, in dualistischen Kampfkategorien zu denken: hier die Guten – dort die Bösen und »wer nicht für uns ist, ist wider uns«. Im 19. Jahrhundert mobilisierte der Fortschrittsglaube den Aufstieg Amerikas, aber es entstanden auch drei apokalyptische Bewegungen der »letzten Tage«: Zeugen Jehovas, Mormonen und Adventisten. Heute schwanken viele zwischen einem messianischen Sendungsbewusstsein für das *American empire* und den dargestellten Weltuntergangsängsten. Es sind zwei Seiten derselben Medaille, die man auch Egomanie nennt. Christlicher Glaube ist demgegenüber demütige, aber anhaltende Leidenschaft für das Leben.

Jürgen Moltmann

1. Skizzieren Sie den Gedankengang von Jürgen Moltmann im vorliegenden Textauszug.
2. Erläutern Sie die beschriebenen Massenphänomene in den USA.
3. Beurteilen Sie den Erklärungsansatz von Moltmann.

3. Das Jüngste Gericht – Der Theologe Harry Kuitert erläutert …

Signs are taken for wonders.
»We would see a sign!«
The word within a word,
unable to speak a word,
Swaddled with darkness.
In the juvescence of the year
Came Christ the tiger

Zeichen werden für Wunder gehalten.
»Wir möchten ein Zeichen sehen!«
Das Wort in einem Wort,
unfähig, ein Wort zu sprechen,
In Dunkelheit gewickelt.
In der Jugend des Jahres
Kam Christus, der Tiger.
T. S. Eliot

Dies Irae

Vom Gericht Gottes hören wir die letzte Zeit wenig. Ist es abgeschafft, oder hat sich die Christenheit geirrt, weil es so etwas wie ein Gericht nicht gibt? Bisweilen muss darauf hingewiesen werden. Die gegenwärtige Kirche verkündet wenigstens zum größeren Teil – die Kirchen, die es nicht tun, finden wir nicht koscher – Gott als Erlöser, Befreier, Geber alles Guten, kurzum, als Gott des Heils. Wo aber ist denn das Gericht geblieben, die Vorstellung von Jesu Wiederkunft zu richten über die Lebenden und die Toten?

Das Mittelalter wusste damit umzugehen. Das »Dies irae« (Tag der Rache), das wir aus der Welt der Musik kennen (man denke etwa an das Requiem von Mozart oder von Verdi), stammt aus dieser Zeit. Es ist das eindrucksvolle Gebet des Flehenden am Tag des Zornes Gottes.

Quid sum miser tunc dicturus
Quem patronum rogaturus

Was kann ich tun, wenn gleich die Posaunen klingen und sich die Gräber öffnen, noch vorbringen, welchen Fürsprecher noch bitten, für mich einzutreten?

Nicht nur das Mittelalter, sondern auch das Neue Testament weiß in grellen Farben das Bild von Gott dem Richter wachzurufen, der seinen Zorn über alle Völker der Erde ausgießt. Und wird Jesus da nicht der Fürsprecher genannt, nach dem der Dichter des Dies Irae rief, nach Jesus, »der uns vom kommenden Zorn errettet«? Wo ist dies alles geblieben? Ist das Jüngste Gericht, das Letzte Urteil, oder unter welchem Namen es auch besprochen wird, eine Fabel?

Nein, die Vorstellung ist in der Tat »fabelhaft«, der Grund dafür liegt aber in der Tatsache, dass es Bilder aus dem Genre der Apokalyptik sind. Zu dieser Bildsprache gehören die Himmelfahrt Jesu, sein Sitzen zur Rechten und dann noch der Schluss dieser Passage im Apostolischen Glaubensbekenntnis: »von wo Er wiederkommen wird, zu richten die Lebenden und die Toten«. Natürlich kommt er auf den Wolken des Himmels; ist er nicht »auf einem hellen Wolkenwagen« aufgefahren?

Merkwürdig ist jedoch, dass hier auf einmal Jesus und nicht Gott das Letzte Gericht hält. Aber darauf komme ich noch zurück. Zuerst gehe ich der Frage nach, was Apokalyptik ist.

Wer sich von ihr ein gutes Bild machen will, muss im Neuen Testament das Buch der Geheimen Offenba-

Meister der Passionsfolgen, Weltgericht, um 1410–1420

rung lesen oder die Zeichnungen betrachten, die Charles Roelofsz von einer Anzahl Szenen dieses Buches gemacht hat. In der Apokalyptik geht es in der Tat um Zeichnungen, phantastische Zeichnungen von zukünftigen Ereignissen, die den Untergang der alten Welt und das Anbrechen der neuen Welt einläuten. Ist das Phantasie? Ohne Zweifel, es ist unerreichte Phantasie, aber nicht ohne tieferen Sinn. Auf dem Bildschirm der Geschichte wird ausgeführt, wovon das Herz des Autors voll ist: vom Streit zwischen Gott und Satan sowie vom göttlichen Sieg »am Tag der Rache unseres Gottes«. Das ist der Tag, an dem er das Urteil vollzieht, die Schafe von den Böcken scheiden wird, die geknechteten Seelen – die unter dem Altar nicht aufhörten zu rufen: »Wie lange noch« – endlich die Seligkeit erben lässt und den Unterdrücker, der sich mit Blut vollgesogen hat, in den Abgrund stürzt.

Ist das alles wahr, so dass wir solche Ereignisse wirklich erwarten können? Früher gab es große Gruppen von Christen, die all diese phantastischen Bilder als historische Voraussagen verstanden. Übrigens gibt es sie noch heute. Finger in den Text der Geheimen Offenbarung und das Weltgeschehen von heute wird daraufhin untersucht, wie weit wir schon sind. Ist das Ende in Sicht, sind wir beinahe am Ende? Ich werde diese Praxis nicht kritisieren, sondern nur darauf hinweisen, dass sie zwar nichts Schlimmes bewirkt, dass dabei aber auch nichts Gutes herauskommt. Wie die Geschichte verläuft, weiß niemand und wurde in den apokalyptischen Passagen des Alten und Neuen Testaments auch nicht vorhergesagt. Das wäre ein Missverständnis von dieser Art Literatur. Apokalyptik ist Bildsprache für die Frage, worauf es in der Geschichte (nach dem entsprechenden Autor) ankommt, nicht mehr und nicht weniger. Dabei geht die Apokalyptik von einem sehr plausiblen Standpunkt aus: Wenn eine neue Welt kommen soll, dann muss die alte verschwinden.

Die christliche Tradition hat deshalb auch sehr viel von dieser Bildsprache aufgegeben, außer der Aussage, mit der wir uns jetzt beschäftigen. Ich meine die Wiederkunft Jesu, um zu richten über die Lebenden und die Toten. Sagte ich nicht: wessen das Herz voll ist? Das Gericht sitzt tief in uns drin. Menschen tun nichts anderes als andere zu verurteilen, aber auch – wenn niemand dabei ist – sich selbst. in Beschuldigung und Entschuldigung vollzieht sich das Leben. Projiziert auf den Hintergrund des ewigen Gottes wird dies zum letzten und definitiven Gericht. Quid sum miser tunc dicturus? Was werde dann ich Armer sagen?

Harry M. Kuitert

Wie stehen irdische und himmlische Gerechtigkeit zueinander?

1. Skizzieren Sie den Gedankengang des Textautors.
2. Erläutern Sie verschiedene Deutungsansätze »all dieser phantastischen Bilder« – oder besser gesagt »Metaphern«.
3. Beurteilen Sie, ob es angemessen ist, wenn die christliche Tradition »sehr viel von diesen Bildern« aufgibt.

Das Gericht als Abrechnung

Das Bild mag in seiner Art zwar apokalyptisch sein, was es aber sagen will, ist heute noch von Bedeutung: Das Gericht, verstanden als endgültige Abrechnung, ist kein Unsinn. Sogar die Vorstellung, dass es am Ende der Zeiten stattfindet, ist ein äußerst wichtiges Kennzeichen. Sie besagt jedenfalls, dass nach der christlichen Tradition die Weltgeschichte nicht selber das Weltgericht ist; auch das Schicksal, das jemanden trifft, ist glücklicherweise nicht sein Letztes Gericht, denn es brächte ein Meer von Unrecht mit sich. Das Gericht kann sich innerweltlich vollziehen, tut dies aber – wie jeder weiß – lange nicht immer. Manchmal kommt der verdiente Lohn, und das schlimme Ende eines blutdürstigen Unterdrückers befriedigt unser Gerechtigkeitsgefühl; manchmal ist das Umgekehrte der Fall, so dass sich der Übeltäter dem Gericht entzieht und das Opfer unvorstellbar zerschunden zurückbleibt.

Die eigentliche Abrechnung, so die christliche Tradition, findet nicht in und durch die Geschichte statt, sondern im Letzten Gericht. Dort wird alles endgültig zurechtgerückt. Dem armen Lazarus wird es gut gehen und dem reichen Nachbarn, der ihn nicht zur Kenntnis nahm, schlecht. Ist das nicht reine Kompensation? Ja, aber warum sollten wir davor Angst haben? Soll Lazarus bis in alle Ewigkeit benachteiligt sein, der Henker vor seinem Opfer einen ewigen Vorsprung behalten? Wie die Geschichte vom reichen Mann und vom armen Lazarus zeigt, dachte Jesus anders darüber.

Das letzte Gericht ist – darauf weise ich zur Sicherheit hin – wohl als eine Form von Rückerstattung gemeint. Jeder erhält, was er verdient hat. Auch dieses Bewusstsein ist tief in unserem Herzen verwurzelt, warum sollten Menschen sonst auf ihrem Sterbebett sagen, sie hätten gut gelebt und ihr Bestes getan, um gute Menschen zu sein? Sie fürchten das Gericht und treffen gut Vorsorge.

Rückerstattung ist ein Begriff aus dem Strafrecht, den ich mit Absicht verwende und ohne den unser Gerechtigkeitsgefühl nicht auskommt; auch das sitzt tief in uns. Deshalb ist die Diskussion über Vergeltung im Strafrecht auch nie zu Ende. Vieles spricht dafür, dass wir vergeben anstatt zu vergelten, sicher dann, wenn der Gedanke der Vergeltung von Rachegefühlen eingegeben ist. Aber ohne Vergeltung können wir weder hier noch im Jenseits leben. Es ist doch eine einfache Forderung der Gerechtigkeit, dass der Unterdrücker nicht bis in Ewigkeit die Früchte seiner Unterdrückung erntet und der Unterdrückte bis in Ewigkeit nur Unterdrückung kennt. Aber darauf liefe es doch hinaus, gäbe es kein Letztes Gericht.

Dieses Gericht ist deshalb das »Letzte«, weil es das Gericht des »Letzten«, nämlich Gottes ist; das bedeutet »letzten Ernst«. Gott hält den Schuldigen keineswegs für unschuldig, um es in der Terminologie des Alten Testaments zu sagen. Für alle Pfuscher und Verpfuscher der Schöpfung ist das zwar ein beängstigender, aber keineswegs ein irrationaler Tatbestand. Menschen schänden einander und ihre Welt, die sie nicht selbst machten; sie vergehen sich an anderer Leute Gut. Sollte die Schöpfung das alles akzeptieren? Komm, sagt der Begriff »Gericht«, du wirst dafür verurteilt werden. Das große und das kleine Unrecht ist nicht etwas, worüber *wir* böse werden. Das ist höchstens in unseren besten Augenblicken und vor allem dann der Fall, wenn wir es bei anderen antreffen. Dem Unrecht folgt der Unmut des Schöpfers. Die Tradition kann sogar sehr harte Worte finden: Die Sünder, d. h. die Verderber der Schöpfung, werden von der Erde vertilgt werden! Das scheint logisch.

Ich möchte dabei die positive Seite des Letzten Gerichts nicht übersehen; wir bleiben in ihm Mensch und werden für unser Tun und Lassen verantwortlich gemacht. Nimm das Gericht weg, und wir werden zu unzurechnungsfähigen Kindern. Das brächte uns Erleichterung, aber wir wären nicht, was wir sind oder sein wollen.

Aller Widerstand dagegen kann also nicht leugnen, dass das Gericht Gottes für die christliche Tradition wesentlich ist, sogar so zentral, dass ohne Gericht nichts mehr von ihr übrigbliebe. Der Schöpfer würde zu einem »non-valeur« werden, zu einem Wesen also, dem es nichts ausmacht, was seine Geschöpfe tun. Aber auch die Bedeutung, die nach der Tradition für Jesus wesentlich ist, ist ganz und gar am Gericht Gottes orientiert. Versöhnung und die Vergebung der Sünden würden in der Luft hängen, wenn wir auf die Gerichtsaussagen der Tradition genauso gut verzichten können.

Harry M. Kuitert

1. Geben Sie die Überlegungen Kuiters mit eigenen Worten wieder.
2. Erläutern Sie seine Gedanken zum Verhältnis von Gericht, Versöhnung und Vergebung der Sünden.
3. Beziehen Sie Stellung.

Der Richter ist der Maßstab

Mit welchem Maß werden wir nach der christlichen Tradition im Letzten Gericht gemessen werden? Darüber ist nun ein deutliches Wort zu sagen, wenn wir die klassischen Ausführungen über Hölle und Verdammung vermeiden wollen. Falsch an ihnen war nicht der Gedanke eines Gerichts, sondern dessen inhaltliche Bestimmung und Maßstab. So konnte das Schwadronieren mit dem göttlichen Gericht zu einem bequemen Mittel in der Hand der Kirche werden, um Sünder in Schach zu halten, was zu einer abscheulichen Karikatur vom Letzten Gericht führte.

Ich denke an das starke Interesse der römisch-katholischen Geistlichkeit an der Sexualität. »Du kommst in die Hölle, wenn du mit den Händen dein Geschlechtsteil berührst« und mehr von solchem Gefummel am Leibe der lieben Gläubigen. Mit Gottes Gericht in der Hand konnte die christliche Kirche ihre Autorität bis in die Schlafzimmer hinein zur Geltung bringen. Alles, was vom Gericht übrig blieb, war deshalb eine Sanktion der kirchlichen Moral, einer historisch bestimmten Moral oder von dem, was man gesellschaftlich für anständig hielt. Zwar ist die römisch-katholische Kirche schon lange dabei, sich von dieser Todsünde zu bekehren, dennoch sind zahllose Menschen der Meinung, in der Kirche gehe es noch immer so zu, und halten damit – vielleicht aus Bequemlichkeit – diese Karikatur lebendig.

Aber beginnen wir mit einer ersten Auskunft: Gottes Gericht ist nicht die Angelegenheit einer Kirche, sondern eine Angelegenheit von Gott, oder – merkwürdigerweise – von Jesus Christus. Das Gericht steht im Kontext der Christologie: »Von wo Er (= Jesus) kommen wird, zu richten die Lebenden und die Toten.« Das Letzte Gericht ist also, wenn wir der Tradition folgen, Jesus Christus übertragen, oder besser: ihm anvertraut. Das überrascht sehr, denn das Lamm Gottes wird zum Tiger und zeigt seine Zähne: »Christus der Tiger«, wie ist das möglich?

Während Jesus durch das jüdische Land zog, hat er sich ausführlich mit dem Letzten Gericht beschäftigt und seinen Anhängern geraten, die Armen zu ernähren, für die Kranken zu sorgen und die Gefangenen zu besuchen. Denn wenn er als Weltenrichter wiederkomme (wieder die Sprache der Apokalyptik), werde er sagen: »Was ihr einem dieser Geringsten getan habt, das habt ihr mir getan.« So identifiziert er sich mit dem Armen, dem Kranken und dem Unterdrückten. In den Armen und Kleinen steht also der Richter schon jetzt vor uns; wir sehen ihm, der über uns urteilen wird, direkt ins Gesicht. Damit ist auch der Maßstab kein Problem; denn Richter und Maßstab fallen zusammen. Wir brauchen also gar nicht bis zum Jüngsten Tag zu warten, um zu wissen, wie es mit uns steht, und Jesus braucht dafür nicht einmal »wiederzukommen«, wir wissen es schon.

Es ist eindeutig: An den Armen und Kleinen vorbeizugehen ist keineswegs eine Kleinigkeit, im Gegenteil, es ist von so großem Gewicht, dass wir damit das Letzte Gericht auf uns herniederrufen.

Auch über den Maßstab soll nichts im Unklaren bleiben. Zur Diskussion stehen nicht die »Puppensünden«, wie Luther sie nannte, sondern Humanität. Nirgendwo kann die christliche Tradition klarer sagen als hier, dass die Humanität der einzig wahre, von Gott zu einer eschatologischen Macht erhobene Maßstab ist. An den Armen und den Kleinen vorbeizugehen, das macht das Lamm zum Tiger, damit provozieren wir unser Gericht. Der Erweis oder Nicht-Erweis von Humanität entscheidet über unser ewiges Wohl und Wehe; diese Überzeugung gehört zum christlichen Glauben.

Harry M. Kuitert

1. Skizzieren Sie den Gedankengang des Textautors.
2. Erläutern Sie, inwiefern das Sprechen vom »Gericht … im Kontext der Christologie« steht.
3. Erörtern Sie, was es für das praktische Tun bedeutet, wenn Humanität als letzter Maßstab angesehen wird. Beziehen Sie sich dabei auch auf die Rede vom großen Weltgericht (Mt 25,31–46):

31 Wenn aber des Menschen Sohn kommen wird in seiner Herrlichkeit und alle heiligen Engel mit ihm, dann wird er sitzen auf dem Stuhl seiner Herrlichkeit, 32 und werden vor ihm alle Völker versammelt werden. Und er wird sie voneinander scheiden, gleich als ein Hirte die Schafe von den Böcken scheidet, 33 und wird die Schafe zu seiner Rechten stellen und die Böcke zu seiner Linken.

34 Da wird dann der König sagen zu denen zu seiner Rechten: Kommt her, ihr Gesegneten meines Vaters ererbt das Reich, das euch bereitet ist von Anbeginn

»Wenn der Hausherr aufgestanden ist und die Tür verschlossen hat, und ihr anfangt, draußen zu stehen und an die Tür zu klopfen und zu sagen: Herr, tu uns auf!, dann wird er antworten und zu euch sagen: Ich kenne euch nicht; wo seid ihr her? Dann werdet ihr anfangen zu sagen: Wir haben vor dir gegessen und getrunken, und auf unsern Straßen hast du gelehrt. Und er wird zu euch sagen: Ich kenne euch nicht; wo seid ihr her? Weicht alle von mir, ihr Übeltäter!« (Lk 13,25–27)

der Welt! [35]Denn ich bin hungrig gewesen, und ihr habt mich gespeist. Ich bin durstig gewesen, und ihr habt mich getränkt. Ich bin Gast gewesen, und ihr habt mich beherbergt. [36]Ich bin nackt gewesen und ihr habt mich bekleidet. Ich bin krank gewesen, und ihr habt mich besucht. Ich bin gefangen gewesen, und ihr seid zu mir gekommen.
[37]Dann werden ihm die Gerechten antworten und sagen: Wann haben wir dich hungrig gesehen und haben dich gespeist? oder durstig und haben dich getränkt? [38]Wann haben wir dich als einen Gast gesehen und beherbergt? oder nackt und dich bekleidet? [39]Wann haben wir dich krank oder gefangen gesehen und sind zu dir gekommen?
[40]Und der König wird antworten und sagen zu ihnen: Wahrlich ich sage euch: Was ihr getan habt einem unter diesen meinen geringsten Brüdern, das habt ihr mir getan.
[41]Dann wird er auch sagen zu denen zur Linken: Gehet hin von mir, ihr Verfluchten, in das ewige Feuer, das bereitet ist dem Teufel und seinen Engeln! [42]Ich bin hungrig gewesen, und ihr habt mich nicht gespeist. Ich bin durstig gewesen, und ihr habt mich nicht getränkt. [43]Ich bin ein Gast gewesen, und ihr habt mich nicht beherbergt. Ich bin nackt gewesen, und ihr habt mich nicht bekleidet. Ich bin krank und gefangen gewesen, und ihr habt mich nicht besucht.
[44]Da werden sie ihm antworten und sagen: HERR, wann haben wir dich gesehen hungrig oder durstig oder als einen Gast oder nackt oder krank oder gefangen und haben dir nicht gedient? [45]Dann wird er ihnen antworten und sagen: Wahrlich ich sage euch: Was ihr nicht getan habt einem unter diesen Geringsten, das habt ihr mir auch nicht getan. [46]Und sie werden in die ewige Pein gehen, aber die Gerechten in das ewige Leben.

Mt 25,31–46

Auf ewig verloren?

Mit den letzten Worten komme ich an einen schwierigen Punkt. Der Richter, der die Schafe von den Böcken scheidet, lässt gemäß der Erzählung die Schafe in die ewige Freude eingehen und die Böcke in die äußerste Finsternis ziehen. Kein geringerer als Jesus beschäftigt damit seine Phantasie, und das macht nachdenklich. Gibt es wirklich so etwas wie Gottes Zorn?
Wir sind nicht die ersten, die dazu Fragen stellen. Ursprünglich – im Alten und im Neuen Testament – sind Gericht und Gottes Zorn miteinander verbunden. Aber dieser Zorn war für die Kirchenväter unmöglich. Ein Gott, der sich aufregt, kann nicht der wahre sein; denn Gott ist wesenhaft gegen Leidenschaften immun.

Für einen Gott, der zornig wird, müsste man sich schämen; denn er bleibt unterhalb der Norm, die wir sogar an uns selber stellen. In der Tat berühren wir damit einen empfindlichen Punkt der Alten Kirche, nämlich den Kampf gegen die Leidenschaften, die Passionen, die einen Menschen nur in Unruhe stürzen und selbst ein ganzes Leben zerrütten können. Ein Gott als unbewegter Beweger lag ihr deshalb mehr als ein Gott, der emotional reagiert. Sind wir darin mit der Alten Kirche einig?
Es ist nichts Verkehrtes am Zorn Gottes. Zorn ist ein altmodisches, aber schönes Wort und passt, vom Men-

schen her betrachtet, völlig in die durchgängige Metaphorik für Gott. Er ist wenigstens sein Geschöpf.
Zu größeren Problemen führt die Frage, ob sein Zorn vereinbar sei mit seiner Liebe. Vielleicht muss man in ihm die Kehrseite der Liebe sehen: denn nur wer liebt, kann hassen. Dieser Gedanke hat eine gewisse Selbstverständlichkeit und wird deshalb bis heute vertreten. Viel weniger plausibel, aber eigentlich viel Spannender ist die Meinung des Kirchenvaters Origenes […]: Gott meine es mit dem Zorn nicht ernst, sagt er, es sei eine pädagogische List, genauso wie Väter ein böses Gesicht machen, wenn ihre Kinder etwas Falsches tun, ihnen mit ihrer Strafe aber nicht wirklich übelwollen. Und was gilt für die ewige Verdammnis? Auch sie sei Angstmacherei und nicht ernst gemeint. Menschen haben eine solche Behandlung nötig.
Werden also alle gerettet? Ja, sagte Origenes, ausnahmslos alle, sogar der Teufel (das sei nicht anders möglich; denn auch er habe einen Funken Geist und Geist sei etwas Göttliches, könne also nicht verlorengehen). Die Hölle passe also nicht zu Gott. Was aber zu ihm passe, das sei ein Läuterungsort, an dem die Sünder nach dem Maße ihres Fehlverhaltens zeitliche Strafen erdulden. Übrigens ist Origenes der Erfinder des Fegefeuers, das ich für eine sympathische Idee halte; denn es ist eine Art Mittelweg. Das Fegefeuer macht ernst mit dem Gericht, das so nicht geleugnet wird, aber es nimmt ihm seinen Stachel, weil es keine Verbannung auf ewig mehr ist. Ein Läuterungsort tritt so an die Stelle der Hölle.
Natürlich hatte darüber auch Origenes keine Informationen, ebenso wenig wie wir. Aber er hatte darüber nachgedacht, es kostete ihn seine Ehre als Kirchenvater, und er entwickelte eine Auffassung, die jedenfalls kein Unsinn ist. Aus diesem Grund kam ich auf ihn zu sprechen. Wir sehen, wie er mit dem Zorn Gottes und dem Gericht ringt, brauchen uns im Licht der Tradition also nicht zu schämen, wenn auch wir damit keinen Rat wissen. Wir wären nicht die Ersten.
Zum Schluss sei die Frage direkt gestellt: Gibt es nun ein Letztes Gericht oder ist es metaphorische Rede? Das ist ein unangemessener Gegensatz. Was ich oben schon sagen wollte, ist dies: Es ist Bildsprache, aber das bedeutet nicht, dass das Gericht keine Wirklichkeit ist. Aber uns steht nicht mehr als diese Bildsprache zur Verfügung; wir wissen nichts vom Ende der Zeit, wissen nicht einmal, ob es ein solches Ende wirklich gibt. Nur unser eigenes Ende kennen wir, und deshalb halte ich […] daran fest, dass wir nach unserem Tod vor dem Tribunal des Richters erscheinen. Das ist für uns der Augenblick des Letzten Gerichts.
Wird es uns dabei gut ergehen? Das Bild vom Gericht wurde nicht zu einem Teil der christlichen Tradition, um den Menschen Angst zu machen, vielmehr steht es im Zusammenhang eines Gottes, der uns ernst nimmt, dies aber mit Vergebung und Versöhnung vereinbaren kann. Können wir also ruhig schlafen gehen, und gibt es keine »ewige Strafe« oder keinen »ewigen Tod«? Ich finde das Wort vom ewigen Tod angemessen. Gott liegt an der Gemeinschaft mit uns; an ihm soll es nicht liegen, falls wir zu ihm zurückkehren wollen. Aber es wäre durchaus möglich, dass der im Tode bleibt, dem an der Gemeinschaft mit Gott nichts liegt. Das wäre mit dem Wort »verlorengehen« gemeint.

Harry M. Kuitert

1. Geben Sie die Ansicht des Textautors mit eigenen Worten wieder.
2. Erläutern Sie, ob bzw. welche Hilfestellung der Text theologisch nicht informierten Menschen bieten kann.
3. Beurteilen Sie den Text im Hinblick auf die Art und Weise eschatologischen Redens.

4. Das Gericht im Zuge der Heilsvermittlung in der Verkündigung Jesu – Überlegungen des Bibelwissenschaftlers Thomas Söding

Dass Jesus vom Gericht Gottes spricht, lässt sich nur im Rahmen seiner Lehre von der Gottesherrschaft verstehen, die im Ganzen Heilsverkündigung ist. Dieser Kontext bestimmt den Verlauf, den Stellenwert und die Funktion des Gerichtes in der Basileialehre Jesu.

Die Funktion der Gerichtsworte

Jesus arbeitet mit dem Motiv des göttlichen Gerichts in kerygmatischen Zusammenhängen, die signifikant sind und verschiedene Funktionen der Gerichtspredigt erkennen lassen. Drei besonders markante Punkte seien hervorgehoben.

Erstens: Die Rede vom Gericht dient Jesu dazu, Israel aufzurütteln, zu kritisieren, zur Umkehr zu mahnen und davor zu warnen, den Kairos des Evangeliums (Mk 1,15) zu verpassen. Wenn Jesus die eschatologische Wallfahrt der Völker zur Tischgemeinschaft in der vollendeten Basileia gegen das »Heulen und Zähneklappern« der »Kinder des Reiches« ausspielt (Mt 8,11 f. par. Lk 13,281), öffnet er den universalen Horizont der Basileia, zielt aber darauf ab, Israel, das Jesus ablehnt oder überhört, zu warnen, dass es nun ja nicht zum Äußersten kommt. Die Weherufe gegen die Reichen (Lk 6,24 ff.), gegen die unbußfertigen Städte Israels (Lk 10,13 par. Mt 11,21) und gegen die hartherzigen Pharisäer (Lk 11,42–52 par. Mt 23,13–29) dienen – gattungskonform – nicht dazu, ihnen die ewige Verdammnis auf den Hals zu wünschen, sondern ihnen mit bitterstem Ernst die Augen, Ohren und Herzen für die Gnade der von Jesus verkündeten Gottesherrschaft zu öffnen.

Zweitens: Die Rede vom Gericht dient dazu, die alles überragende, nämlich heilsentscheidende Bedeutung der Umkehr und des Glaubens, der Liebe und der Gerechtigkeit zu unterstreichen. Das »Gleichnis« vom Weltgericht, das Matthäus als Resümee an das Ende der öffentlichen Verkündigung Jesu stellt (25,31–46), gibt keine prophetische Prognose über den Ablauf des Jüngsten Tages, sondern prägt die (allegorisierte) Metapher eines königlichen Gerichts, bei dem über Leben und Tod entschieden wird, um herauszuarbeiten, was in den Augen Gottes über gelingendes oder gescheitertes, sündiges oder gerechtes Leben entscheidet: unterlassene oder getane Liebeswerke, die sich als verweigerte oder wirkliche Begegnung mit dem Menschensohn entpuppen. Die Evangelien zeigen in einer großen Breite ihrer Texte (mit unterschiedlichen Akzenten), dass Jesus die Rettung im Endgericht an das Halten der Gebote Gottes (Mt 5,17–20), besonders an das Doppelgebot der Gottes- und Nächstenliebe (Mk 12,28–34 parr.) und an die Zehn Gebote (Mk 10,17 ff. parr.) gebunden hat, wobei er freilich die Reinheitsvorschriften ethisch interpretiert (Mk 7,1–23 par. Mt; vgl. Mk 5,25–34 parr.; Lk 7,36–50), die Sabbatgesetzgebung auf ihren Kern zurückführt, Gottes Güte erfahrbar zu machen (Mk 3,1–6 parr.), und den Opferdienst unter das Vorzeichen der Liebe zu den Feinden stellt (Mt 5,23–26). Die Rede vom Gericht zielt darauf ab, offenzulegen, dass für Jesus in Gottes Augen nichts so sehr zählt wie die Anerkennung des Rechtes, der Macht und Liebe Gottes (Mt 7,1 f.; vgl. Mk 4,24), die Umkehr von der Fixierung auf vermeintli-

che Heilsprivilegien zur Anerkennung radikaler Angewiesenheit auf Gottes Gnade (Mt 11,20–24 par. Lk 10,13 ff.; Mt 12,41 f. par. Lk 11,30 ff.), die Entschiedenheit für die Sache der Basileia, die sich ethisch zu bewähren hat (Mk 9,42–50 parr.), das tatkräftige Mitleid mit den Armen (Lk 16,19–31), aber auch die barmherzige Vergebung der Schuld (Mt 18,21–35) und der radikale Verzicht auf selbstherrliche Rache an den Sündern und Ungläubigen (Mt 13,24–30.47–50).

Drittens: Die Rede vom Gericht dient dazu, die eschatologische Heilsmittlerschaft Jesu herauszuarbeiten. So wie das Gleichnis vom Weltgericht die Werke der Liebe deshalb als heilsentscheidend betrachtet, weil sich in ihnen die Bejahung Jesu ereignet, der sich »mit dem Geringsten seiner Brüder« identifiziert (bis zur stellvertretenden Hingabe seines Lebens), so heben Gerichtsworte Jesu andererseits hervor, dass sich das Schicksal im Endgericht am Bekenntnis zu Jesus entscheidet, der die Feindesliebe nur fordert, weil er sie lebt. »Wer sich zu mir vor den Menschen bekennt, zu dem wird sich auch der Menschensohn vor den Engeln Gottes bekennen; wer mich aber vor den Menschen verleugnet, der wird vor den Engeln Gottes verleugnet werden« (Lk 12,8 f.; vgl. Mk 8,38 parr.). Das Bekenntnis zu Jesus ist ein Ausdruck des Glaubens. Dieser Glaube ist, wie vor allem die Wundergeschichten festhalten, befreiender, heilender, rettender Glaube und als dieser Wunderglaube transparent für den »Glauben an das Evangelium«, den Jesus als umfassende Antwort der Hörer des Wortes einfordert (Mk 1,15 parr.). Dieser Glaube ist im Kern das radikale Vertrauen darauf, dass Gott seine Herrschaft so nahe kommen lässt, wie Jesus es verkündet, und umfasst in dieser theozentrischen Perspektive das Bekenntnis zu Jesus, nämlich die Bejahung seiner Botschaft, die Übernahme seiner ethischen Weisung, die Anerkennung seiner von Gott zugewiesenen Aufgabe des eschatologischen Heilsdienstes (Mk 10,45 par. Mt) und die Gemeinschaft mit seiner Person, sei es in der Weise der Gebetsgemeinschaft mit ihm nach der Maßgabe des Vaterunsers. Schon bei Jesus selbst ist es wegen der untrennbaren Verbindung zwischen der Gottesherrschaft und ihrem eschatologischen Boten, dem nach Israel gesandten »Sohn« (Mk 12,1–12 parr.) Gottes, letztlich der tatkräftige Glaube, der die Hörer seines Wortes im Gericht retten wird.

Zusammengefasst: Dass Jesus vom Gericht spricht, zeigt den Ernst und Anspruch seiner Basileia-Predigt. Sie ist keineswegs nur ein Angebot. Sie präsentiert sich zwar als Einladung, als überraschendes Geschenk und unverhofftes Glück. Aber wenn Jesus das Reich Gottes predigt, macht er immer auch das Recht Gottes geltend, seinen Herrschaftsanspruch, den er legitimerweise erhebt und den er paradoxerweise gerade durch die absolute Gewaltlosigkeit und Freiheit des dienenden Jesus verwirklicht. Wo dieser Ernst und Anspruch nicht verstanden ist, herrscht auch noch ein tiefes Missverständnis des eschatologischen Heiles: Es wird unterschätzt, wie unbedingt es ist, wie schöpferisch und dass es alle menschlichen Vorstellungen sprengt.

Thomas Söding

1. Geben Sie den Gedankengang des Textes wieder.
2. Erläutern Sie die Grundthese(n) des Verfassers.
3. Beurteilen Sie, ob es in gegenwärtiger Verkündigung sinnvoll ist, das Gerichtsmotiv zu akzentuieren, und wenn ja, wie dies geschehen sollte.

Zur Hermeneutik eschatologischer Aussagen

Was die Vorstellungen vom ewigen Leben betrifft, so zeigt sich auch hier der bekannte biblische Befund: Auf der einen Seite das strenge Bilderverbot: »Du sollst dir von Gott kein Bild oder Gleichnis machen« – auf der anderen Seite eine Fülle von Bildern und Namen Gottes. Daran hat die christliche Theologie auch ihre Rede vom ewigen Leben zu orientieren.

Eine verbindliche dogmatische Lehre über das Vorhandensein einer jenseitigen Welt und das Dasein des Menschen in ihr kann die Theologie nicht liefern. Freilich hat der Glaube sich allzeit viele und vielfältige Bilder und Vorstellungen vom ewigen Leben gemacht – und er hat recht daran getan. Mit diesen Vorstellungen und Bildern verhält es sich wie mit der Kadenz in einem Klavierkonzert oder wie mit den Variationen über das Thema einer Fuge. Es ist dem Interpreten jeweils freigestellt, wie er das Thema variieren will. Ein jeder ist hier ein Solist, der seine Variationen nach seinem religiösen Geschmack und seiner theologischen Kunst spielen darf.

Das […] Thema ist im christlichen Glauben immer nur eines: die von Jesus Christus durch sein Leben, Lehren, Leiden, Sterben und Auferstehen verbürgte Liebe Gottes – und darum Grund zum Vertrauen bis ans Ende.

Aus diesem Grunde kann der christliche Glaube auch ebenso gut auf alle Spekulationen über das Wann, Wo und Wie des ewigen Lebens – über die Zeitdifferenz zwischen Sterbestunde und Auferstehung, den sogenannten »Zwischenzustand«, über den Ort der Toten und ihre Befindlichkeit – entweder verzichten oder sie wenigstens freistellen, am besten Gott anheim stellen. Ich möchte in meinem Glauben so weit kommen, dass ich alles Wann, Wo und Wie und damit mich selbst ganz und gar Gott überlasse: Er wird's in jedem Fall wohl machen.

Die »durchgängige Treue« Gottes ist der alleinige Grund für die christliche Hoffnung auf das ewige Leben. Ein Bild dafür ist für mich die Gestalt des aus der Sintflut geretteten Noah. Noah überlebt die Sintflut nicht, weil er ein listenreicher Archenbauer – eine Art hebräischer Odysseus – ist. Er dümpelt auch nicht wie ein Korken auf dem Wasser. Sondern er wird gerettet, weil Gott ihm die Treue hält und ihn durch die Flut hindurchträgt. Ich denke, dass das Sterben für jeden seine Sintflut bedeutet, und ich hoffe, dass Gott auch dann bei mir bleibt und mir durch die Wasser des Todes hindurchhilft, indem er sich weiterhin zu mir verhält, auch wenn ich mich zu keinem anderen mehr und kein anderer sich mehr zu mir verhalten kann.

Die tonangebende Theologie pflegt solche »Wortkargheit« zu loben. So schreibt der katholische Theologe Otto Hermann Pesch: »Die ›Armut‹ und Wortkargheit der Eschatologie ist in Wahrheit eine Kostbarkeit, denn sie hält die radikale Grundlage eschatologischer Hoffnung im Bewusstsein. Nur die Wirklichkeit und Nähe Gottes ist der Anker unserer Hoffnung, keine Konkretionen nach innerweltlichen Modellen.« Und ganz ähnlich der protestantische Theologe Eberhard Jüngel: »Gott ist unser Jenseits. In seinem Leben ist auch das andere geborgen. Und das muss uns genügen. Interessanter ist unser Ableben nicht.«

Dieser rigide Theozentrismus hat zur Folge, dass die Aussagen über den Tod und das ewige Leben außerordentlich abstrakt ausfallen. Kein Wunder daher, dass viele Zeitgenossen anderswohin gehen, um sich darüber konkrete Auskunft zu holen – und die ist dann häufig auch danach.

Auch hier gilt es, das Schisma zwischen Theologie und Religion zu überwinden und der Erfahrung mehr Recht und Raum zu lassen. Es geht nicht darum, durch Anleihen bei anderen Religionen oder wilde weltanschauliche Spekulationen die Neugier zu befriedigen und Ängste zuzudecken, auch nicht darum, den christlichen Glauben an das ewige Leben rational zu begründen, wohl aber ihn verstehbarer und gewisser zu machen. Wenn irgendwo, dann ist hier im ursprünglichen Sinn des Wortes »Seelsorge« geboten.

Denn es wächst die Zahl derer, die wissen möchten, wie sie sich die Fortsetzung der persönlichen Existenz des Menschen nach dem Tod denken sollen. Dahinter verbirgt sich die Frage nach einem geeigneten, womöglich zeitgemäßeren Denkmodell. Bisher hat die christliche Theologie, im Bann ihres traditionellen antiplatonischen Affekts, die Vorstellung von einer eigenen, vom Leib getrennten Existenz der Seele strikt abgelehnt. Stattdessen hat sie auf der Ganzheit von Leib und Seele bestanden und entsprechend konsequent auch mit beider »ganzem« Tod gerechnet – dann aber trotzdem, sozusagen im gleichen Atemzug, das Weiterleben des Menschen nach dem Tod behauptet. Wie geht das zusammen? Das ist es, was auch Christen heute zunehmend Beschwer bereitet.

In dieser Situation nun bietet sich vielleicht ein neues Leib-Seele-Modell an. Die Parapsychologie legt zuverlässig beglaubigte Beispiele außersinnlicher Wahrnehmungen vor, die eine außerkörperliche geistig-seelische Existenz als möglich erscheinen lassen. Angesichts dieser Möglichkeit fragt Gerhard

Adler zu Recht, »ob Theologen eine Ganztod-Theorie entworfen hätten, wenn ihnen diese vielfältigen Materialien bekannt und einer gründlichen Reflexion wert gewesen wären«. Und er fährt fort: »Wir haben es mit Überlegungen zu tun, die zwar aus der Beschäftigung mit der Reinkarnationsidee hervorgegangen sind, die aber keineswegs an die Annahme dieser Theorie gebunden sind. Über die Theologie hinaus zeigt sich die Relevanz der Forschungen auch für Philosophie, Biologie und Physik etc. Das uralte Problem des Verhältnisses von Leib und Seele, von Geist und Materie erscheint unter neuen Vorzeichen.«

Der Theologie fiele damit die Aufgabe zu, unter den neuen Vorzeichen das biblische Symbol der »Gottebenbildlichkeit« des Menschen im Zusammenhang mit dem Leib-Seele-Problem neu zu bedenken und wenn möglich ein zeitgemäßeres theologisches Denkmodell für den christlichen Unsterblichkeitsglauben herauszufinden. Nicht, dass das Weiterleben des Menschen nach dem Tod nun zur Abwechslung parapsychologisch bewiesen werden sollte! Weder so noch so, weder platonisch noch antiplatonisch lässt sich das ewige Leben begründen – es bleibt allein Gottes lebenschaffende Tat. Auch wenn die Parapsychologie im Hintergrund spukt, bedeutet der Wechsel des theologischen Denkmodells einen normalen Vorgang der Theologiegeschichte. Wann immer ein Denkmodell sich als nicht mehr zeitgemäß erwies, hat man es zurückgelassen und durch ein neues, geeigneteres zu ersetzen gesucht. So geht es auch heute nicht darum, den Glauben durch Wissen überflüssig, sondern verstehbar zu machen.

Wohin Gott durch den Tod uns führt, bleibt ein Geheimnis. Mit einem Geheimnis aber kann man leben, wenn man Vertrauen hat. Man kann es nicht enträtseln wie den Mordfall in einem Kriminalroman, aber man kann es in Bildern beschreiben – dann erschließt es sich dem, der es vernimmt, und die verborgene Wahrheit geht ihm auf. Wenn der Tod für uns aus einem menschlichen Rätsel zu einem göttlichen Geheimnis wird, dann sind wir ein Stück weiter, dann haben wir vielleicht überhaupt die uns mögliche letzte Lebensstufe erreicht und können »das Zeitliche segnen«.

Augustin schreibt, Meister Eckhart zitiert Augustin, und Ernst Bloch wiederum rezitiert Meister Eckhart: »Ich werde etwas in mir gewahr, das meiner Seele vorspielt und vorleuchtet; würde das zur Vollendung und Stetigkeit in mir gebracht, das müsste das ewige Leben sein.«

Heinz Zahrnt

Musik als Vorspiel zum ewigen Leben

»Die Wahrheit kam nicht nackt auf die Welt, sondern sie kam in den Sinnbildern und Abbildern. Die Welt wird sie auf keine andere Weise erhalten« (Koptisches Philippus-Evangelium). Die Sprache unseres Alltages oder die Sprache der Wissenschaft will definieren, argumentieren, beweisen. Die Sprache der Musik wie die der Mythen oder die der Träume und Märchen redet in Bildern, die das Verstehen gleichsam überspringen. Sie erklären nicht, sondern sind »Sinnbilder«, sind Symbole. Ich meine das Wort in seiner ursprünglichen Bedeutung: Die Griechen brachen einen Stock auseinander, die beiden Teile waren beim »Zusammenfügen« (= symballein) als zueinandergehörig zu erkennen und konnten so (z.B. für Gesandte von Völkern) als untrügliches Erkennungszeichen verwandt werden. Ich glaube daran, dass uns in Musik der abgebrochene Teil eines Ganzen begegnet, dessen anderer, abgetrennter Teil meist in einem unserem Verstand unzugänglichen Raum liegt. Die beiden abgebrochenen Teile wirklich zusammenzufügen ist uns Irdischen verwehrt. So nähert man sich den verborgenen Aussagen der Musik nicht mit den Gesetzen der Kausalität, sondern mit den Folgerungen der Analogie, die Kongruenz zu dem Unfassbaren, Unerklärlichen auf anderem Wege, in anderer Sprache herstellt. Wie eine Saite in Schwingungen gerät, wenn man ihre Frequenz trifft, so vermag Musik sonst Unzugängliches widerzuspiegeln. Das meint wohl Luthers Deutung der Musik: »musica praeludium vitae aeternae« (Musik ist Vorspiel zum ewigen Leben).

Günter Jena

1.	Erläutern Sie den Satz: Musik ist Vorspiel zum ewigen Leben.
2.	Erörtern Sie, inwiefern über das Phänomen »Musik« eine »Konkretisierung« eschatologischer Aussagen möglich ist. (Berücksichtigen Sie dabei den Text von Heinz Zahrnt S. 134–135.)

Da capo al fine – wieder »von vorn« und dann erst »zum Ende«?

5. Die Sehnsucht nach dem Ende der Welt

a// Was den apokalyptischen Terrorismus mit der neuen Weltordnung verbindet

Thomas Höpker, Blick von Williamsburg auf Manhattan, Brooklyn, 11. September 2001

Das Szenario der Verbrechen vom 11. September 2001 im World Trade Center in New York und im Pentagon in Washington hat viele Menschen so fassungslos gemacht, weil es keinem vernünftigen, sondern einem apokalyptischen Drehbuch folgte. Sehen wir noch einmal hin: dort das World Trade Center, Symbol des globalisierten Fortschritts der modernen Welt, dort das Pentagon, Symbol der Supermacht Amerika – hier in den gekaperten Flugzeugen die anonymen Massenmörder, Vollstrecker, wie sie glauben, des Gerichts einer überirdischen Macht.

Rationale Ziele und Zwecke der Attentate sind nicht erkennbar, Stimmen von Bin Laden und Mullah Omar sprechen von Vergeltung für erlittene Kränkungen des Islam, von der Rache Gottes an Ungläubigen und der Zerstörung Amerikas. Sind hier religiöse Energien zu kriminellen geworden? Haben wir die religiösen Energien wieder unterschätzt, wie schon einmal, als der Fundamentalist Khomeini gegen den Modernisierer Schah Reza Pahlewi im Iran antrat? Das Drehbuch für das Schreckensdrama vom 11. September geht über die Vorstellungen moderner Vernunft hinaus und ist doch in sich logisch und folgerichtig. Die Attentäter waren nicht Kalaschnikows schwingende Analphabeten, sondern gebildete, gut trainierte junge Männer. Sie kamen aus angesehenen Familien, nicht aus den Slums der Dritten Welt. Die Dramaturgie ihrer Handlungen war zweifellos religiös, aber diese Charakterisierung genügt nicht, innerhalb des Religiösen war sie offensichtlich eschatologisch, vom Pathos des Endes beherrscht. Wir nennen das heute »apokalyptisch«, obgleich es wenig mit den alten apokalyptischen Traditionen zu tun hat.

Aber auch das World Trade Center und das Pentagon sind nicht nur zweckdienliche Stätten modernen Handelns und militärischer Planung. Sie haben auch Symbolwert. Sehen wir genauer hin, dann finden wir hier ein anderes religiöses Muster, nicht das apokalyptische vom »Ende der Welt«, sondern das millennaristische von der »Vollendung der Weltgeschichte« durch Globalisierung wirtschaftlicher und militärischer Macht. Auch dieses Denkmuster ist vom Pathos des Endes beherrscht und lässt keine Alternativen zu. Was am 11. September 2001 in New York und Washington geschah, war der Zusammenstoß einander widersprechender Weltendvorstellungen: einer triumphalen Weltvollendungsidee hier – und einer apokalyptischen Weltbeendigungsidee dort. Es war der Anschlag der terroristischen Beendigung der Welt auf die globale Vollendung der Weltgeschichte.

Vorstellungen von einem »Ende der Geschichte« richten sich entweder auf das Ziel oder das Ende der Geschichte. Hat die Weltgeschichte ein vorbestimmtes Ziel, dann ist dieses ihre Vollendung, und die Geschichte schreitet stufenweise voran. Nach biblischen Traditionen ist es das Reich des Menschensohns und das »Tausendjährige Reich« Christi; nach antiker Vorstellung ist es das »Goldene Zeitalter«, das nach Vergil das »eiserne Zeitalter« der Gegenwart ablösen soll; nach modernen Hoffnungen ist es das »Reich des ewigen Friedens« (Kant) und das »Reich der Freiheit« (Hegel). Für Francis Fukuyama, seinerzeit im State Department in Washington, begann 1989 nach dem Zerfall des Sozialismus und dem Sieg des »Kapitalismus und der liberalen Demokratie« das »Ende der Geschichte«. Wir nennen diese Vollendungsvorstellungen chiliastisch oder millennaristisch, und, sofern sie die Gegenwart bestimmen, messianisch.

Findet dagegen die Weltgeschichte ihre Beendigung im Ende der Welt, dann wird sie durch Katastrophen abgebrochen. Nach biblischen Traditionen ist das der »Weltuntergang«, nach antiken Vorstellungen der »Weltenbrand«; nach modernen Befürchtungen atomare, ökologische oder neuerdings terroristische Katastrophen. Endvorstellungen dieser Art nennen wir »apokalyptisch«. Sie gliedern nicht den Fortschritt, sondern entziehen jeder Epoche der Geschichte ihren Sinn. Weltgeschichte ist sinnlose Gewalt- und Leidensgeschichte: Ihr Ende ist das Beste an ihr.

Wer die Macht hat, ist immer am Fortschritt seiner Geschichte und ihrer globalen Ausweitung interessiert. Er versteht Zukunft als Fortsetzung seiner Gegenwart. Wer unterdrückt und gekränkt ist, ist nicht am Fortschritt seiner Leidensgeschichte interessiert, sondern nur an ihrer baldigen Beendigung. Wem also nützen die einen und die anderen Endvorstellungen?

Jürgen Moltmann

1. Skizzieren Sie den Gedankengang des Textautors.
2. Erläutern Sie, was der Autor unter »apokalyptisch« versteht.
3. Beurteilen Sie seinen Erklärungsansatz für die Ereignisse des 11. Septembers 2001.

b// Das Große Weltgericht

Zwei messianische Ideen bestimmen den Geist der modernen Welt: Die »Neuzeit« prägt das epochale Bewusstsein Europas. Nach »Altertum« und »Mittelalter« soll die »Neuzeit« das dritte und damit das Vollendungszeitalter der Menschheit bringen. Nach der messianisch aufgeladenen »Neuzeit« kann nur noch das »Ende der Zeit« kommen. »Amerika« war und ist für Einwanderer »Die Neue Welt«, in der es Freiheit für jeden geben soll. Die messianischen Elemente im »Amerikanischen Traum« und folglich auch in der amerikanischen Zivilreligion und der amerikanischen Politik sind leicht erkennbar: Das Siegel der USA und jede Eindollarnote tragen die Verheißung *novus ordo seculorum*: die Neue Weltordnung. Damit wird nicht eine, sondern die Neue Weltordnung, und zwar nicht nur für eine Zeit, sondern für alle Zeiten proklamiert. Wie Neuzeit das Zeitalter der ganzen Welt meint, so meint Neue Weltordnung eine Ordnung für die ganze Menschheit.

Messianische Ideen haben das Selbstbewusstsein der USA von Anfang an beeinflusst: Als *the innocent nation* hat Amerika die Bestimmung, *the manifest destiny*, als »Stadt auf dem Berge« und »Leuchtfeuer der Freiheit«, »die Welt zu erlösen« und das »Reich Gottes« auf Erden zu bauen. Das schafft das heilige Gefühl, zu einer *redeemer nation* zu gehören (E. L. Tuveson, Redeemer Nation. The Idea of America's Millennial Role, Chicago 1958, 1980). Diese Ideen könnten bloße Versatzstücke aus der Rhetorik amerikanischer Präsidenten sein, wenn da nicht zwei Tatsachen wären, die ihnen entsprechen:

1. Während das Sowjetexperiment, aus vielen Nationen den »neuen Sowjetmenschen« zu schaffen, 1989 endgültig gescheitert ist, geht das »amerikanische Experiment« weiter. Amerika ist das Land der Einwanderer: *e pluribus unum*. Ob es ein Schmelztiegel, *melting pot*, für die verschiedenen Rassen und Religionen ist oder nicht, es kommen immer neue Wellen von

E PLURIBUS UNUM – Fresko von Constantino Brumidi in der Kuppel des Kapitols in Washington, D.C./USA

Immigranten, neuerdings immer mehr Vietnamesen. Das »amerikanische Experiment« ist ein Experiment der Menschheit, nicht nur der Amerikaner. Die Völker warten auf die Erfüllung der amerikanischen Verheißung der Neuen Weltordnung. Amerikanischer Imperialismus erfüllt sie nicht, sondern nur die universale Durchsetzung der Menschenrechte. *All men are created equal*, sagt die amerikanische Unabhängigkeitserklärung – nicht nur amerikanische Menschen! Die messianischen Hoffnungen der USA können also nur in einer Weltfriedensordnung verwirklicht werden, die auf den Menschenrechten und den Rechten der Natur gründet.

2. Der vorletzte Prophet der Neuen Weltordnung war Francis Fukuyama 1989. Er deutete das »Ende der Geschichte« […] als »die Welt ohne Alternative«. Nach 1989 triumphierte der Westen, denn es gab keine real existierende Alternative mehr zu »Kapitalismus und liberaler Demokratie«, also hat die Menschheit in der pluralistischen Demokratie endlich gefunden, was sie in allen ihren politischen Experimenten seit Jahrtausenden gesucht hat: das Ende der Geschichte in einer Welt ohne Alternative. Was einst Geschichte war, ist nur noch im »Haus der Geschichte« zu besichtigen. Auf das Ende des Ost-West-Konflikts folgte ab 1989 die Globalisierung dessen, was der Westen war und wollte. Jetzt sprachen viele gern von der »Einen Welt«, der »Weltgemeinschaft«, dem *global village* oder der nach unseren Maßstäben »zivilisierten Welt«. Die Globalisierung der Produktionen und Märkte, Finanzen und Konzerne, Kommunikationssysteme und Kulturindustrien brachte jedoch keinen Frieden in die Welt, sondern neue Konflikte. Der aggressive Kapitalismus produziert neue Ungleichheiten, während demokratische Gemeinwesen auf die Gleichheit der BürgerInnen angewiesen sind. Fukuyama und Kojève hatten Hegel auch missverstanden: Nicht die Alternativlosigkeit, sondern die Konfliktfreiheit beendet die Geschichte. Solange aber immer neue Konflikte zwischen Völkern und mit der Natur der Erde entstehen, ist kein »Ende der Geschichte« und auch keine messianische Neue Weltordnung in Sicht.

Wir kennen die apokalyptischen Bilder vom Großen

Weltgericht, von den vier apokalyptischen Reitern, vom Endkampf zwischen Christus und dem Antichristen und vom Kampf Gottes mit den Teufeln im Tal von Harmagedon. Es ist die »Religion der Unterdrückten«, die sich in solchen Rachevisionen ausdrückt. Es sind die Verfolgten, die in ihrer Ohnmacht Allmachtsträume bekommen. Es sind die Gedemütigten, deren Größenwahn in Verfolgungswahn umschlägt. Apokalyptisch war zu allen Zeiten die Theologie der Märtyrer, die unter Schmerzen den Fall der gottlosen Mächte vor sich sehen: Da stürzt sie, die »große Hure Babylon«. Weil sie nicht universal sind und alles beherrschen, haben alle monotheistischen Religionen einen dualistischen Untergrund, der in ihrer Apokalyptik gut zu erkennen ist.

Es gibt einen passiven apokalyptischen Terrorismus: Der Weltuntergang ist nahe und unabwendbar, wenn er kommt, werden die wahren Gläubigen »entrückt«, während die Gottlosen vernichtet werden. Früher dachte man an Feuer vom Himmel, nach 1945 an ein »nukleares Harmagedon« (Ronald Reagan). Nur weniges wirkt so verhängnisvoll wie dieser apokalyptische Fatalismus. Während die jüdischen und christlichen Apokalypsen Hoffnung in den drohenden Gefahren erwecken wollen, ist die moderne, säkularisierte Apokalyptik nackter apokalyptischer Terror und nichts als Exterminismus.

Es ist kein Wunder, dass heute aus dieser apokalyptischen Deutung drohender Menschheitsverbrechen ein aktiver Terrorismus entstanden ist. Von der passiven Enderwartung einer unerträglich gewordenen Welt zur aktiven Beendigung dieser Welt ist der Weg nicht weit: »Besser ein Ende mit Schrecken als dieser Schrecken ohne Ende.«

Wir haben in den letzten Jahren eine Reihe apokalyptischer Massenselbstmorde gesehen: 1978 in Jonestown, Guayana, 912 Mitglieder einer Volkstempelsekte; 1993 in Waco, Texas, 78 Anhänger der Davidianer-Sekte; 1995 53 Mitglieder einer Sonnentemplersekte in Kanada und der Schweiz; 1997 39 Gläubige einer Ufo-death-Sekte in San Diego und 1999 etwa 1000 Mitglieder einer katholischen Maria-Sekte in Uganda. Die erlösende »Entrückung« aus dieser untergehenden Welt war ihr Motiv.

Apokalyptischer Terrorismus kann auch zum aktiven Massenmord führen. Dschingis Khan fühlte sich zum Massenmord berufen. »Ich bin der Rächer Gottes«, soll er den Bewohnern Samarkands zugeschrien haben, bevor die Massaker begannen. »Die Lust an der Zerstörung ist auch eine schaffende Lust«, verkündete der Anarchist Michail Bakunin im 19. Jahrhundert. »Ohne Zerstörung kann es keinen Aufbau geben«, war Mao Tse-tungs Befehl an die Roten Garden in China. Der Massenmörder Pol Pot nahm Maos Devise in Kambodscha ernst. Seine Roten Khmer ermordeten zwei Millionen in den *killing fields* und hinterließen ein zerstörtes Land.

Seit dem 11. September 2001 sind wir mit einer neuen Qualität dieses aktiven apokalyptischen Terrorismus konfrontiert. Man wird Attentäter für Geld oder aus Überzeugung, Selbstmordattentäter aber nur aus Überzeugung. Die islamistischen Terroristen fühlen sich offenbar als Märtyrer ihres Glaubens und werden von ihresgleichen hoch verehrt. Für welche Überzeugung morden sie? Seit Jahrzehnten werden die USA von fanatisierten Massen auf den Straßen des Nahen Ostens als »der große Satan« angeklagt und die westliche Welt als die verdorbene »Welt der Gottlosen« verdammt: Materialismus, Pornografie, Auflösung der Familie, Frauenbefreiung sind nur einige der Anklagen.

Man hat das im Westen nicht ernst genommen, sondern nur als primitiv belächelt. »Der große Satan« ist aber kein anderer als der apokalyptische »Feind Gottes«. Wer ihn schwächt und erniedrigt, ist auf Gottes Seite und verdient das Paradies. Die fixe Idee, mit Gott im Endkampf gegen die Gottlosen zu kämpfen, hebt offenbar jede normale menschliche Tötungshemmung auf, erhöht die Ekstase der Macht und verwandelt Selbstmord in einen Gottesdienst. Die Selbstmordmassenmörder von New York und Washington werden sich wie Gott gefühlt haben, der am Ende die Gottlosen vernichtet. Fühlen sie sich wie göttliche Henker, brauchen sie auch keine verständliche Rechtfertigung für den Massenmord. Der Sinn von Terrorismus ist – Terror. Danach soll nichts kommen. Wir haben es mit einer wenig bekannten Form islamistischer Apokalyptik zu tun [...] und mit der islamischen Assassin-Tradition, die aus dem 10. Jahrhundert stammt. Aus welcher Vorstellungswelt auch immer die Motive stammen, die Frage bleibt: Ist es ein Zeichen von Glaubensstärke, zum Massenmörder zu werden?

Jürgen Moltmann

1.	Stellen Sie den Gedankengang Moltmanns mit eigenen Worten dar.
2.	Erläutern Sie anhand der im Text genannten Beispiele das Verhältnis von Religion und Politik.
3.	Beurteilen Sie, ob bzw. inwiefern es weiterhilft, über die religionsgeschichtlichen Hintergründe islamischer Apokalyptik Bescheid zu wissen.

c// Der Islam und die Moderne

Ein Dialog zwischen den Weltreligionen ist notwendig, aber nicht das Problem des Tages. Ein *clash of civilizations* (S. Huntington) ist nicht die Herausforderung, vor der wir stehen. Was seit dem 11. September 2001 ansteht, ist die terroristische Reaktion eines radikalen Flügels des islamischen Fundamentalismus gegen die Grundlagen der modernen Welt, die für sie die westliche Welt ist. Der Aufstieg der westlichen Welt ging mit einem Niedergang der einst großen islamischen Welt einher. Der Zerfall des Osmanischen Reiches im Ersten Weltkrieg, die Kolonialherrschaft christlicher Staaten im Nahen Osten, die Gründung des Staates Israel nach dem Zweiten Weltkrieg und nach 1989 die Globalisierung der westlichen zur universalen modernen Welt muss das »Haus des Islam« verletzt und die islamische Umma tief gedemütigt haben.

Die aktuelle Bedrohung betrifft heute gar nicht die westliche Welt, sondern die islamische Gesellschaft mit ihren traditionellen Einheiten von Religion und Staat, Religion und Kultur, Religion und Wirtschaft. Kann der Islam eine Alternative zur westlichen Welt aufbauen? Es sieht nicht danach aus, jedenfalls nicht in so unterentwickelten Ländern wie Afghanistan oder afrikanischen Ländern.

Die aus dem Westen hervorgegangene moderne Welt hat drei Grundbedingungen für das friedliche Zusammenleben verschiedener Religionsgemeinschaften in einer gemeinsamen Zivilgesellschaft entwickelt:

1. die Trennung von Religionsgemeinschaft und Bürgergesellschaft, die aus der Trennung von Kirche und Staat hervorgegangen ist,
2. die Anerkennung der individuellen Religionsfreiheit,
3. die Anerkennung der Menschenrechte der Frau.

Genau gegen diese drei Bedingungen protestiert der islamische Fundamentalismus, indem er die mittelalterliche Scharia einführt und zum Heiligen Krieg gegen verwestlichte islamische Staaten und die westliche Welt aufruft. Islamische Gemeinschaften, die in der westlichen Welt leben, akzeptieren diese Bedingungen, die durch die demokratischen Verfassungen garantiert sind. Moderne islamische Staaten wie die Türkei und Ägypten haben sie mehr oder weniger übernommen. Haben sie sich damit vom Koran entfernt? Das müssen sie selbst beurteilen. Es gibt einige Fragen, die ein Licht auf mögliche Konfliktlinien der Muslime werfen. Wem gilt ihre Loyalität: dem deutschen Staat, dessen Bürger sie sind, oder der Umma, der Bruderschaft, aller Muslime? Bedeutet individuelle Religionsfreiheit, dass Personen in den Islam eintreten und ohne Schaden auch wieder austreten können? Und zuletzt: Soll ein muslimischer Junge seiner deutschen Lehrerin gehorchen? Was sagt ihm sein Mullah in der Koranschule?

Jürgen Moltmann

1.	Geben Sie die Ansicht des Autors mit eigenen Worten wieder.
2.	Erläutern Sie die Probleme, die sich aus der Begegnung von Islam und säkularen Ansichten aus dem Westen ergeben können.
3.	Die Scharia als Bestandteil des Rechts in westlichen Staaten? Beziehen Sie Stellung.

d// Die christliche Hoffnung

Die moderne Welt ist eine offene Gesellschaft, offen für postmoderne Kultur und ökologische Reformen. Sie kann aber den Frieden zwischen verschiedenen Religionsgemeinschaften nur unter den drei genannten Bedingungen garantieren, denn diese waren es, mit denen Europa und Amerika im 17. und 18. Jahrhundert die Konfessionskriege überwanden und den religionsneutralen Staat, die säkulare Gesellschaft und damit die moderne Welt aufbauten. Sie sind darum auch die wesentlichen Grundlagen für die Modernisierung der Welt in anderen Kulturen. Während die asiatischen Kulturen damit wenig Probleme haben und die Globalisierung dort erfolgreich war, hat die islamische Tradition in arabischen Ländern an dieser Stelle Probleme, so dass deshalb neben anderen Gründen die Globalisierung der modernen Welt bei ihnen misslungen ist.

Auch das Christentum kennt entsprechende Reaktionen auf die moderne Welt im orthodoxen Traditionalismus, katholischen Autoritarismus und protestantischen Fundamentalismus, hat aber im Ganzen die moderne Welt als Befreiung begriffen: 1. als Befreiung von den Aufgaben einer politischen Religion durch die Trennung von Kirche und Staat, 2. als politische Verwirklichung der erfahrenen Glaubensfreiheit in der demokratischen Religionsfreiheit, 3. als öffentliche Anerkennung der Gottebenbildlichkeit von Mann und Frau in gleicher Würde und gleichen Rechten. Nach dem 11. September 2001 wird sich die Christenheit, gleich welcher Konfession, dazu entschließen müssen, die drei Grundbedingungen gegen jede Form von Fundamentalismus zu verteidigen und als Lebensbedingungen der Freiheit für alle Religionsgemeinschaften zu fördern.

Für den christlichen Glauben selbst gibt es weder den Zwang zur Vollendung der Weltgeschichte noch den apokalyptischen Befehl zur Vernichtung dieser Welt, sondern nur die Kraft zum neuen Anfang. Ziel christlicher Hoffnung ist nicht das Ende der Welt, sondern der Anfang des Lebens. Der Grund dieser Hoffnung sind die Auferstehung Christi und ihre Fähigkeit, in der Geschichte Neues anzufangen.

Jürgen Moltmann

1. Stellen Sie dar, wie der Autor das Christentum in der modernen Gesellschaft sieht.
2. Vergleichen Sie die Reaktion verschiedener Länder auf die Herausforderungen gegenwärtigen säkularen Denkens.
3. Erläutern Sie die Einschätzung Moltmanns zur christlichen Apokalyptik. Beziehen Sie Stellung.

Die Zahl 666 hat in der Apokalypse des Johannes einen bestimmten Sinn. Ob sich mancher Autofahrer dessen bewusst ist?

6. Zentrale Schriftstellen

Die folgenden Bibelstellen können Sie zum Teil mit Hilfe der bisher erworbenen Kenntnisse über die Apokalyptik erschließen. Darüber hinaus ist es bei der Einzelinterpretation sinnvoll, auf gängige exegetische Kommentare zurückzugreifen. Da die einzelnen Bibelstellen nicht ohne den Gesamtzusammenhang interpretiert werden dürfen, sollten – über die vorgegebenen Anmerkungen hinaus – Zusatzinformationen z. B. aus der Wikipedia herangezogen werden. Hier kann man sich einen Überblick mit weiterführenden Links verschaffen.

a// Dan 7,1–28 – Daniels Vision von den vier Tieren und vom Menschensohn

Anmerkungen zur Einordnung der Schriftstelle

Wer das Buch Daniel von vorne bis hinten in einem Stück durchliest, gewinnt nicht gerade den Eindruck, es handle sich hier um ein Buch. So etwas wie einen durchgehenden Erzählfaden oder einen konsequenten Handlungsablauf vom ersten zum letzten Kapitel gibt es nicht. Was die einzelnen Kapitel zusammenhält, ist einzig die Figur des Daniel. Das hat manche Exegeten dazu bewogen, statt von einem Buch von einer »Daniel-Bibliothek« zu sprechen. Diese »Bibliothek« enthält verschiedene Erzählungen um einen legendären Daniel, der unter babylonischen Königen diente, um drei jüdische Männer (Hananja, Asarja, Mischaël), die ihren Glauben am Hof babylonischer Könige bezeugten, und von verschiedenen, diesem Daniel zugeschriebenen Visionen. In dieser »Bibliothek« finden sich auch sehr verschiedene Textsorten: Hofgeschichten, Traumerzählungen, ein Brief, Visionen, Auditionen u. a. Die ersten sechs Kapitel des Buches enthalten Erzählungen über Daniel (sog. Fremdberichte), mit Kap. 7 wechselt das Buch zum Ich-Stil (Ich-Bericht): Daniel kommt selbst zu Wort mit seinen Träumen und Visionen. Die Kap. 13 (Rettung Susannas) und 14 (Daniel und die Bel-Priester, Daniel und der Drache) enthalten dann wieder Erzählungen über Daniel. Auffällig ist, dass im Buch Daniel drei verschiedene Sprachen verwendet werden: Es beginnt in hebräischer Sprache, bis es in Dan 2,4 plötzlich zum Aramäischen wechselt. Diese Sprache wird über die eigentliche direkte Rede hinaus beibehalten bis einschließlich Kap. 7. Ab Kap. 8 wechselt das Buch dann wieder ins Hebräische über bis einschließlich Kap. 12. Die darauf folgenden drei Erzählungen sind uns nur in Griechisch (in der LXX) überliefert; ebenso das Gebet des Asarja (3,24–50) und der Lobgesang der drei jungen Männer im Feuerofen (3,51–90). Dieser Sprachenwechsel ist ein deutliches Zeichen dafür, dass die verschiedenen Teile des Buches zu unterschiedlichen Zeiten entstanden sind. Doch gibt es dafür auch noch andere »Indizien«: Das Bild der Danielfigur, das uns die Erzählungen in Dan 1–6 vor Augen stellen, ist ein ganz anderes als das in Dan 7–12: Im Erzählteil ist Daniel der Typ des idealen Diasporajuden wie z. B. der legendäre Tobit oder wie Josef in Ägypten, mit dem er die Befähigung zur Traumdeutung (z. B. Dan 4: Nebukadnezzars Traum vom stolzen Baum; Dan 5: Gastmahl Belschazzars) gemeinsam hat. Im Visionsteil hingegen ist Daniel selbst Empfänger von Träumen und Visionen, vermag diese aber nicht zu deuten und ist selbst auf Deutung angewiesen. Auch die heidnische Umwelt im Erzählteil wird anders gesehen als im Visionsteil. Die einzelnen Erzählungen in Dan 1–6 werden, bei aller Spannung und Lebensgefahr für Daniel und seine Freunde (Dan 3), stets durch ein »Happy End« gekrönt. Ganz anders im zweiten Teil des Buches, wo die Fremdherrscher geradezu »böse« und gottfeindlich dargestellt werden, so dass als einzige Hoffnung ein Eingreifen Gottes in die Geschichte und das Anbrechen des Gottesreiches gesehen werden. Im Erzählteil und im Visionsteil haben sich also ganz verschiedene historische Erfahrungen niedergeschlagen. […] So ist am Ende dieses langen Entstehungsprozesses aus einzelnen Diasporalegenden ein »apokalyptisches« Buch geworden, das in schlimmer Zeit versucht, etwas vom Wirken Gottes in und hinter der Geschichte sichtbar zu machen, den Schleier vom Ablauf der Geschichte zu nehmen, den Geschichtsplan Gottes zu offenbaren. Nichts anderes bedeutet das griechische Wort apokalyptein = enthüllen/offenbaren von verschlüsselten Botschaften, Chiffren, Metaphern und Bildreden im Danielbuch.

Dieter Bauer

Der Schrifttext

1 Im ersten Jahr Belschazzars, des Königs von Babel,
hatte Daniel einen Traum; auf seinem Lager hatte er
eine Vision. Er schrieb den Traum auf und sein Be-
richt hat folgenden Inhalt:
2 Ich hatte während der Nacht eine Vision: Die vier
Winde des Himmels wühlten das große Meer auf.
3 Dann stiegen aus dem Meer vier große Tiere herauf;
jedes hatte eine andere Gestalt.
4 Das erste war einem Löwen ähnlich, hatte jedoch Ad-
lerflügel. Während ich es betrachtete, wurden ihm die
Flügel ausgerissen; es wurde vom Boden emporgeho-
ben und wie ein Mensch auf zwei Füße gestellt und es
wurde ihm ein menschliches Herz gegeben.
5 Dann erschien ein zweites Tier; es glich einem Bären
und war nach einer Seite hin aufgerichtet. Es hielt
drei Rippen zwischen den Zähnen in seinem Maul und
man ermunterte es: Auf, friss noch viel mehr Fleisch!
6 Danach sah ich ein anderes Tier; es glich einem Pan-
ther, hatte aber auf dem Rücken vier Flügel, wie die
Flügel eines Vogels; auch hatte das Tier vier Köpfe;
ihm wurde die Macht eines Herrschers verliehen.
7 Danach sah ich in meinen nächtlichen Visionen ein
viertes Tier; es war furchtbar und schrecklich anzuse-
hen und sehr stark; es hatte große Zähne aus Eisen.
Es fraß und zermalmte alles, und was übrig blieb, zer-
trat es mit den Füßen. Von den anderen Tieren war es
völlig verschieden. Auch hatte es zehn Hörner.
8 Als ich die Hörner betrachtete, da wuchs zwischen
ihnen ein anderes, kleineres Horn empor und vor ihm
wurden drei von den früheren Hörnern ausgerissen;
und an diesem Horn waren Augen wie Menschenau-
gen und ein Maul, das anmaßend redete.
9 Ich sah immer noch hin; da wurden Throne aufge-
stellt und ein Hochbetagter nahm Platz. Sein Gewand
war weiß wie Schnee, sein Haar wie reine Wolle. Feu-
erflammen waren sein Thron und dessen Räder wa-
ren loderndes Feuer.
10 Ein Strom von Feuer ging von ihm aus. Tausendmal
Tausende dienten ihm, zehntausendmal Zehntausen
de standen vor ihm. Das Gericht nahm Platz und es
wurden Bücher aufgeschlagen.
11 Ich sah immer noch hin, bis das Tier – wegen der
anmaßenden Worte, die das Horn redete – getötet
wurde. Sein Körper wurde dem Feuer übergeben und
vernichtet. 12 Auch den anderen Tieren wurde die
Herrschaft genommen. Doch ließ man ihnen das Le-
ben bis zu einer bestimmten Frist.
13 Immer noch hatte ich die nächtlichen Visionen: Da
kam mit den Wolken des Himmels / einer wie ein Men-
schensohn. Er gelangte bis zu dem Hochbetagten /
und wurde vor ihn geführt.
14 Ihm wurden Herrschaft, / Würde und Königtum ge-
geben. Alle Völker, Nationen und Sprachen / müssen
ihm dienen. Seine Herrschaft ist eine ewige, / unver-
gängliche Herrschaft. / Sein Reich geht niemals unter.
15 Darüber war ich, Daniel, im Geist bekümmert, und
was mir vor Augen stand, erschreckte mich.
16 Ich wandte mich an einen der Umstehenden und bat
ihn, mir das alles genau zu erklären. Er deutete mir
die Vorgänge und sagte:
17 Diese großen Tiere, vier an der Zahl, bedeuten vier
Könige, die sich auf der Erde erheben werden.
18 Das Königtum aber werden die Heiligen des Höchs-
ten erhalten und sie werden es behalten für immer
und ewig.
19 Dann wollte ich noch Genaueres über das vierte Tier
erfahren, das Tier, das anders war als alle anderen,
ganz furchtbar anzusehen, mit Zähnen aus Eisen und
mit Klauen aus Bronze, das alles fraß und zermalmte,
und was übrig blieb, mit den Füßen zertrat.
20 Auch (wollte ich Genaueres erfahren) über die zehn
Hörner an seinem Kopf und über das andere Horn,
das emporgewachsen war und vor dem die drei Hör-
ner abgefallen waren, das Horn, das Augen und einen
Mund hatte, der anmaßend redete, und das schließ-
lich größer als die anderen zu sein schien. 21 Ich sah
dieses Horn gegen die Heiligen kämpfen. Es überwäl-
tigte sie, 22 bis der Hochbetagte kam. Da wurde den
Heiligen des Höchsten Recht verschafft und es kam
die Zeit, in der die Heiligen das Königtum erhielten.
23 Der (Engel) antwortete mir: Das vierte Tier bedeutet:
Ein viertes Reich wird sich auf der Erde erheben,
ganz anders als alle anderen Reiche. Es wird die gan-
ze Erde verschlingen, sie zertreten und zermalmen.
24 Die zehn Hörner bedeuten: In jenem Reich werden
zehn Könige regieren; doch nach ihnen kommt ein an-
derer. Dieser ist ganz anders als die früheren. Er
stürzt drei Könige,
25 er lästert über den Höchsten und unterdrückt die
Heiligen des Höchsten. Die Festzeiten und das Gesetz
will er ändern. Ihm werden die Heiligen für eine Zeit
und zwei Zeiten und eine halbe Zeit ausgeliefert.
26 Dann aber wird Gericht gehalten. Jenem König wird
seine Macht genommen; er wird endgültig ausgetilgt
und vernichtet.
27 Die Herrschaft und Macht und die Herrlichkeit aller
Reiche unter dem ganzen Himmel werden dem Volk
der Heiligen des Höchsten gegeben. Sein Reich ist ein
ewiges Reich und alle Mächte werden ihm dienen und
gehorchen.
28 Hier endet die Mitteilung. Mich, Daniel, erschreck-
ten meine Gedanken sehr und ich erbleichte. Aber ich
bewahrte die Mitteilung in meinem Herzen.

b// Offb 6.13.17.20–21 – Endzeit der Gewalt – Gottes neue Welt

Anmerkungen zur Einordnung der Schriftstellen

Der Verfasser nennt sich selbst Johannes (1,1 u.ö.), was die alte Kirche irrtümlich bewogen hat, in ihm den Apostel Johannes zu sehen. Doch scheint der Autor keine geborgte Autorität, sondern nur die eigene prophetische Berufung zu beanspruchen. Es gibt auch keine Gemeinsamkeit mit dem Johannesevangelium, denn Sprache und Theologie beider Schriften unterscheiden sich deutlich. Es handelt sich also um einen sonst unbekannten Autor, der den geläufigen Namen Johannes trug. Die Forschung erkennt in ihm nach Gedankenwelt und Diktion einen Judenchristen, der offensichtlich kein Gemeindeamt ausübte, sondern als Wanderprophet wirkte. Vermutlich zeigte er deswegen auch kein Interesse an amtlicher Hierarchie; seine Gemeindevorstellungen sind eher geschwisterlich-egalitär geprägt.

Ob sein Wirkungskreis mit den sieben Gemeinden, an die er seine Botschaft richtet (Kap. 2–3), vollständig umschrieben ist, muss offenbleiben, zumal die Siebenzahl auch symbolisch für die Gesamtheit der christlichen Gemeinden stehen kann. Das Buch entstand auf der Insel Patmos, einer kleinen und armseligen Ägäisinsel, die in der römischen Kaiserzeit als Verbannungsort diente. Die 1,9 vom Autor genannte Bedrängnis als auch der weitere Sprachgebrauch lassen vermuten, dass der Verfasser ebenfalls zu den Verbannten zählte. Üblicherweise kamen Exilierte aus der Oberschicht; mit einfachen Menschen ging man durchweg härter um. Das auf Patmos entstandene Buch ist ein in verschlüsselter Symbolsprache geschriebenes Stück Untergrundliteratur, wahrscheinlich aus der zweiten Hälfte der Regierungszeit des römischen Kaisers Domitian (81–96), in der viele Christen in eine Verfolgungssituation gerieten.

Das Buch nennt sich »Apokalypsis Jesu Christi«, eine durch Jesus geschenkte Enthüllung der Pläne Gottes, und legitimiert sich durch die 1,9–20 geschilderte Berufungsvision. Die literarische Gestaltung dieser Vision erlaubt keinen Rückgriff auf den Vorgang selbst. Nach einer Botschaft an sieben kleinasiatische Gemeinden, die offensichtlich Kompromisse mit ihrer religiösen Umwelt schlossen – was der Verfasser kritisiert – wird der Hauptteil (4–22) mit einer Thronsaalvision eröffnet (4–5), vergleichbar der Schilderung Jes 6. Hier wird Christus im Symbol des Lammes zum Vermittler der Offenbarung, weil nur er würdig ist, die sieben Siegel des Buches mit dem göttlichen Heilsplan zu lösen. Darauf folgt dreimal ein Siebener-Schema (5,1–8,1: Sieben Siegel; 8,2 ff.: Sieben Posaunen; 15–16: Sieben Schalen des Zorns), wobei die Siebenzahl sich stets auf eine Gesamtheit bezieht. Während es durchweg Schreckensvisionen sind, die hier ausgebreitet werden, zeigen Passagen wie 6,9–11 und 7,4–17, dass der Verfasser sich nicht auf Gerichtsankündigungen beschränkt, sondern den standhaft bleibenden Christen Trost und Rettung zuspricht. Dieser Intention folgt vor allem der Abschluss des Buches mit seiner Vision eines »neuen Himmels und einer neuen Erde« (21,1–22,5). *Hubertus Halbfas*

Der Schrifttext

Die ersten sechs Siegel – Die beiden Tiere – Die Hure Babylon

6 1 Dann sah ich: Das Lamm öffnete das erste der sieben Siegel; und ich hörte das erste der vier Lebewesen wie mit Donnerstimme rufen: Komm!

2 Da sah ich ein weißes Pferd; und der, der auf ihm saß, hatte einen Bogen. Ein Kranz wurde ihm gegeben und als Sieger zog er aus, um zu siegen.

3 Als das Lamm das zweite Siegel öffnete, hörte ich das zweite Lebewesen rufen: Komm!

4 Da erschien ein anderes Pferd; das war feuerrot. Und der, der auf ihm saß, wurde ermächtigt, der Erde den Frieden zu nehmen, damit die Menschen sich gegenseitig abschlachteten. Und es wurde ihm ein großes Schwert gegeben.

5 Als das Lamm das dritte Siegel öffnete, hörte ich das dritte Lebewesen rufen: Komm! Da sah ich ein schwarzes Pferd; und der, der auf ihm saß, hielt in der Hand eine Waage.

6 Inmitten der vier Lebewesen hörte ich etwas wie eine Stimme sagen: Ein Maß Weizen für einen Denar und drei Maß Gerste für einen Denar. Aber dem Öl und dem Wein füge keinen Schaden zu!

7 Als das Lamm das vierte Siegel öffnete, hörte ich die Stimme des vierten Lebewesens rufen: Komm!

8 Da sah ich ein fahles Pferd; und der, der auf ihm saß, heißt »der Tod«; und die Unterwelt zog hinter ihm her. Und ihnen wurde die Macht gegeben über ein Viertel der Erde, Macht, zu töten durch Schwert, Hunger und Tod und durch die Tiere der Erde.

9 Als das Lamm das fünfte Siegel öffnete, sah ich unter dem Altar die Seelen aller, die hingeschlachtet worden waren wegen des Wortes Gottes und wegen des Zeugnisses, das sie abgelegt hatten.

10 Sie riefen mit lauter Stimme: Wie lange zögerst du noch, Herr, du Heiliger und Wahrhaftiger, Gericht zu

halten und unser Blut an den Bewohnern der Erde zu
rächen?
11 Da wurde jedem von ihnen ein weißes Gewand ge-
geben; und ihnen wurde gesagt, sie sollten noch kurze
Zeit warten, bis die volle Zahl erreicht sei durch den
Tod ihrer Mitknechte und Brüder, die noch sterben
müssten wie sie.
12 Und ich sah: Das Lamm öffnete das sechste Siegel.
Da entstand ein gewaltiges Beben. Die Sonne wurde
schwarz wie ein Trauergewand und der ganze Mond
wurde wie Blut.
13 Die Sterne des Himmels fielen herab auf die Erde,
wie wenn ein Feigenbaum seine Früchte abwirft,
wenn ein heftiger Sturm ihn schüttelt.
14 Der Himmel verschwand wie eine Buchrolle, die
man zusammenrollt, und alle Berge und Inseln wur-
den von ihrer Stelle weggerückt.
15 Und die Könige der Erde, die Großen und die Heer-
führer, die Reichen und die Mächtigen, alle Sklaven
und alle Freien verbargen sich in den Höhlen und Fel-
sen der Berge.
16 Sie sagten zu den Bergen und Felsen: Fallt auf uns
und verbergt uns vor dem Blick dessen, der auf dem
Thron sitzt, und vor dem Zorn des Lammes;

13 1 Und ich sah: Ein Tier stieg aus dem Meer, mit
zehn Hörnern und sieben Köpfen. Auf seinen Hörnern
trug es zehn Diademe und auf seinen Köpfen Namen,
die eine Gotteslästerung waren.
2 Das Tier, das ich sah, glich einem Panther; seine Fü-
ße waren wie die Tatzen eines Bären und sein Maul
wie das Maul eines Löwen. Und der Drache hatte ihm
seine Gewalt übergeben, seinen Thron und seine gro-
ße Macht.
3 Einer seiner Köpfe sah aus wie tödlich verwundet;
aber die tödliche Wunde wurde geheilt. Und die ganze
Erde sah dem Tier staunend nach.
4 Die Menschen warfen sich vor dem Drachen nieder,
weil er seine Macht dem Tier gegeben hatte; und sie
beteten das Tier an und sagten: Wer ist dem Tier
gleich und wer kann den Kampf mit ihm aufnehmen?
5 Und es wurde ermächtigt, mit seinem Maul anma-
ßende Worte und Lästerungen auszusprechen; es
wurde ihm Macht gegeben, dies zweiundvierzig Mo-
nate zu tun.
6 Das Tier öffnete sein Maul, um Gott und seinen Na-
men zu lästern, seine Wohnung und alle, die im Him-
mel wohnen.
7 Und es wurde ihm erlaubt, mit den Heiligen zu
kämpfen und sie zu besiegen. Es wurde ihm auch
Macht gegeben über alle Stämme, Völker, Sprachen
und Nationen.
8 Alle Bewohner der Erde fallen nieder vor ihm: alle,
deren Name nicht seit der Erschaffung der Welt ein-
getragen ist ins Lebensbuch des Lammes, das ge-
schlachtet wurde.
9 Wenn einer Ohren hat, so höre er.
10 Wer zur Gefangenschaft bestimmt ist, geht in die
Gefangenschaft. Wer mit dem Schwert getötet werden
soll, wird mit dem Schwert getötet. Hier muss sich die
Standhaftigkeit und die Glaubenstreue der Heiligen
bewähren.
11 Und ich sah: Ein anderes Tier stieg aus der Erde
herauf. Es hatte zwei Hörner wie ein Lamm, aber es
redete wie ein Drache.
Die ganze Macht des ersten Tieres übte es vor dessen
Augen aus.
12 Es brachte die Erde und ihre Bewohner dazu, das
erste Tier anzubeten, dessen tödliche Wunde geheilt
war.
13 Es tat große Zeichen; sogar Feuer ließ es vor den
Augen der Menschen vom Himmel auf die Erde fallen.
14 Es verwirrte die Bewohner der Erde durch die
Wunderzeichen, die es im Auftrag des Tieres tat; es
befahl den Bewohnern der Erde, ein Standbild zu er-
richten zu Ehren des Tieres, das mit dem Schwert er-
schlagen worden war und doch wieder zum Leben
kam.
15 Es wurde ihm Macht gegeben, dem Standbild des
Tieres Lebensgeist zu verleihen, sodass es auch spre-
chen konnte und bewirkte, dass alle getötet wurden,
die das Standbild des Tieres nicht anbeteten.
16 Die Kleinen und die Großen, die Reichen und die
Armen, die Freien und die Sklaven, alle zwang es, auf
ihrer rechten Hand oder ihrer Stirn ein Kennzeichen
anzubringen.
17 Kaufen oder verkaufen konnte nur, wer das Kenn-
zeichen trug: den Namen des Tieres oder die Zahl sei-
nes Namens.
18 Hier braucht man Kenntnis. Wer Verstand hat, be-
rechne den Zahlenwert des Tieres. Denn es ist die
Zahl eines Menschennamens; seine Zahl ist sechshun
dertsechsundsechzig.

17 1 Dann kam einer der sieben Engel, welche die sie-
ben Schalen trugen, und sagte zu mir: Komm, ich zei-
ge dir das Strafgericht über die große Hure, die an
den vielen Gewässern sitzt.
2 Denn mit ihr haben die Könige der Erde Unzucht ge-
trieben und vom Wein ihrer Hurerei wurden die Be-
wohner der Erde betrunken.
3 Der Geist ergriff mich und der Engel entrückte mich
in die Wüste. Dort sah ich eine Frau auf einem schar-
lachroten Tier sitzen, das über und über mit gotteslä-

terlichen Namen beschrieben war und sieben Köpfe
und zehn Hörner hatte.
[4]Die Frau war in Purpur und Scharlach gekleidet und
mit Gold, Edelsteinen und Perlen geschmückt. Sie
hielt einen goldenen Becher in der Hand, der mit dem
abscheulichen Schmutz ihrer Hurerei gefüllt war.
[5]Auf ihrer Stirn stand ein Name, ein geheimnisvoller
Name: Babylon, die Große, die Mutter der Huren und
aller Abscheulichkeiten der Erde.
[6]Und ich sah, dass die Frau betrunken war vom Blut
der Heiligen und vom Blut der Zeugen Jesu. Beim An-
blick der Frau ergriff mich großes Erstaunen.
[7]Der Engel aber sagte zu mir: Warum bist du er-
staunt? Ich will dir das Geheimnis der Frau enthüllen
und das Geheimnis des Tieres mit den sieben Köpfen
und zehn Hörnern, auf dem sie sitzt.
[8]Das Tier, das du gesehen hast, war einmal und ist
jetzt nicht; es wird aber aus dem Abgrund heraufstei-
gen und dann ins Verderben gehen. Staunen werden
die Bewohner der Erde, deren Namen seit der Er-
schaffung der Welt nicht im Buch des Lebens ver-
zeichnet sind. Sie werden bei dem Anblick des Tieres
staunen; denn es war einmal und ist jetzt nicht, wird
aber wieder da sein.
[9]Hier braucht man Verstand und Kenntnis. Die sieben
Köpfe bedeuten die sieben Berge, auf denen die Frau
sitzt. Sie bedeuten auch sieben Könige.
[10]Fünf sind bereits gefallen. Einer ist jetzt da, einer ist
noch nicht gekommen; wenn er dann kommt, darf er
nur kurze Zeit bleiben.
[11]Das Tier aber, das war und jetzt nicht ist, bedeutet
einen achten König und ist doch einer von den sieben
und wird ins Verderben gehen.
[12]Die zehn Hörner, die du gesehen hast, bedeuten
zehn Könige, die noch nicht zur Herrschaft gekom-
men sind; sie werden aber königliche Macht für eine
einzige Stunde erhalten, zusammen mit dem Tier.
[13]Sie sind eines Sinnes und übertragen ihre Macht
und Gewalt dem Tier. Sie werden mit dem Lamm
Krieg führen, aber das Lamm wird sie besiegen. Denn
es ist der Herr der Herren und der König der Könige.
Bei ihm sind die Berufenen, Auserwählten und Treu-
en.
[14]Und er sagte zu mir: Du hast die Gewässer gesehen,
an denen die Hure sitzt; sie bedeuten Völker und Men-
schenmassen, Nationen und Sprachen.
[15]Du hast die zehn Hörner und das Tier gesehen; sie
werden die Hure hassen, ihr alles wegnehmen, bis sie
nackt ist, werden ihr Fleisch fressen und sie im Feuer
verbrennen.
[16]Denn Gott lenkt ihr Herz so, dass sie seinen Plan
ausführen: Sie sollen einmütig handeln und ihre Herr-
schaft dem Tier übertragen, bis die Worte Gottes er-
füllt sind.
[17]Die Frau aber, die du gesehen hast, ist die große
Stadt, die die Herrschaft hat über die Könige der Er-
de.

Die Tausendjährige Herrschaft – Der endgültige Sieg über den Satan – Das Gericht über alle Toten

20 [1]Dann sah ich einen Engel vom Himmel herabstei-
gen; auf seiner Hand trug er den Schlüssel zum Ab
grund und eine schwere Kette.
[2]Er überwältigte den Drachen, die alte Schlange – das
ist der Teufel oder der Satan – und er fesselte ihn für
tausend Jahre.
[3]Er warf ihn in den Abgrund, verschloss diesen und
drückte ein Siegel darauf, damit der Drache die Völ-
ker nicht mehr verführen konnte, bis die tausend Jah-
re vollendet sind. Danach muss er für kurze Zeit frei-
gelassen werden.
[4]Dann sah ich Throne; und denen, die darauf Platz
nahmen, wurde das Gericht übertragen. Ich sah die
Seelen aller, die enthauptet worden waren, weil sie an
dem Zeugnis Jesu und am Wort Gottes festgehalten
hatten. Sie hatten das Tier und sein Standbild nicht
angebetet und sie hatten das Kennzeichen nicht auf
ihrer Stirn und auf ihrer Hand anbringen lassen. Sie
gelangten zum Leben und zur Herrschaft mit Christus
für tausend Jahre.
[5]Die übrigen Toten kamen nicht zum Leben, bis die
tausend Jahre vollendet waren. Das ist die erste Auf-
erstehung.
[6]Selig und heilig, wer an der ersten Auferstehung teil-
hat. Über solche hat der zweite Tod keine Gewalt. Sie
werden Priester Gottes und Christi sein und tausend
Jahre mit ihm herrschen.
[7]Wenn die tausend Jahre vollendet sind, wird der Sa-
tan aus seinem Gefängnis freigelassen werden.
[8]Er wird ausziehen, um die Völker an den vier Ecken
der Erde, den Gog und den Magog, zu verführen und
sie zusammenzuholen für den Kampf; sie sind so zahl-
reich wie die Sandkörner am Meer.
[9]Sie schwärmten aus über die weite Erde und umzin-
gelten das Lager der Heiligen und Gottes geliebte
Stadt. Aber Feuer fiel vom Himmel und verzehrte sie.
[10]Und der Teufel, ihr Verführer, wurde in den See von
brennendem Schwefel geworfen, wo auch das Tier
und der falsche Prophet sind. Tag und Nacht werden
sie gequält, in alle Ewigkeit.
[11]Dann sah ich einen großen weißen Thron und den,
der auf ihm saß; vor seinem Anblick flohen Erde und
Himmel und es gab keinen Platz mehr für sie.

12 Ich sah die Toten vor dem Thron stehen, die Großen
und die Kleinen. Und Bücher wurden aufgeschlagen;
auch das Buch des Lebens wurde aufgeschlagen. Die
Toten wurden nach ihren Werken gerichtet, nach
dem, was in den Büchern aufgeschrieben war.
13 Und das Meer gab die Toten heraus, die in ihm wa-
ren; und der Tod und die Unterwelt gaben ihre Toten
heraus, die in ihnen waren. Sie wurden gerichtet, je-
der nach seinen Werken.
14 Der Tod und die Unterwelt aber wurden in den Feu-
ersee geworfen. Das ist der zweite Tod: der Feuersee.
15 Wer nicht im Buch des Lebens verzeichnet war, wur-
de in den Feuersee geworfen.

Gottes Wohnen unter den Menschen – Das neue Jerusalem

21 1 Dann sah ich einen neuen Himmel und eine neue
Erde; denn der erste Himmel und die erste Erde sind
vergangen, auch das Meer ist nicht mehr.
2 Ich sah die heilige Stadt, das neue Jerusalem, von
Gott her aus dem Himmel herabkommen; sie war be-
reit wie eine Braut, die sich für ihren Mann ge-
schmückt hat.
3 Da hörte ich eine laute Stimme vom Thron her rufen:
Seht, die Wohnung Gottes unter den Menschen! Er
wird in ihrer Mitte wohnen, und sie werden sein Volk
sein; und er, Gott, wird bei ihnen sein.
4 Er wird alle Tränen von ihren Augen abwischen: Der
Tod wird nicht mehr sein, keine Trauer, keine Klage,
keine Mühsal. Denn was früher war, ist vergangen.
5 Er, der auf dem Thron saß, sprach: Seht, ich mache
alles neu. Und er sagte: Schreib es auf, denn diese
Worte sind zuverlässig und wahr.
6 Er sagte zu mir: Sie sind in Erfüllung gegangen. Ich
bin das Alpha und das Omega, der Anfang und das
Ende. Wer durstig ist, den werde ich umsonst aus der
Quelle trinken lassen, aus der das Wasser des Lebens
strömt.
7 Wer siegt, wird dies als Anteil erhalten: Ich werde
sein Gott sein und er wird mein Sohn sein.
8 Aber die Feiglinge und Treulosen, die Befleckten, die
Mörder und Unzüchtigen, die Zauberer, Götzendiener
und alle Lügner – ihr Los wird der See von brennen-
dem Schwefel sein. Dies ist der zweite Tod.
9 Und es kam einer von den sieben Engeln, die die sie-
ben Schalen mit den sieben letzten Plagen getragen
hatten. Er sagte zu mir: Komm, ich will dir die Braut
zeigen, die Frau des Lammes.
10 Da entrückte er mich in der Verzückung auf einen
großen, hohen Berg und zeigte mir die heilige Stadt
Jerusalem, wie sie von Gott her aus dem Himmel he-
rabkam,
11 erfüllt von der Herrlichkeit Gottes. Sie glänzte wie
ein kostbarer Edelstein, wie ein kristallklarer Jaspis.
12 Die Stadt hat eine große und hohe Mauer mit zwölf
Toren und zwölf Engeln darauf. Auf die Tore sind Na-
men geschrieben: die Namen der zwölf Stämme der
Söhne Israels.
13 Im Osten hat die Stadt drei Tore und im Norden drei
Tore und im Süden drei Tore und im Westen drei Tore.
14 Die Mauer der Stadt hat zwölf Grundsteine; auf ih-
nen stehen die zwölf Namen der zwölf Apostel des
Lammes.
15 Und der Engel, der zu mir sprach, hatte einen gol-
denen Messstab, mit dem die Stadt, ihre Tore und ihre
Mauer gemessen wurden.
16 Die Stadt war viereckig angelegt und ebenso lang
wie breit. Er maß die Stadt mit dem Messstab; ihre
Länge, Breite und Höhe sind gleich: zwölftausend Sta-
dien.
17 Und er maß ihre Mauer; sie ist hundertvierundvier-
zig Ellen hoch nach Menschenmaß, das der Engel be-
nutzt hatte.
18 Ihre Mauer ist aus Jaspis gebaut und die Stadt ist
aus reinem Gold, wie aus reinem Glas.
19 Die Grundsteine der Stadtmauer sind mit edlen Stei-
nen aller Art geschmückt; der erste Grundstein ist ein
Jaspis, der zweite ein Saphir, der dritte ein Chalzedon,
der vierte ein Smaragd,
20 der fünfte ein Sardonyx, der sechste ein Sardion, der
siebte ein Chrysolith, der achte ein Beryll, der neunte
ein Topas, der zehnte ein Chrysopras, der elfte ein Hy-
azinth, der zwölfte ein Amethyst.
21 Die zwölf Tore sind zwölf Perlen; jedes der Tore be-
steht aus einer einzigen Perle. Die Straße der Stadt ist
aus reinem Gold, wie aus klarem Glas.
22 Einen Tempel sah ich nicht in der Stadt. Denn der
Herr, ihr Gott, der Herrscher über die ganze Schöp-
fung, ist ihr Tempel, er und das Lamm.
23 Die Stadt braucht weder Sonne noch Mond, die ihr
leuchten. Denn die Herrlichkeit Gottes erleuchtet sie
und ihre Leuchte ist das Lamm.
24 Die Völker werden in diesem Licht einhergehen und
die Könige der Erde werden ihre Pracht in die Stadt
bringen.
25 Ihre Tore werden den ganzen Tag nicht geschlos-
sen – Nacht wird es dort nicht mehr geben.
26 Und man wird die Pracht und die Kostbarkeiten der
Völker in die Stadt bringen.
27 Aber nichts Unreines wird hineinkommen, keiner,
der Gräuel verübt und lügt. Nur die, die im Lebens-
buch des Lammes eingetragen sind, werden eingelas-
sen.

Giotto di Bondone, Der Engel der neuen Welt Gottes, 1306

7. Was lehrt das Neue Testament über die Zukunft des Kosmos?

Wir befragten die hauptsächlichen Stellen des Neuen Testaments, die aufgrund ihres vordergründigen Wortlauts für die Thematik »kosmische Eschatologie« in Betracht kommen bzw. beansprucht werden, nach den von ihnen intendierten Aussagen. Diese ließen sich mit einiger Sicherheit oder doch Wahrscheinlichkeit erheben. Abschließend interessiert uns vor allem die Frage nach der Auswirkung des Christusgeschehens auf den physischen Bestand des vorfindlichen Universums, das ja auch für die neutestamentlichen Glaubenszeugen vorauszusetzen ist – sosehr das, was diese unter »Himmel und Erde«, unter »dem All« verstanden, nach heutiger Kenntnis nicht nur unverhältnismäßig bescheiden, sondern sogar objektiv falsch war. Dem Wortlaut nach spricht das Neue Testament von kosmischen Katastrophen, in unterschiedlichen Kontexten sogar vom Vergehen des Himmels und der Erde, das in zwei Spätschriften mit dem nachfolgenden Erscheinen eines neuen Himmels und einer neuen Erde verbunden wird. Für keinen der hier einschlägigen Texte lässt sich die Intention einer lehrhaften Voraussage über das zukünftige Schicksal des Universums nachweisen oder auch nur wahrscheinlich machen, wohl nicht einmal für Kap. 3 des sehr späten 2. Petrusbriefes. Ebenso wenig lässt sich für Jesus selbst und für die urchristliche Verkündigung der Glaube an eine künftige, den Zustand des Universums verändernde Auswirkung des Christusgeschehens begründen, sei es im Sinne einer [...] überhöhenden Erneuerung, sei es im Sinne einer spontanen Neugestaltung, einer »verklärenden Umwandlung« des Kosmos oder gar eines evolutiven, in eine höchste personale Einigung des ganzen Universums ausmündenden Prozesses – und wie dergleichen Redeweisen lauten mögen. Gewiss wird den Parusie- und Gerichtsaussagen mehr als einer neutestamentlichen Schrift nur die Erwartung des Endes der Menschheitsgeschichte gerecht. Und gerade auch Paulus liegt an der Stellung Christi als des neuen Kosmokrators, an der endlichen Durchsetzung des Gottseins Gottes über alle Welt. Diese »Machtergreifung« Gottes bedeutet für ihn das Gericht über Glaubende und Nichtglaubende, die Zunichtemachung der – wirklichen bzw. vermeintlichen – lebensfeindlichen »Mächte und Gewalten«, und »die Erlösung unseres (der Gläubigen) Leibes«. So unleugbar ein derartiges eschatologisches Geschehen den Horizont und die Möglichkeiten innermenschlicher Geschichte sprengt, so gewagt erschiene es mir, daraus Konsequenzen hinsichtlich des Bestandes oder Zustands der außermenschlichen Schöpfung zu ziehen, was Paulus selbst, expressis verbis jedenfalls, nicht tut, eben auch in Röm 8,18–23 nicht.

Was lehrt das Neue Testament dann also über die Zukunft, über das Endschicksal des bestehenden Kosmos? Einzig diese Frage stand hier zur Debatte, wobei ich mir selbstverständlich bewusst bin, dass diese Frage jenen Teilaspekt des Verständnisses der neutestamentlichen Eschatologie betrifft, deren Klärung noch die geringste Schwierigkeit bereitet. Ich meine resümieren zu dürfen: Unter eigentlich kosmologischem Aspekt verzichtet das Neue Testament auf eine lehrhafte Aussage. Die Frage nach der relativen und absoluten Zukunft des Kosmos kann der Exeget mit gutem Gewissen dem Naturwissenschafter überlassen. Im Zentrum der neutestamentlichen Heilsbotschaft steht das auf die Zukunft ausgerichtete Heilshandeln Gottes am Menschen und damit die endzeitliche Heilsgemeinde. Symptomatisch für dieses zentrale Interesse an der Erlösung des Menschen ist bereits eine Eigentümlichkeit des neutestamentlichen Sprachgebrauchs, nämlich der geschichtlich konzipierte Weltbegriff. Ganz überwiegend bezeichnet ho kósmos die Welt, die ihr Wesen vom Menschen her gewonnen hat, die durch den sündigen Menschen zu einer im Gegensatz zu Gott stehenden Größe geworden ist. Der Begriff kósmos kann bei Paulus ohne weiteres mit personalen bzw. anthropologischen Begriffen wechseln. Dieser Menschenwelt gilt das durch und an Jesus erfolgte erlösende Handeln Gottes, das sich abschließend verwirklichen soll als Heil und Gericht.

Als charakteristischer Ausdruck dieses sprachlichen und theologischen Sachverhalts sollen statt vieler zwei Sätze des Johannesevangeliums stehen. »Denn so sehr hat Gott die Welt geliebt, dass er seinen einzigen erzeugten Sohn hingab, damit jeder, der an ihn glaubt, nicht verlorengehe, sondern ewiges Leben habe. Denn nicht dazu hat Gott seinen Sohn in die Welt gesandt, dass er die Welt richte, sondern dass die Welt durch ihn gerettet werde« (3,16f.).

Anton Vögtle

KOMPETENZEN

Am Ende dieses Kapitels sollten Sie Fortschritte beim Erwerb folgender Fähigkeiten erworben haben:

Wahrnehmungs- und Darstellungsfähigkeit – religiös bedeutsame Phänomene wahrnehmen und beschreiben:	• mit Angst/Zukunftsangst verbundene leidvolle Situationen erfassen, in denen letzte Fragen nach Grund, Sinn, Ziel und Verantwortung des Lebens aufbrechen • religiöse Spuren und Dimensionen in der Lebenswelt aufdecken, etwa bei der Bewältigung von Leid und Freude • zentrale unterschiedliche säkulare und religiöse Vorstellungen vom Tod und einem Weiterleben nach dem Tod sowie ihre Voraussetzungen und Unterschiede beschreiben • grundlegende religiöse Ausdrucksformen (Symbole, Riten, Mythen, Räume, Zeiten) wahrnehmen und in verschiedenen Kontexten wiedererkennen und einordnen • angesichts von Endzeitstimmungen ethische Herausforderungen in der individuellen Lebensgeschichte sowie in unterschiedlichen gesellschaftlichen Handlungsfeldern erkennen und Handlungsmöglichkeiten ausloten.
Deutungsfähigkeit – religiös bedeutsame Sprache und Zeugnisse verstehen und deuten:	• im Sprechen über Zukunftsängste religiöse Motive und Elemente identifizieren • christliche und konkurrierende Zugänge zur Frage nach dem Weltende analysieren und erläutern • religiöse Sprachformen – etwa der Apokalyptik – als Ausdruck existenzieller und kollektiver Erfahrungen verstehen • ästhetisch-künstlerische und mediale Ausdrucksformen identifizieren und ihre Bedeutung und Funktion erklären (Beispiele: biographische und literarische Texte, Bilder, Musik, Werbung, Filme) • biblische Texte, die für den christlichen Glauben grundlegend sind, methodisch reflektiert mit den Mitteln historisch-kritischer Forschung auslegen, etwa Mt 25,31–46; Jes 65,17–25; Offb 20,11–15; 21,1–8 • die neutestamentliche Hoffnungsstruktur des Glaubens identifizieren und biblische Hoffnungsbilder erläutern, besonders die Apokalypse des Johannes • Deutungen von Auferstehung/Auferweckung identifizieren • begründen, warum biblische Hoffnungsbilder die Wahrnehmung der gegenwärtigen Welt verändern • literarische Texte mithilfe angemessener Verfahrens interpretieren • Glaubenszeugnisse in Beziehung zum eigenen Leben und zur gesellschaftlichen Wirklichkeit setzen.
Urteilsfähigkeit – in religiösen und ethischen Fragen begründet urteilen:	• deskriptive und normative Aussagen unterscheiden • Begriffe wie »Jüngstes Gericht« auslegen und erläutern • die Frage nach der Planbarkeit bzw. dem nicht planbaren Zukommens stellen und als praktisch zu bewältigende Frage nach dem Verhältnis von Schicksalsannahme und Gestaltungsmöglichkeit identifizieren • eine Lebensplananalyse unter Berücksichtigung der im Lebenslauf auftretenden Sinnfrage bewerten • Formen theologischer Argumentation vergleichen und bewerten • eine Deutung der biblischen Rede von der Endzeit aus historisch-kritischer Sicht bewerten • Die Verkündigung Jesus und seine Ansage des Gerichts sachgemäß interpretieren • Gemeinsamkeiten von Konfessionen, Religionen und Weltanschauungen, Organisationen usw. sowie deren Unterschiede erklären und kriteriengeleitet bewerten • den Begriff der »eschatologischen Spannung« erläutern und darstellen, inwiefern Christen in einer Spannung zwischen »schon jetzt« und »noch nicht« leben • im Kontext der Pluralität verschiedener Perspektiven und Deutungen einen eigenen Standpunkt auch hinsichtlich der impliziten religiösen und ethischen Fragen einnehmen und argumentativ vertreten.
Dialogfähigkeit – am religiösen Dialog argumentierend teilnehmen:	• die Perspektive eines anderen einnehmen und in Bezug zum eigenen Standpunkt setzen, etwa bzgl. der Zukunfts- und Jenseitsvorstellungen anderer Religionen (etwa des Islam) zu den christlichen in Beziehung setzen • Gemeinsamkeiten von religiösen und weltanschaulichen Überzeugungen sowie Unterschiede benennen und im Blick auf mögliche Dialogpartner kommunizieren • sich aus der Perspektive des christlichen Glaubens mit anderen religiösen und weltanschaulichen Überzeugungen argumentativ auseinandersetzen, dabei etwa Konsequenzen der christlichen Hoffnung für das individuelle Lebensgefühl, das Lebenskonzept und das alltägliche Handeln von Christen aufzeigen • Kriterien für eine konstruktive Begegnung, die von Verständigung, Respekt und Anerkennung von Differenz geprägt ist, in dialogischen Situationen berücksichtigen.
Gestaltungsfähigkeit – religiös bedeutsame Ausdrucks- und Gestaltungsformen verwenden:	• typische Sprachformen der Bibel theologisch reflektiert transformieren oder literarische Transformationen identifizieren • Aspekten des christlichen Glaubens in textbezogenen Formen Ausdruck verleihen • Musik als Spur der Transzendenz identifizieren • Ausdrucksformen des christlichen Glaubens erproben und ihren Gebrauch reflektieren • religiöse Symbole der Alltagskultur kriterienbewusst (um-)gestalten • religiös relevante Inhalte und Positionen medial und adressatenbezogen präsentieren

IV. Schlussgedanken: Über Zeit und Wirklichkeit – Vom Umgang mit der Zeit angesichts der Ewigkeit

Heiner Blum, Joan Crawford Strikes a Pose, 1990/91

Was ist die entscheidende Zeit unseres Lebens? Die Vergangenheit ist unserem Einfluss enthoben, die Zukunft steht noch aus. Unser Bewusstsein erlaubt es uns, gerade einmal drei Sekunden als Gegenwart zu erleben. Nur über Gegenwärtiges verfügen wir tatsächlich. Denn wir haben nichts als die Gegenwart, auch wenn unser Verstand uns etwas anderes nahelegt. Wenn wir das Ticken einer Uhr hören, so kann uns das einerseits an unsere Vergänglichkeit erinnern, andrerseits dürfen wir uns aber immer wieder sagen: Bei jedem Ticken ist JETZT – und nichts als das!

»What is the best moment of your life?«

Herb Stumpf entschied sich mit Mitte 50 auszusteigen. Zunächst unternahm er eine Reise nach Thailand, um dort in einem buddhistischen Kloster über seine neue Lebenssituation ohne Beruf zu meditieren.

Der Tagesablauf im Kloster war recht einfach: Um 04:30 Uhr ertönten die Glocken zum Wecken, um 5 Uhr begann eine halbstündige Lesung, der eine erste 45-minütige Meditation im Sitzen folgte, dann Yoga, eine zweite Sitzmeditation und schließlich eine erste morgendliche Belehrung über buddhistische Weisheiten. Um 8 Uhr gab es ein vegetarisches Frühstück nach thailändischer Art, dann ging man einfachen Arbeiten für die Gemeinschaft nach, und um 10 Uhr begann ein Wechsel von Sitz- und Gehmeditation mit einem Vortrag über die Techniken der Meditation. Um 12:30 Uhr nahm man die zweite und letzte Mahlzeit ein, ruhte sich aus oder machte sich Notizen. Alles fand bei völligem Schweigen der Teilnehmer statt. Erst gegen Ende des zehntägigen Programms gab es Gelegenheiten für direkte Fragen mit englischsprachigen Mönchen oder Lehrern. Um 14:30 Uhr wiederholte sich im Prinzip der Ablauf des Vormittags. Um 18 Uhr gab es Tee und Obst. Um 19:30 Uhr fand nochmals eine Belehrung statt, die mit einer letzten 45-minütigen Meditation den Tag beschloss. Um 21 Uhr war Bettruhe und man fiel in aller Regel in einen guten Schlaf. Die Kosten waren geradezu lächerlich – etwa drei Euro pro Tag, alles inklusive! Es durfte jedoch gespendet werden. […]

»What is the best moment of your life?« – »Was ist der beste Moment in Ihrem Leben?«, fragte der Abt des Klosters Ajahn Poh bei einer dieser frühmorgendlichen Belehrungen in die Runde der etwa einhundert versammelten Europäer, Amerikaner, Australier, Neuseeländer und der paar Asiaten aus dem englischsprachigen Raum dieses Kontinents. Ich überhörte die Gegenwartsform, denn im Singsang der Aussprache des asiatischen Englisch gehen Präsens und Vergangenheitsform häufig undefinierbar ineinander über. »What is the best moment of your life?«, fragte er noch einmal und schaute in die Gesichter der vor ihm im Schneidersitz hockenden internationalen Gemeinde, Männer und Frauen im Alter von Anfang 20 bis Ende 60, wobei der Schwerpunkt wohl bei um die 40 lag. »Ich gebe Euch etwa fünf Minuten Zeit, macht die Augen zu und lasst es auf Euch wirken«, bot er an. Dabei schlug er mit einem kleinen Holzstab auf die vor ihm liegende Klangschale. In einer inneren Versenkung versuchte ich die Höhepunkte meines Lebens an mir vorüberziehen zu lassen. Dabei fiel mir Einiges ein: der Tag, an dem ich zum erstem Mal im Leben in ein Flugzeug stieg […]; der unerwartete Augenblick, als wir auf unserer Weltreise im VW-Bus aus der Tiefebene Nepals hoch in die mittleren Berge des vorderen Himalaja fuhren und urplötzlich, nach einer der unzähligen Kurven, über einen Radius von 180 Grad die weiß bedeckten Schneegipfel der Achttausender vor uns lagen – einer der ergreifendsten Momente meines Lebens überhaupt, wo mir nur noch das Wort »Gott« einfiel und ich sonst nichts sagen konnte. Einige berufliche Erfolge fielen mir ein, die mich stolz und glücklich gemacht hatten. Vieles ging mir durch den Kopf, mein Geist sprang mit der nur dem Geist eigenen Geschwindigkeit und seiner einzigartigen Federleichtigkeit durch verschiedenste Stationen meines Lebens und konnte sich nicht entscheiden. Es gab viele glückliche und wichtige Momente in meinem Leben, es war unmöglich, sich auf einen einzigen festzulegen. Da ertönte er wieder, der klare Ton der Klangschale. Langsam öffnete ich die Augen. Der alte Abt in seinem safranfarbigen Mönchsgewand, das bis an die Beine reichte und nur die rechte Schulter frei ließ, den Kopf kahl geschoren, musterte uns gütig mit seinen dunklen, schwarzen Augen und diesem tiefen, weisen Blick und schwieg noch eine kleine Weile. Dann, ganz leise, noch einmal die Frage: »So, what is the best moment of your life?« »Ich bin sicher, Ihr habt über vieles in Eurem Leben nachgedacht, ›I am sure – but have you also thought about the present moment, the place and moment where you are right now?‹ (Ich bin sicher – aber habt ihr auch über den jetzigen Moment nachgedacht, in dem Ihr Euch gerade in diesem Augenblick befindet?)«

»Hier, gerade jetzt und dieser momentane Zeitpunkt – soll das der glücklichste Moment in meinem Leben sein?«, dachte ich, »wo ich im Schneidersitz auf einem kleinen Kissen hocke, mir langsam, aber sicher

die Beine einschlafen, ich gerne eine Lehne für meinen lahm werdenden Rücken hätte, umzingelt von schweigenden Menschen aus allen möglichen Ländern, die sich alle die Frage stellten: ›Was ist da sonst noch?‹, und die bereit waren, dafür die berühmte Extrameile zu gehen,« Es war auch noch die Zeit der morgendlichen Dämmerung, mein Magen knurrte, ich hatte noch kein Frühstück, aber die Luft war voll mit blutrünstigen Moskitos, die mit ihren scharfen Saugern auf der Suche nach frischem Blut aus waren. Diese verdammten Biester, nach denen ich so gerne geschlagen hätte, aber die Buddhisten hier hatten dies verboten, weil auch dies Teil der Gewaltfreiheit zu sein hatte. »One animal eats the other«, »Ein Tier frisst das andere«, hatte einer von ihnen einmal gesagt, »und die Vögel brauchen diese Moskitos. Also verscheucht sie nur, aber lasst sie leben.« Heimlich genoss ich jedoch immer wieder meinen Sieg, wenn ich eines dieser ganz eifrigen und überhaupt nicht zu vertreibenden Biester zu fassen bekam, besonders dann, wenn des Nachts eines sogar den Weg unter mein Moskitonetz gefunden hatte. Stets ein wahrer Schlag der Befreiung, ein Triumph des Zorns über den Pazifismus.

Ich hatte nicht übermäßig viel Zeit, über meine momentane Situation zu reflektieren, war eher gespannt, was danach kommen würde, als der Abt seine Stimme leicht hob, gerade so, dass man es auch noch in der letzten Reihe der nach allen Seiten offenen Meditationshalle aus schmucklosem Beton hören konnte: »The best moment of your life is right now!« (»Der beste Moment Eures Lebens ist genau jetzt!«), sagte er. »Alles, was ihr hinter Euch habt, ist gelebt und nur noch ein Teil Eurer Erinnerung. Die Zukunft ist noch nicht und Ihr wisst auch nicht, ob Ihr sie erlebt und wie lange sie dauert. Das Leben findet nur jetzt, genau in diesem Moment statt! Du kannst im nächsten Moment einen Herzschlag haben oder in einem Monat erzählt dir der Hausarzt, dass du Krebs hast. Ihr wisst es nicht. Alles, was Ihr wisst, ist, dass Ihr jetzt lebt, genau in diesem Moment – und darum ist dies der beste Moment in Eurem Leben!«

Das saß, denn irgendwie war es verdammt logisch und einleuchtend! Es gab bei mir einmal den Verdacht auf Darmkrebs. Fünf Tage hatte ich geschwitzt und gebangt, bis ich endlich die Diagnose »negativ« bekam. Ich hatte unerwartete Todesfälle im Freundes- und Bekanntenkreis miterlebt, es gab Herzinfarkte und plötzliche Tumore. Bereits damals, mit 35, wurde ich diesbezüglich sehr nachdenklich, als ich zum ersten Mal aus meinem bürgerlichen Leben und dem sicheren Job in der Industrie ausstieg. Auch mit der Vergangenheit hatte er Recht: Bilder, Erinnerungen des Geistes, die vorbei und ausgelebt waren und höchstens noch durch ihre Auswirkungen in die Gegenwart hineinreichten, in sich selbst jedoch abgeschlossen, gestorben waren. »Alles verklingt wie ein Ton im Nichts«, hatte ich einmal von einem anderen Meister gelernt. Es war zu meinem Mantra geworden und an dieser Stelle fiel es mir wieder ein, bei dieser Belehrung über die Vergänglichkeit des Jetzt, und von einer Zukunft, die noch nicht war. Das »Hier und Jetzt«, nicht das Gestern und Morgen war wichtig, nur das, was gerade jetzt passierte, weil sich das Leben nur im Moment des Augenblicks abspielte. Alles andere war entweder Historie oder Zukunft, Illusion und Hoffnung. »Das beste Essen«, hörte ich den Abt in seinem thai-englischen Singsang aus einiger Entfernung reden, »ist wenige Stunden später bereits zu einem länglichen Klumpen braunen Kots geworden, verdaut und ausgeschieden. So denkt bei Eurer täglichen Verrichtung […] auch an die Vergänglichkeit und dass es keinen Sinn macht, an irgendetwas festzuhalten. Denn alles unterliegt dem steten Prozess der Wandlung, der Geburt, des Sterbens und der Wiedergeburt.« Ein profanes Beispiel, aber jeder konnte es begreifen, jeder der hier Anwesenden konnte sofort

Nam June Paik, Buddha, 1989

nachvollziehen, wovon er sprach. Klar, einfach, deutlich. Parabeln, die man verstand. »Tatsächlich ist dies ein gutes Beispiel von dem ewig währenden Zyklus von Geburt, Tod und Wiedergeburt«, fuhr er fort. »Wiedergeburt wird häufig missverstanden. Die meisten Menschen denken dabei ausschließlich an eine körperliche Wiedergeburt, weil sie Angst vor dem Tod haben. Aber tatsächlich wissen wir nicht, ob wir wieder geboren werden, ob es da ein Bewusstsein oder eine Seele gibt, die wieder kommt. Wir wissen es einfach nicht! Was wir aber wissen, ist die Tatsache, dass das, was wir ausscheiden – quasi das, ›was geendet hat‹ –, in irgendeiner Form in den Boden und ins Wasser geht, welches wiederum über die Erde und die Atmosphäre erneut in Pflanzen oder Tiere übergeht, die wir folglich essen, und damit wird das, was gestorben war, erneut in den Kreislauf eingebracht und ›wieder-geboren‹. So einfach sind Tod und Wiedergeburt – und nicht anders! Sie finden in jedem Moment statt und nicht nur, wie viele Religionen lehren, wenn eine Seele einen Körper verlässt.« Ich hielt inne, dachte kurz nach. Auch dieser Aussage konnte ich folgen, sie war logisch, einfach, klar und nachvollziehbar. Aber er war noch nicht fertig mit seinen Ausführungen: »Seid Euch bewusst über jeden jeweiligen Moment, tut alles, was Ihr macht, mit vollem Bewusstsein und mit Achtsamkeit! Und vergesst dabei die dualistische Vorstellung von Zeit und Raum. Sagt nicht: ›Ich muss heute Morgen etwas tun‹, denn tatsächlich gibt es dieses ›heute Morgen‹ nicht. Wir können nur eines nach dem anderen tun. ›Heute Morgen‹ ist nur eine Definition, eine Konditionierung, genauso wie ›neun Uhr oder ›heute Abend‹. Eine Handlung bedingt die andere und die Zeit existiert nicht als Zeit und auch nicht der Raum als solches. Denn beide sind unendlich und undefiniert. Was ist, sind der gegenwärtige Moment und die Handlung an sich.«

Vieles, um das ich früher mit Herzblut gekämpft habe, erschien auf einmal unwichtig.

Dies war ein Stück reiner Philosophie, es regte mich zum Nachdenken an. Mir war, als ob ich diese Sätze schon einmal gehört hätte. Nicht nur Buddhisten sprachen so, Ähnliches sagten auch die Philosophen unseres heimischen Westens. Nur, ich saß hier im Schneidersitz in einem thailändischen Kloster, Moskitos summten um mich herum, feine Schweißperlen tropften auf meinen Bauch – aber ich fühlte mich dennoch richtig gut. Endlich hatte ich wieder andere Gedanken in meinem Kopf, ich wurde nicht nach Umsatzzahlen und nach Gewinn gefragt, die in Mikrosekunden gemessenen Taktraten von Computern waren mir egal, ich hörte etwas über Wiedergeburt und von einer Zeit und einem Raum, die irrelevant, weil undefinierbar waren, und außerdem war ohnehin alles vergänglich. Und damit relativ und nicht ganz so wichtig! Jedenfalls, so wurde mir schlagartig klar, war vieles, allzu vieles in meinem bisherigen Leben wichtig, das nun auf einmal nicht mehr wichtig war. Mehr noch, vieles, um was ich mit Herzblut gekämpft hatte, war auf einmal in der Nichtigkeit einer Vergangenheit untergegangen, über die ich mich im besten Fall vielleicht noch rühmen konnte und der ich auch noch nachhängen mochte – aber sie war endgültig vorbei! Und damit war für mich in diesem Moment ebenso klar, ich durfte – und konnte gar nicht stehen bleiben: Das Leben musste täglich neu erfunden und gelebt werden! Ich konnte nur weitergehen, nach vorne, nicht zurück!

Herb Stumpf

1. Welche »Weisheit« sollen die Gedanken von Herb Stumpf anlässlich seines Berufsausstieges vermitteln? Fassen Sie seine Überlegungen zusammen.
2. Herb Stumpf bezieht sich auf buddhistische Quellen. Vergleichen Sie seine Lebensweisheit mit der aus der folgenden Geschichte von Leo Tolstoi, die aus dem christlichen Kulturkreis stammt.

Die drei Fragen

Es dachte einmal ein König, nichts könnte ihm missglücken, wenn er nur immer die Zeit wüsste, in der er ein Werk zu beginnen habe, und wenn er immer wüsste, mit welchen Menschen er sich einlassen solle und mit welchen nicht, und wenn er immer wüsste, welches von allen Werken das wichtigste sei.

Es kamen gelehrte Männer zum König und gaben ihm mancherlei Antworten auf seine Fragen. Auf seine erste Frage antworteten die einen, um für jedes Werk die rechte Zeit zu wissen, müsse man vorher eine Einteilung für den Tag, den Monat und das Jahr aufstellen und sich streng an das halten, was für den einzelnen Tag festgesetzt ist. Andere sagten wieder anders. Ebenso verschieden lautete die Antwort auf die zweite Frage. Die einen sagten, die dem König unentbehrlichsten Männer seien die Staatsmänner, andere, die Priester und Seher. Die dritten erklärten, es seien die Ärzte, und die vierten behaupteten, es seien die Krieger.

Auf die dritte Frage, welches das wichtigste Werk sei, antworteten die einen, das sei die Wissenschaft, die andern sprachen, die Kriegskunst, wieder andere nannten die Gottesverehrung.

Alle Antworten waren verschieden. Daher passte dem König keine einzige von ihnen, und er belohnte niemand. Um aber ganz genaue Antworten auf seine Fragen zu erhalten, entschloss er sich, einen Einsiedler zu befragen, dessen Weisheit in großem Rufe stand.

Der Einsiedler lebte im Wald, verließ seine Wohnstätte nie und empfing nur einfache Leute. Darum zog der König ein schlichtes Gewand an, stieg vom Pferd weit vor der Klause des Einsiedlers, ließ sein Gefolge zurück und ging allein durch den Wald.

Als der König sich dem Einsiedler näherte, grub dieser vor seiner Hütte die Beete um. Er erblickte den König, begrüßte ihn und grub ruhig weiter. Er war mager und schwach und keuchte schwer, indem er den Spaten in die Erde stieß und die kleinen Schollen umwandte.

Der König trat an ihn heran und sprach: »Ich bin zu dir gekommen, weiser Einsiedler, um dich zu bitten, mir drei Fragen zu beantworten:

Welches ist die Zeit, die man einhalten muss und nicht versäumen darf, um hinterher nichts bereuen zu müssen?

Welche Leute sind die unentbehrlichsten? Mit welchen Leuten muss man sich also mehr, mit welchen weniger befassen? …

Welche Werke sind die wichtigsten, und welches von allen Werken muss daher zuerst getan werden?«

Der Einsiedler hörte dem König zu, antwortete aber nicht. Er spuckte in die Hände und begann wieder zu arbeiten.

»Du bist erschöpft«, sagte der König, »gib mir den Spaten, und setze dich auf die Erde.« – »Danke«, erwiderte der Einsiedler, reichte dem König den Spaten und setzte sich auf die Erde nieder. Als der König zwei Beete umgegraben hatte, hielt er inne und wiederholte seine Fragen. Der Einsiedler antwortete nicht, stand auf und streckte die Hände nach dem Spaten aus. »Jetzt ruhe du, ich will nun …«, sagte er.

Der König aber gab den Spaten nicht her und fuhr fort zu graben. Es verging eine Stunde, eine zweite, die Sonne begann hinter den Bäumen zu verschwinden, da steckte der König den Spaten in die Erde und sagte: »Ich bin zu dir gekommen, weiser Mann, um auf meine Fragen eine Antwort zu erhalten. Wenn du nicht antworten kannst, so sag es doch, dann will ich nach Hause gehen.«

»Sieh einmal, da kommt jemand gelaufen«, sprach der Einsiedler, »lass sehen, wer das ist.«

Der König sah, dass in der Tat aus dem Walde ein bärtiger Mann gelaufen kam. Der hielt die Hände vor den Leib, und zwischen den Fingern sickerte Blut hervor. Als er bis zum König gelangt war, fiel er zu Boden, lag unbeweglich da und ächzte leise. Der König und der Einsiedler öffneten die Kleider des Mannes. In seinem Leib war eine tiefe Wunde. Der König wusch sie, so gut er konnte, und verband sie mit seinem Taschentuch und mit einem Handtuch des Einsiedlers. Aber das Blut hörte nicht auf zu strömen, und der König nahm zu wiederholten Malen den mit warmem Blut durchtränkten Verband ab, wusch die Wunde von neuem und verband sie wieder. Als das Blut endlich gestillt war, kam der Verwundete herbei und bat um Wasser. Der König trug frisches Wasser herbei und gab dem Verwundeten zu trinken.

Inzwischen war die Sonne untergegangen, und es war kühl geworden. Mit Hilfe des Einsiedlers trug der König den Verwundeten in die Klause und legte ihn aufs Bett. Der Verwundete schloss die Augen und wurde still. Der König aber war so ermüdet, dass er, auf der Schwelle zusammengekauert, ebenfalls einschlief, und zwar so fest, dass er die ganze kurze Sommernacht verschlief. Als er am Morgen erwachte, konnte er lange nicht begreifen, wo er war und wer dieser sonderbare bärtige Mann war, der auf dem Bett ausgestreckt lag und ihn unausgesetzt mit leuchtenden Augen ansah.

»Verzeih mir«, sprach der bärtige Mann mit schwacher Stimme, als er bemerkte, dass der König erwacht war und ihn anblickte. »Ich kenne dich nicht und habe dir nichts zu verzeihen«, erwiderte der König.

»Du kennst mich nicht, aber ich kenne dich. Ich bin dein Feind, jener Feind, der geschworen hat, an dir Rache zu nehmen, weil du meinen Bruder hingerichtet und meine Güter genommen hast. Ich habe dich töten wollen, und du hast mir das Leben gerettet. Von nun an, wenn ich am Leben bleibe, und wenn es dir recht ist, will ich dir als dein treuester Sklave dienen, und auch meinen Söhnen will ich das zu tun befehlen. Verzeihe mir!«

Der König war sehr froh darüber, dass es ihm so leicht gelungen war, sich mit seinem Feinde auszusöhnen, und er verzieh ihm nicht nur, sondern versprach auch, ihm seine Güter zurückzugeben und ihm außerdem seine Diener und seinen Arzt zu schicken. Als er sich von dem Verwundeten verabschiedet hatte, trat der König hinaus auf die Vortreppe und suchte mit seinen Augen den Einsiedler. Er war draußen bei den Beeten, die er gestern umgegraben hatte, kniete am Boden und säte Gemüsesamen.

Der König trat an ihn heran und sprach: »Zum letzten Mal, du weiser Mann, bitte ich dich, meine Fragen zu beantworten!«

»Aber du hast ja deine Antwort schon bekommen!«, erwiderte der Einsiedler. Er richtete sich auf und sah den König an.

Welche Zeit ist die »richtige«?

»Ich sollte Antwort bekommen haben?«, fragte der König.

»Natürlich«, erwiderte der Einsiedler. »Hättest du gestern nicht Mitleid mit meiner Schwachheit gehabt und diese Beete umgegraben, sondern wärst du allein zurückgegangen, so hätte dieser Mann dich überfallen, und du hättest bereut, dass du nicht bei mir geblieben bist. Somit war die richtige Zeit jene, als du die Beete umgrubst, und ich war der wichtigste Mann, und das wichtigste Werk war, mir Gutes zu tun.

Dann, als jener Mann angelaufen kam, war die wichtigste Zeit, seiner zu pflegen, denn sonst hätte er sich verblutet, ohne dass er sich mit dir versöhnt hätte. Er war für dich der wichtigste Mensch, und das, was du ihm getan hast, war das wichtigste Werk.

Merke dir – die wichtigste Zeit ist nur eine: der Augenblick. Nur über ihn haben wir Gewalt. Der unentbehrlichste Mensch ist der, mit dem uns der Augenblick zusammenführt; denn niemand kann wissen, ob er noch je mit einem anderen zu tun haben wird. Das wichtigste Werk ist, ihm Gutes zu erweisen – denn nur dazu ward der Mensch ins Leben gesandt.«

Leo Tolstoi

3. Suchen Sie Möglichkeiten, wie ein angemessener Umgang mit Zeit konkret in Ihrem Alltag aussehen könnte. Was kann so bleiben, wie es ist? Was könnte verbessert werden? Entwerfen Sie Leitlinien.

Das Leben besteht aus Augenblicken

Wenn ich mein Leben noch einmal leben könnte,
im nächsten Leben würde ich versuchen,
mehr Fehler zu machen.

Ich würde nicht so perfekt sein wollen,
ich würde mich mehr entspannen.

Ich wäre ein bisschen verrückter,
als ich es gewesen bin,
ich würde viel weniger Dinge so ernst nehmen.
Ich würde nicht so gesund leben.
Ich würde mehr riskieren,
würde mehr reisen,
Sonnenuntergänge betrachten,
mehr bergsteigen,
mehr in Flüssen schwimmen.

Ich war einer dieser klugen Menschen,
die jede Minute ihres Lebens fruchtbar verbrachten;
freilich hatte ich auch Momente der Freude,
aber wenn ich noch einmal anfangen könnte,
würde ich versuchen, nur mehr gute Augenblicke zu haben.

Falls du es noch nicht weißt,
aus diesen besteht nämlich das Leben:
nur aus Augenblicken,
vergiss nicht den jetzigen.

Verfasser unbekannt

4. Setzen Sie sich mit der Aussage des Gedichts auseinander: »Wenn ich mein Leben noch einmal leben könnte, im nächsten Leben würde ich versuchen, mehr Fehler zu machen.« (Berücksichtigen Sie bei der Interpretation S. 75.)

DankSonneCharakterLuxusStille
KlatschWunderTalentStilNerven
GewissheitNäheAdrenalinMagie
EkstaseHeldenErlösungReinheit
IdeenHärteSofortrenteApplaus
WürdeHeimatTrostGeschmeide
AbenteuerRenditeKitschEnergie
StrengeWeiteGefühleNachsicht
KontrolleHoffnungSpaßAnarchie

Glossar

Das Glossar enthält Fremdwörter und Fachbegriffe, soweit sie nicht aus dem Textzusammenhang erschließbar sind. Die Angaben beziehen sich auf die Bedeutung der Begriffe, wie sie im Text verwendet werden, und müssen gegebenenfalls durch Hinzuziehen von Lexika ergänzt werden.

Allah arabisch »der Gott«

Alokal nicht an einen Ort gebunden

Analog ähnlich gerade in dem, worin Unähnlichkeit besteht

Anthropologie Lehre vom Menschen

Apokalypse wörtlich mit »Enthüllung«, »Offenbarung« zu übersetzen; Gattung der religiösen Literatur, bei der das »Gottesgericht«, der »Weltuntergang« und die »Zeitenwende« in den Mittelpunkt gestellt wird. In prophetisch-visionärer Sprache erzählt eine Apokalypse vom katastrophalen »Ende der Geschichte« und vom Kommen und Sein des »Reiches Gottes«. Insofern will die Apokalypse auch Trost spenden.

Atemporal an keine Zeitlichkeit gebunden

Atom wörtlich aus dem Griechischen mit »nicht mehr weiter zu teilendes kleinstes Teilchen« zu übersetzen

Basileia Reich (griechisch)

Basileia tou theou Reich Gottes (auch: basileia ton ouranon)

Dignität Würde

Dispensationalismus Konzept eines Verständnisses der Heilsgeschichte als Abfolge verschiedener »Haushaltungen« (Dispensationen) oder Zeitalter, innerhalb deren Gott mit dem Menschen auf jeweils verschiedene Arten und Weisen umgegangen sei bzw. umgehe. *Dispensation* ist die lateinisch-englische Übersetzung des griechischen Wortes *oikonomia* (»Hausgesetz«), eine Dispensation wird als eine Zeitspanne in Gottes Heilsplan definiert, in der eine bestimmte charakteristische geistliche Zielsetzung erkannt werden kann, die sie von anderen unterscheidet. Sie lässt den Menschen dieser Zeit gewisse Gaben, Segnungen und Güter zukommen, die es zu anderen Zeiten so nicht gegeben hat oder geben wird, und stellt sie zugleich vor eine bestimmte Verantwortung. Zentral ist vor allem die Unterscheidung zweier Heilskörperschaften (etwa Israel und Gemeinde). Eine oder mehrere Dispensationen bilden zusammen ein Zeitalter (Äon).

Dogma Lehrsatz, in dem der Glaube der Kirche zusammengefasst ist

Dogmatik theologische Disziplin, in der es um die Inhalte des Glaubens geht

Dualistisch sich auf zwei Pole, eine Zweiheit beziehend

Endymion Name des Königs von Elis in der griechischen Mythologie, des schönen und ewig jugendlichen Liebhabers der Mondgöttin Selene, die später mit Artemis (römisch Diana) gleichgesetzt wurde

Eschatologie Lehre von den »letzten Dingen«, aber auch von dem Bezug des Ewigen im Endlichen hier und jetzt

Exegese Auslegung

Extrapolation Bestimmung eines (oft mathematischen) Verhaltens *über den gesicherten Bereich hinaus*; eine statistische Extrapolation bezeichnet man auch als Hochrechnung

Harmagedon bezeichnet in der Offenbarung des Johannes den Ort der endzeitlichen Entscheidungsschlacht im »Krieg des großen Tages Gottes, des Allmächtigen«. Im erweiterten Sinn bezeichnet der Begriff in der Theologie den eschatologischen Entscheidungskampf.

Hermeneutik Lehre des Verstehens, der sachgemäßen Auslegung von Texten

Hierarchisch Charakterisierung einer strengen Ordnung (*meist* in einem Staat oder einer Organisation), die von oben nach unten geht und in der jeder einen bestimmten (hohen oder niedrigen) Rang hat

Ikonographie Methode der Kunstgeschichte, die sich mit der Bestimmung und Deutung von Motiven in Werken der Bildenden Kunst beschäftigt. Die Erforschung und Interpretation von Inhalt und Symbolik der Bildgegenstände unter Berücksichtigung von zeitgenössischen literarischen Quellen

Ipsissima vox »ureigene Stimme«, »Urgestein« der Rede einer geschichtlichen Person

Kerygmatisch die Verkündigung betreffend

Kosmologisch die Lehre von der Entstehung des Weltalls betreffend

Kosmos Welt

Kosmokrator Herrscher über die Welt

Kyrie eleison Herr, erbarme Dich (griechisch)

Mantra wörtllich aus dem Sanskrit übersetzt »Instrument des Denkens, Rede«; bezeichnet eine meist kurze, formelhafte Wortfolge, die oft wiederholt wird und den Namen einer Gottheit ausspricht, flüstert, singt oder in Gedanken rezitiert. Im Hinduismus, im Buddhismus und im Yoga ist das Rezitieren von Mantras während der Meditation sowie im Gebet üblich.

Martyrologium Verzeichnis von Märtyrern und anderen Heiligen (nicht *aller*), meist mit Angabe ihrer Lebensumstände und Todesart

Mermoz französischer Flieger des vergangenen Jahrhunderts

Metahistorisch das Geschichtlich Feststellbare überschreitend

Metapher wörtlich übersetzt »Übertragung«, bildhafte Redewendung

Modalität Art und Weise, Möglichkeit, Bedingung, Ausführungsart

Modus Art und Weise

Mystik religiöse Richtung, in der es um unmittelbare Erfahrung göttlicher Existenz im eigenen Herzen des Menschen geht; um dorthin zu gelangen, zerbricht der Mystiker die Schranken seiner Identität, die ihn von Gott trennen; durch verschiedene Übungen kann er das Ziel, mit Gott eins zu werden, erreichen: vor allem durch Abkehr von der Außenwelt, durch Konzentration, Meditation, Askese und Ekstase.

Mythos Erzählung, die verschiedene Ereignisse verknüpft, die in der Vergangenheit spielen; je nach Standpunkt wird die Geltung als berechtigt angesehen, etwa da sie auf Tradition oder Konsens gestützt ist, oder als unberechtigt, etwa da sie nicht historisch gesichert ist; seit der Antike gibt es Polemik gegen den Wahrheitsanspruch von Mythen. In der Religion wird im Mythos eine Wahrheit entdeckt, die über die Zeiten hinweg Gültigkeit besitzt.

Paränese Ermahnung, Predigt, Verkündigung

Perikope Abschnitt aus der Heiligen Schrift

Perpetuierung Verewigung, ein bis ins Unendliche ablaufender Vollzug

Postmortal das, was nach dem Tod kommt

Prämisse Voraussetzung

Pretiosen Schmuck

Prophet von Gott erwählter, gerufener Mensch (»nabi«), der die Offenbarung Gottes weitergibt (»Rufer«)

Protagonist Hauptdarsteller, Vorkämpfer

Reinkarnation Wiedergeburt

Reliquiar Behälter für Reliquien, also Überbleibsel von Heiligen

Renumeration Entgelt, Vergütung, Honorar, Entschädigung

Sukkot jüdisches Laubhüttenfest, vergleichbar dem Erntedankfest

Theozentrismus Richtung, der zufolge Gott im Mittelpunkt der Welt gesehen wird

Transzendenz das Bewusstsein überschreitend, auch im Gegensatz zu Immanenz, d.h. Innerweltlichkeit, verwendeter Begriff, der die die Welt überschreitende Größe Gottes beschreiben soll

Umma Gemeinschaft aller Muslime

Yoga Meditationsform und religiöse Einstellung aus dem Umfeld der Hindu-Religion

Zeitatom die kleinste, nicht mehr teilbare, Zeiteinheit

Kleine Sehschule

Mit Bildern kann man sehr unterschiedlich umgehen. Man kann mit ihnen z. B. Räume schmücken, seine soziale Stellung betonen, protestieren, werben, beeinflussen und sich einfach ihrer Wirkung aussetzen; man kann Bilder auch verehren. Systematische methodische Bilderschließung schärft den Blick, stärkt die Sehgeduld und vertieft das Verständnis für die Aussagekraft von Bildern.

Die folgenden Schritte werden dem Kunstwerk gerecht und geben zugleich dem subjektiven Erleben Raum:

Spontane Wahrnehmung: Was sehe ich?

Spontane Eindrücke zulassen – geduldig und konzentriert hinsehen – sich mit anderen austauschen

Bildbestand und Bildordnung: Wie ist das Bild aufgebaut?

Einteilung in oben und unten, links und rechts, Vordergrund und Hintergrund – Farben und Farbzusammenstellung – Licht und Dunkel – Formen (wie Kreis, Quadrat, Kugel, Würfel) – Elemente der Natur (wie Sonne und Mond, Pflanzen und Tiere, Gestein und Wasser) – Architektur (wie Häuser, Brücken) – Möbel und Gebrauchsgegenstände – Kleidung und Körpersprache (wie Mimik, Gestik, Haltung, Größe, Alter, Geschlecht, soziale Stellung) – Verbindungslinien – Entsprechungen und Gegensätze – Kompositionen (wie kreisförmiger, diagonaler, symmetrischer oder dreieckiger Aufbau)

Innenkonzentration: Was ruft das Bild wach?

Erinnerungen und Einfälle – Gefühle und Stimmungen – Neugier – Ablehnung, Widerspruch, Widerstand – Zustimmung, Begeisterung, Ergriffenheit – Fragen

Analyse des Bildgehalts: Was hat das Bild zu bedeuten?

Bezug zu individuellen Lebenssituationen und geschichtlichen Ereignissen – zu biblischen Texten, kirchlichen Dokumenten, Legenden und anderen Quellen – zu Liturgie und Brauchtum – Verwendung von Symbolen und kunstgeschichtlichen »Zitaten« – Zuordnung zur (religiösen) Mentalität und Vorstellungswelt einer Epoche – künstlerische Verarbeitung überlieferter Motive (z. B. Wiederholung, Zusammenstellung, Veränderung, Verfremdung).

Identifizierung: Wie stehe ich zu diesem Bild?

Hinterlässt es einen nachhaltigen Eindruck? Erkenne ich meine eigene oder eine mir vertraute Situation wieder? Was halte ich von den ins Bild gesetzten Ängsten und Hoffnungen, Konflikten und Träumen? Kann ich sie teilen oder wenigstens nachempfinden? Könnte das Bild meine Wahrnehmung anderer Menschen, früherer Zeiten, ja überhaupt menschlicher Möglichkeiten und Grenzen erweitern? Macht es mich auf meine Vorentscheidungen aufmerksam? Hilft es Einstellungen zu korrigieren? Bestärkt es mich in meiner Sicht? Spricht es mein Mitgefühl an? Halte ich den Grenzsituationen, die das Bild zum Ausdruck bringt, stand?

Ilsetraud Ix / Rüdiger Kaldewey

Kompetenzorientiertes Lernen und operatorengesteuerte Arbeit

Der Kurs versteht sich als Beitrag zu religiöser Bildung, die grundlegende Kompetenzen umfasst, welche im Religionsunterricht der Oberstufe – nach den Erläuterungen der KMK* – erworben werden sollen:

Wahrnehmungs- und Darstellungsfähigkeit – religiös bedeutsame Phänomene wahrnehmen und beschreiben:	• Situationen erfassen, in denen letzte Fragen nach Grund, Sinn, Ziel und Verantwortung des Lebens aufbrechen • religiöse Spuren und Dimensionen in der Lebenswelt aufdecken • grundlegende religiöse Ausdrucksformen (Symbole, Riten, Mythen, Räume, Zeiten) wahrnehmen und in verschiedenen Kontexten wiedererkennen und einordnen • ethische Herausforderungen in der individuellen Lebensgeschichte sowie in unterschiedlichen gesellschaftlichen Handlungsfeldern wie Kultur, Wissenschaft, Politik und Wirtschaft als religiös bedeutsame Entscheidungssituationen erkennen.
Deutungsfähigkeit – religiös bedeutsame Sprache und Zeugnisse verstehen und deuten:	• religiöse Sprachformen analysieren und als Ausdruck existenzieller Erfahrungen verstehen (Beispiele: Gebet, Lied, Segen, Credo, Mythos, Grußformeln, Symbole) • religiöse Motive und Elemente in Texten, ästhetisch-künstlerischen und medialen Ausdrucksformen identifizieren und ihre Bedeutung und Funktion erklären (Beispiele: biographische und literarische Texte, Bilder, Musik, Werbung, Filme) • biblische Texte, die für den christlichen Glauben grundlegend sind, methodisch reflektiert auslegen • theologische Texte sachgemäß erschließen • Glaubenszeugnisse in Beziehung zum eigenen Leben und zur gesellschaftlichen Wirklichkeit setzen und ihre Bedeutung aufweisen.
Urteilsfähigkeit – in religiösen und ethischen Fragen begründet urteilen:	• deskriptive und normative Aussagen unterscheiden • Formen theologischer Argumentation vergleichen und bewerten • Gemeinsamkeiten von Konfessionen und Religionen sowie deren Unterschiede erklären und kriteriengeleitet bewerten • Modelle ethischer Urteilsbildung kritisch beurteilen und beispielhaft anwenden • die Menschenwürde theologisch begründen und als Grundwert in aktuellen ethischen Konflikten zur Geltung bringen • im Kontext der Pluralität einen eigenen Standpunkt zu religiösen und ethischen Fragen einnehmen und argumentativ vertreten.
Dialogfähigkeit – am religiösen Dialog argumentierend teilnehmen:	• die Perspektive eines anderen einnehmen und in Bezug zum eigenen Standpunkt setzen • Gemeinsamkeiten von religiösen und weltanschaulichen Überzeugungen sowie Unterschiede benennen und im Blick auf mögliche Dialogpartner kommunizieren • sich aus der Perspektive des christlichen Glaubens mit anderen religiösen und weltanschaulichen Überzeugungen argumentativ auseinandersetzen • Kriterien für eine konstruktive Begegnung, die von Verständigung, Respekt und Anerkennung von Differenz geprägt ist, in dialogischen Situationen berücksichtigen.
Gestaltungsfähigkeit – religiös bedeutsame Ausdrucks- und Gestaltungsformen verwenden:	• typische Sprachformen der Bibel theologisch reflektiert transformieren • Aspekten des christlichen Glaubens in textbezogenen Formen Ausdruck verleihen • Ausdrucksformen des christlichen Glaubens erproben und ihren Gebrauch reflektieren • religiöse Symbole und Rituale der Alltagskultur kriterienbewusst (um-) gestalten • religiös relevante Inhalte und Positionen medial und adressatenbezogen präsentieren.

* zu den Kompetenzen, Anforderungsbereichen und Operatoren: KMK (Hrsg.), Einheitliche Prüfungsanforderungen in der Abiturprüfung Evangelische Religionslehre/Katholische Religionslehre, Berlin–Bonn 2006.

Die Kompetenzen werden auf der Ebene von drei Anforderungsbereichen angezielt:

Anforderungsbereich I	
Der Anforderungsbereich I umfasst die **Zusammenfassung von Texten, die Beschreibung von Materialien und die Wiedergabe von Sachverhalten** unter Anwendung bekannter bzw. eingeübter Methoden und Arbeitstechniken.	Geforderte Reproduktionsleistungen sind insbesondere: • Wiedergabe von fachspezifischem Grundwissen (z. B. Daten, Fakten, Modelle, Definitionen, Begriffe) oder Wiedergabe von Textinhalten • Zusammenfassen von Textinhalten • Beschreiben von Bildern oder von anderen Materialien • Darstellen von fachspezifischen Positionen

Anforderungsbereich II	
Der Anforderungsbereich II umfasst das **selbstständige Erklären, Bearbeiten und Ordnen bekannter Inhalte** und das **Anwenden gelernter Inhalte** und Methoden auf neue Sachverhalte.	Geforderte Reorganisations- und Transferleistungen sind insbesondere: • Einordnen von fachspezifischem Grundwissen in neue Zusammenhänge • Herausarbeiten von fachspezifischen Positionen • Belegen von Behauptungen durch Textstellen, Bibelstellen oder bekannte Sachverhalte • Vergleichen von Positionen und Aussagen unterschiedlicher Materialien • Analysieren von biblischen und anderen Texten oder von Bildern unter fachspezifischen Aspekten • Anwenden fachspezifischer Methoden auf neue Zusammenhänge oder Probleme

Anforderungsbereich III	
Der Anforderungsbereich III umfasst die **selbstständige systematische Reflexion** und das **Entwickeln von Problemlösungen**, um zu eigenständigen Deutungen, Wertungen, Begründungen, **Urteilen** und Handlungsoptionen sowie zu kreativen Gestaltungs- und Ausdrucksformen zu gelangen.	Geforderte Leistungen der Problemlösung und der eigenen Urteilsbildung sind insbesondere: • Entwickeln einer eigenständigen Deutung von biblischen oder literarischen Texten, Bildern oder anderen Materialien unter einer fachspezifischen Fragestellung • Erörtern von fachspezifischen Positionen, Thesen und Problemen mit dem Ziel einer begründeten und überzeugenden Stellungnahme • Entwickeln von Lösungsansätzen oder Lösungen bzgl. einer fachspezifischen Fragestellung • Entwerfen von kreativen Gestaltungs- und Ausdrucksformen als besondere Form der Präsentation von Lösungen bzw. Lösungsansätzen • Reflektieren der eigenen Urteilsbildung unter Beachtung biblischer, theologischer und ethischer Kategorien

Im Hinblick auf klare Aufgabenformulierungen, die diesen Anforderungsbereichen entsprechen, werden Operatoren vorgegeben, die beschreiben, welche Tätigkeiten beim Lösen von Prüfungsaufgaben gefordert werden.

Operatoren Anforderungsbereich I	Definitionen
Nennen **Benennen**	ausgewählte Elemente, Aspekte, Merkmale, Begriffe, Personen etc. unkommentiert angeben
Skizzieren	einen bekannten oder erkannten Sachverhalt oder Gedankengang in seinen Grundzügen ausdrücken
Formulieren **Darstellen** **Aufzeigen**	den Gedankengang oder die Hauptaussage eines Textes oder einer Position mit eigenen Worten darlegen
Wiedergeben	einen bekannten oder erkannten Sachverhalt oder den Inhalt eines Textes unter Verwendung der Fachsprache mit eigenen Worten ausdrücken
Beschreiben	die Merkmale eines Bildes oder eines anderen Materials mit Worten in Einzelheiten schildern
Zusammenfassen	die Kernaussagen eines Textes komprimiert und strukturiert darlegen

Operatoren Anforderungsbereich II	Definitionen
Einordnen **Zuordnen**	einen bekannten oder erkannten Sachverhalt in einen neuen oder anderen Zusammenhang stellen oder die Position eines Verfassers bezüglich einer bestimmten Religion, Konfession, Denkrichtung etc. unter Verweis auf Textstellen und in Verbindung mit Vorwissen bestimmen
Anwenden	einen bekannten Sachverhalt oder eine bekannte Methode auf etwas Neues beziehen
Belegen **Nachweisen**	Aussagen durch Textstellen oder bekannte Sachverhalte stützen
Begründen	Aussagen durch Argumente stützen
Erläutern **Erklären** **Entfalten**	einen Sachverhalt, eine These etc. ggf. mit zusätzlichen Informationen und Beispielen nachvollziehbar veranschaulichen
Herausarbeiten	aus Aussagen eines Textes einen Sachverhalt oder eine Position erkennen und darstellen
Vergleichen	nach vorgegebenen oder selbst gewählten Gesichtspunkten Gemeinsamkeiten, Ähnlichkeiten und Unterschiede ermitteln und darstellen
Analysieren **Untersuchen**	unter gezielter Fragestellung Elemente, Strukturmerkmale und Zusammenhänge systematisch erschließen und darstellen
In Beziehung setzen	Zusammenhänge unter vorgegebenen oder selbst gewählten Gesichtspunkten begründet herstellen

Operatoren Anforderungsbereich III	Definitionen
Sich auseinandersetzen mit **Beurteilen** **Bewerten** **Stellung nehmen** **Einen begründeten Standpunkt einnehmen**	ein begründetes eigenes Urteil zu einer Position oder einem dargestellten Sachverhalt entwickeln
Erörtern	die Vielschichtigkeit eines Beurteilungsproblems erkennen und darstellen, dazu Thesen erfassen bzw. aufstellen, Argumente formulieren, nachvollziehbare Zusammenhänge herstellen und dabei eine begründete Schlussfolgerung erarbeiten (dialektische Erörterung)
Prüfen **Überprüfen**	eine Meinung, Aussage, These, Argumentation nachvollziehen, kritisch befragen und auf der Grundlage erworbener Fachkenntnisse begründet beurteilen
Interpretieren	einen Text oder ein anderes Material (z. B. Bild, Karikatur, Tondokument, Film) sachgemäß analysieren und auf der Basis methodisch reflektierten Deutens zu einer schlüssigen Gesamtauslegung gelangen
Gestalten **Entwerfen**	sich textbezogen mit einer Fragestellung kreativ auseinandersetzen

Textverzeichnis

6 Elberfelder Bibel. Witten (SCM R. Brockhaus), 2008 – **8–9** Wolfgang Huber, Predigt vom 13. November 2003, Evangelische Kirche in Deutschland, Herrenhäuser Straße 12, 30419 Hannover – **12–14** Maarten 't Hart, Gott fährt Fahrrad. Oder die wunderliche Welt meines Vaters. Übersetzt von Marianne Holberg, München/ Zürich (Piper) 2003, S. 11–26 – **14–15** Nancy H. Kleinbaum, Der Club der toten Dichter. Übersetzt von Ekkehart Reinke, Bergisch-Gladbach (Lübbe Verlag) 2004, S. 36 – **16–17** Steve Jobs, Rede in Stanford. »Du musst finden, was du liebst.« Übersetzung der Nachrichtenagentur dapd. In: Rheinische Post online vom 6.10.2011 – **18** Uwe Schütz, in: www.aref.de/kalenderblatt/mehr/hauptmann-von-koepenick_hintergrund.htm Stand: 26.12.2007 – Carl Zuckmayer, Der Hauptmann von Köpenick, Frankfurt am Main (S. Fischer Verlag) 1952, S. 102 – **19** Lutz van Dijk, Auf Leben und Tod. Wie in der Welt gestorben wird. Gütersloh (Gütersloher Verlagshaus) 2010, S. 7 – **19– 21** Marielene Leist, Sterben im Krankenhaus. Aufzeichnungen über einen Tod. Hrsg. von Rudolf Kautzky, Freiburg/Br. (Herder Verlag) 1981, S. 283–288 – **22–23** Was ist ein Hospiz? In: http://www.johannes-hospiz.de/cms/Johannes-Hospiz/Hospizbegriff/index-a–44.html – 02.02.2012 – Beachtet und in Würde bis zum Tod leben. Unsere Grundsätze; http://www.johannes-hospiz.de/cms/Johannes-Hospiz/Grundsaetze/index-a–45.html – 02.02.2012 – Zwischen Ende und Anfang. Ein medienpädagogisches Projekt zum Thema »Tod«, in: http://www.johannes-hospiz.de/cms/Johannes-Hospiz/Projekt-Zwischen-Ende-und-Anfang/index-b–1–67–321.html – 02.02.2012 – **26** Raymond A. Moody, Leben nach dem Tod. Die Erforschung einer unerklärten Erfahrung. Übersetzt von Hermann Gieselbusch u. Lieselotte Mietzner, Reinbek bei Hamburg (Rowohlt Verlag) 1977, S. 17–19 – **28** Reinhard Werth, Hirnwelten: Berichte vom Rande des Bewusstseins, München (C.H. Beck'sche Verlagsbuchhandlung) 1998 – **29–30** Stanislav und Christina Grof, Jenseits des Todes. An den Toren unseres Bewusstseins, München (Kösel-Verlag) 1984, S. 6 – **30** Erich Kästner: Gesammelte Schriften für Erwachsene. Band I: Gedichte, Zürich (Atrium Verlag) 1969, S. 321 – **31–32** Dorothee Sölle, Worauf ist Verlass? Bibelarbeiten und Vorträge des 15. Deutschen Evangelischen Kirchentages. Hrsg. von Friedebert Lorenz, Stuttgart/Berlin (Kreuz Verlag) 1973, S. 76–83 – **33** Elmar zur Bonsen und Stefan Ulrich, Das Jahr 2000 naht: Religiöse Sondergruppen verzeichnen regen Zulauf. Im Land der Unsterblichkeit. Immer mehr Kultführer predigen die Erlösung und bauen dabei auf die Ängste der Menschen. In: Süddeutsche Zeitung Nr. 99 vom 29. April 1995, S. 9 – **34–35** Herb Stumpf, Ausstieg mit Mitte 50. Frühpensionierung als Chance zum Neubeginn, München (Kösel-Verlag) 2003, S. 127–130 – **36** Matthias Claudius, der Mensch, zit. n. Karl Otto Conrady (Hrsg.), Das große deutsche Gedichtbuch, Kronberg/Ts. (Athenäum Verlag) 1977, S. 195 – **37** Nazim Hikmet; Übersetzung: Alp Ünsal, 2001 http://reocities.com/Paris/4940/Maerchen.html – 9.6.2011 – **38 –40** Gisbert Greshake, Zukunft. In: Adolf Exeler/Georg Scherer (Hrsg.), Glaubensinformation, Freiburg (Verlag Herder) 1972, S. 348–351 – **42** Franz Kafka, Kleine Fabel, 1920, Titel: Max Brod, zit. n. Franz Kafka, Nachgelassene Schriften und Fragmente 2. Herausgegeben von Jost Schillemeit, Frankfurt am Main (S. Fischer Verlag) 1992, S. 343 – Marie Luise Kaschnitz, Orte, Frankfurt am Main (Insel Verlag) 1973, S. 145 – **44** Herbert Leslie Gee, Die Blumen des Blinden. In: Lore Graf/Ulrich Rabitz/Martin Lienhard/Reinhold Pertsch, Die Blumen des Blinden. Kurze Geschichten zum Nachdenken, München (Chr. Kaiser) 1983, S. 145/146 – **44–45** Fritz Riemann, Die Kunst des Alterns, Stuttgart (Kreuz Verlag) 1981, S. 9–12 – **46–47** Harlich H. Stavemann, Lebenszielanalyse und Lebenszielplanung, Weinheim (Beltz PVU) 2008, S. 26–27 – **48** Golo Mann, Dialog mit der Vergangenheit. In: Hans Jürgen Schultz (Hrsg.), Was der Mensch braucht, Stuttgart/Berlin (Kreuz Verlag) 1977, S. 361–363 – Reinhard und Anne-Marie Tausch zit. n. Dorette Guellich, Die Zeit, die bleibt. In: Psychologie heute. Juli 2008, S. 27 – **50** Sören Kierkegaard, Tagebücher 1834–1855. Ausgewählt und übertragen von Theodor Haecker, München (Kösel-Verlag) 1953, S. 636–637 – Reimer Gronemeyer, Sterben in Deutschland. Frankfurt am Main (S. Fischer Verlag) 2007, S. 16, 37, 39–40, 57, 60 – **51–52** Antoine de Saint-Exupéry, Wind, Sand und Sterne. Übersetzt von Henrik Becker, Düsseldorf (Karl Rauch Verlag) 1939 und 2010 – **52** Psalm 90, übersetzt von Martin Luther; Online Bibel in: http://www.wort-und-wissen.de/bibel/bibel.php?go=ps_90 – 02.02.2012 Studiengemeinschaft Wort und Wissen e.V., Baiersbronn – **53** Gerhard Röckel, Texte erschließen, Düsseldorf (Patmos Verlag) 2006, S. 221 ff., © Oldenbourg Schulbuchverlag, München – **54–55** Max Horkheimer im Gespräch mit Gerhard Rein. In: Gerhard Rein (Hrsg.), Dienstagsgespräche mit Zeitgenossen, Stuttgart (Kreuz Verlag) 1976, S. 170 ff. – **56–57** Albert Camus, Der Mythos des Sisyphos. Ein Versuch über das Absurde. In: Albert Camus, Das Frühwerk. Übersetzt von Hans Georg Brenner und Wolfdietrich Rasch, Düsseldorf (Karl Rauch Verlag) 1967 – **57–58** Dorothee Sölle, Die Hinreise. Texte und Überlegungen zur religiösen Erfahrung, Stuttgart (Kreuz Verlag) 1975, S. 39–44 – **59–61** Fulbert Steffensky, Schwarzbrot-Spiritualität, Stuttgart

(Radius Verlag) 2006, S. 231–234 – **62** Lutz van Dijk, Auf Leben und Tod. Wie in der Welt gestorben wird, Gütersloh (Gütersloher Verlagshaus) 2010, S. 7 – Notker der Stammler, Antiphon über den Tod. In: Georg Britting (Hrsg.), Lyrik des Abendlandes., München (Carl Hanser Verlag) 1963 – **63–64** Bernhard Welte, Der Ernstfall der Hoffnung. Gedanken über den Tod, Freiburg/Br. (Verlag Herder) 1980 – **64–68** Eugen Drewermann, Das Markusevangelium. Erster Teil, Olten und Freiburg/Breisgau (Walter Verlag) 1987, S. 371–375 (einschließlich Schrifttext) – **68** Rainer Maria Rilke, Schlussstück, zit. n. Karl Otto Conrady (Hrsg.), Das große deutsche Gedichtbuch, Kronberg/Ts. (Athenäum Verlag) 1977, S. 640 – **69** Johann Tibbe, Zur Frage nach dem Sinn des Lebens, Neukirchen-Vluyn (Neukirchener Verlag des Erziehungsvereins GmbH) 1973, S. 3 ff. – **74** Erich Kästner, Doktor Erich Kästners Lyrische Hausapotheke. © Atrium Verlag Zürich 1986, S. 66 – **75** Gerhard Röckel, Texte erschließen, Düsseldorf (Patmos Verlag) 2006, S. 185–188, © Oldenbourg Schulbuchverlag, München – **76–77** Walter Dirks, Altern. In: Hans Jürgen Schultz (Hrsg.), Was der Mensch braucht, Stuttgart (Kreuz Verlag) 1977, S. 18, 19, 27 – **78–79** Eugène Ionesco, Tagebuch. Journal en miettes. Übersetzt von Lore Kornell. Frankfurt am Main (Luchterhand Literaturverlag) 1968, 1991 – Carl Zuckmayer, Nachtgebet. In: Werkausgabe in zehn Bänden. Band 3: Gedichte, Frankfurt am Main (S. Fischer Verlag) 1976 – **80–81** Susanne Kilian, Die Stadt ist groß, Weinheim (Verlag Beltz + Gelberg) 1976, S. 44–45 – **82–83** Platon, Phaidon, 115a–118. Übersetzt von Romano Guardini. In: Romano Guardini: Der Tod des Sokrates. Reinbek bei Hamburg (Rowohlt) 1956, S. 188–190 – **83** Platon, Phaidon 67b–68a. In: Platon, Sämtliche Werke. Übersetzt von Friedrich Schleiermacher, Reinbek bei Hamburg (Rowohlt) 1958 – **84–85** Eugène Ionesco, Tagebuch. Journal en miettes. Übersetzt von Lore Kornell. Frankfurt am Main (Luchterhand Literaturverlag) 1968, 1991 – **85** Joseph Ratzinger/Benedikt XVI., Eschatologie, Regensburg (Verlag Friedrich Pustet) 2007, S. 220 – Paul Althaus/Hrsg. von Kurt Galling, Die Religion in Geschichte und Gegenwart. Handwörterbuch für Theologie und Religionswissenschaft. Band 1. Tübingen (Mohr) 1986, S. 697 f. – **86** Das Neue Testament. Übersetzt von Jörg Zink, Stuttgart (Kreuz Verlag) 1965 – **88** Paul Gerhardt, O Haupt voll Blut und Wunden, EG 85 – **89–90** Winfried Peitgen, Sterben zu Hause. In: Paul Sporken (Hrsg.), Was Sterbende brauchen, Freiburg/Br. (Herder Verlag) 1982 – **90** Georg Volk, Den Sterbenden beistehen. In: Christ in der Gegenwart Nr. 45, Freiburg/Br. (Herder Verlag) 1975 – **92** Marie Luise Kaschnitz, Vielleicht. In: Gesammelte Werke in sieben Bänden. Fünfter Band: Die Gedichte, Frankfurt am Main (Insel Verlag) 1985 – Joachim Ringelnatz, Was dann?. In: Das Gesamtwerk in sieben Bänden, Zürich (Diogenes Verlag) 1994 – **93–94** Reinhard Werth, Hirnwelten. Berichte vom Rande des Bewusstseins, München (C.H. Beck'sche Verlagsbuchhandlung) 1998 – **94–95** John C. Eccles/Hans Zeier, Gehirn und Geist. Übersetzt von Alfred Heil und Hans Zeier. Frankfurt am Main (Fischer Taschenbuch Verlag) 1982, S. 193–194 © Kindler Verlag, München und Zürich 1980 – **96** Bertolt Brecht, Gesammelte Werke Bd. VIII. Gedichte 1. Werkausgabe. Frankfurt a. M. (Suhrkamp) 1967, S. 260 – Hans Küng, Ewiges Leben? München (Piper Verlag) 1982, S. 63 f. – **97** Anguttara-Nikaya III / Walter Y. Evans-Wentz (Hrsg.), In: Das Tibetanische Totenbuch oder die Nachtod-Erfahrungen auf der Bardo-Stufe. Übersetzt von Louise Göpfert-March, Zürich/Düsseldorf (Walter Verlag) 1997, S. 159 – Sogyal Rinpoche, Den Tod verstehen. Aus dem Englischen übersetzt von Tom Geist, Frankfurt am Main (S. Fischer Verlag) 1999/2006, S. 116–117 – **99–102** Simon Jacobson, Die Weisheit des Rabbi Schneerson. Einfache Wahrheiten für eine schwierige Welt. Übersetzt von Wulfing von Rohr, Gütersloh (Gütersloher Verlagshaus) 2007, S. 159–162 – **103** Eduard Spranger, Gedanken zur Daseinsgestaltung, München (Piper Verlag) 1954 – Dorothee Sölle, fliegen lernen. gedichte. Berlin (Fietkau Verlag) 1994 – **104** Josef Dirnbeck / Martin Gutl: »Und ich begann zu beten«, Graz (Styria) 1992 – **104–105** Josef Finkenzeller, Die Auferstehung Christi und unsere Hoffnung. In [Ansgar Paus]: Die Frage nach Jesus, Graz (Verlag Styria) 1973, S. 229–233 – **105–107** Gerhard Lohfink, Der Tod ist nicht das letzte Wort. Meditationen, Freiburg/Br. (Herder Verlag) 1976, S. 11–20 – **108–109** Hildegard Gollinger, Begegnung mit Jesus – so oder anders. In: Werkstatt Bibelauslegung Stuttgart (Verlag KBW) 1976, S. 111 ff. (einschließlich Schrifttexte) – **110–111** Renate Wind, Die Bibel. Oberstufe Religion Heft 11, Stuttgart (Calwer Verlag) 2002, S. 73–75 – **112** Koran, Sure 76, 11–22 zit. n. Muhammad Asad: Die Botschaft des Koran. Übersetzung und Kommentar. Übersetzt von Ahmad von Denffer und Yusuf Kuhn. © Patmos Verlag der Schwabenverlag AG, Ostfildern, 2. Auflage 2011. www.verlagsgruppe-patmos.de – **113–114** Heinrich Ott, Die Antwort des Glaubens, Stuttgart/Berlin (Kreuz Verlag) 1972, S. 463–465 – **118–122** Tim LaHaye/Jerry B. Jenkins, Finale – Die letzten Tage der Erde. Übersetzt von Eva Weyandt, Asslar (Gerth Medien) 1996, S. 22–27, 97–101 – **123–125** Jürgen Moltmann, Die Endzeit hat begonnen. In: Die ZEIT vom 19.12.2002 – **126** Thomas S. Eliot, Werke in vier Bänden. Band 4: Gedichte 1909–1962. Hrsg. von Eva Hesse. Aus dem Englischen von Christian Enzensberger, Frankfurt am Main (Suhrkamp) 1988 – **126–131** Harry M. Kuitert, Ich habe meine Zweifel. Übersetzt von Hermann Häring, Gütersloh (Gütersloher Verlagshaus), 1993, S. 178–184 – **129** Lukas 13, 25–27 (Elberfelder 1905) – **129–130** Matthäus 25, 31–46 (Lutherbibel 1912) – **132–133** Thomas Söding, Feuer und Schwert. Gottes Gericht in der Basileia-Verkündigung Jesu. In: rhs 4/2000, S. 213–244; hier: S. 220–221 – **134–135** Heinz Zahrnt, Gotteswende. Christsein zwischen Atheismus und neuer Religiosität, München (Verlag Piper) 1989, S. 221–225 – **136** Günter Jena: Brich an, o schönes Morgenlicht. Das Weihnachtsoratorium von Johann Sebastian Bach. Freiburg/Breisgau (Herder Verlag) 1999, S. 13/14, © Verlag am Eschbach 1997 – **137–142** Jürgen Moltmann, Die Sehnsucht nach dem Ende der Welt. In: Die ZEIT Nr. 1 vom 27. Dezember 2001 – **143** Dieter Bauer, Danielbuch. In: Franz Kogler (Hrsg.), Renate Egger-Wenzel und Michael Ernst (Redakt.), Herders Neues Bibellexikon. Freiburg/Br. (Verlag Herder) 2008, S. 97–98 – **144** Daniel 7,1–28 (Einheitsübersetzung © Katholische Bibelanstalt) – **145** Die Bibel, erschlossen und kommentiert von Hubertus Halbfas. Düsseldorf (Patmos Verlag) 2001, S. 384 – **145–148** Offenbarung 6,1–16; 13,1–18; 17,1–17; 20,1–15; 21,1–27(Einheitsübersetzung © Katholische Bibelanstalt) – **150** Anton Vögtle, Das Neue Testament und die Zukunft des Kosmos, Düsseldorf (Patmos Verlag) 1970, S. 232f. – **153–156** Herb Stumpf, Ausstieg mit Mitte 50. Frühpensionierung als Chance zum Neubeginn, München (Kösel-Verlag) 2003, S. 88–93 – **156–157** Leo N. Tolstoi, Die drei Fragen. In: Leo N. Tolstoi: Volkserzählungen – Jugenderinnerungen. Hrsg. und übersetzt von Josef Hahn, München (Winkler Verlag) 1961, bearbeitet und gekürzt

Abbildungsverzeichnis

2: Georg Bubolz, Erkelenz; **3:** Georg Bubolz, Erkelenz; **4:** Georg Bubolz, Erkelenz; **5:** Georg Bubolz, Erkelenz; **7:** Georg Bubolz, Erkelenz; **8:** Georg Bubolz, Erkelenz; **9:** Georg Bubolz, Erkelenz; **11:** Georg Bubolz, Erkelenz; **13:** ddp images/Matthias Rietschel; **15 beide:** Cinetext Bildarchiv; **17:** picture alliance/Photoshot; **18:** ullstein bild; **19:** Georg Bubolz, Erkelenz; **21:** Georg Bubolz, Erkelenz; **22 beide:** Georg Bubolz, Erkelenz; **23:** Georg Bubolz, Erkelenz; **24:** Hieronymus Bosch, Der Aufstieg der Seligen/Der Flug zum Himmel, nach 1490. Öl auf Holz, 86,5 x 39,5 cm. Venedig, Dogenpalast/akg-images; **27:** Hans Peter Reuter, Licht-Raum (300), 1983, Öl auf Leinwand, 300 x 500 cm, Karlsruhe, Museum für Neue Kunst/Foto mit freundlicher Genehmigung von Hans Peter Reuter/© VG Bild-Kunst, Bonn 2013; **28 oben:** Georg Bubolz, Erkelenz; **28 unten:** Katharina Fritsch, Doktor, 1997–1999. Polyester, Farbe, 193 x 58,4 x 30,5 cm. Kunstsammlung Nordrhein-Westfalen, Düsseldorf, Foto: Kunstsammlung Nordrhein-Westfalen/Nic Tenwiggenhorn/© VG Bild-Kunst, Bonn 2013; **29 links:** © Horniman Museum and Gardens, London; **29 rechts:** akg-images/Album/Oronoz; **30 beide:** Georg Bubolz, Erkelenz; **31:** Georg Bubolz, Erkelenz; **32 beide:** Georg Bubolz, Erkelenz; **35:** Georg Bubolz, Erkelenz; **36:** Georg Bubolz, Erkelenz; **37 oben und Hintergrund:** Georg Bubolz, Erkelenz; **38:** Richard Oelze, Erwartung, 1935/36. Öl auf Leinwand, 81,6 x 100,6 cm. New York, Museum of Modern Art/ARTOTHEK/Blauel/Gnamm; **39:** Georg Bubolz, Erkelenz; **40:** © www.rattelschneck.de; **41:** Georg Bubolz, Erkelenz; **43:** Georg Bubolz, Erkelenz/© Youval Yariv, Düsseldorf; **44:** Georg Bubolz, Erkelenz; **45 beide:** Georg Bubolz, Erkelenz; **46:** Zeller-Beratungen, Riehen, Schweiz; **47 beide:** Georg Bubolz, Erkelenz; **49:** Georg Bubolz, Erkelenz; **50:** Georg Bubolz, Erkelenz/© Wilm Weppelmann; **51 beide:** Georg Bubolz, Erkelenz; **54:** Georg Bubolz, Erkelenz; **55:** Georg Bubolz, Erkelenz; **57:** Urs Lüthi, Hope + Despair, 1988, Aquatinta, 52 x 40,2 cm. Inv. Nr. 2008.593. Zürich, Graphische Sammlung der ETH Zürich/Foto: Graphische Sammlung der ETH Zürich/© Urs Lüthi; **58:** Georg Bubolz, Erkelenz; **59 beide:** Georg Bubolz, Erkelenz; **60 beide:** Georg Bubolz, Erkelenz; **61 alle Fotos:** Georg Bubolz, Erkelenz; **62 oben:** Georg Bubolz, Erkelenz; **62 unten:** Andreas Praefcke; **64:** Georg Bubolz, Erkelenz; **65:** Marie-Jo Lafontaine, Die Angst, 1988, 160 x 130,5 cm/Foto und © Marie-Jo Lafontaine; **67:** akg-images; **68:** Alle Rechte Historisches Archiv der Technischen Universität München; **69:** Georg Bubolz, Erkelenz; **70 alle Fotos und Hintergrund:** Georg Bubolz, Erkelenz; **73:** Georg Bubolz, Erkelenz; **74 links:** Familienbild Georg

Bubolz, Erkelenz; **74 rechts:** Georg Bubolz, Erkelenz; **76:** Familienbild Georg Bubolz, Erkelenz; **77 oben:** edition filou & sophie/wegst; **77 unten links und unten rechts:** Familienbilder Georg Bubolz, Erkelenz; **78:** fotolia.com/© maya; **79:** Georg Bubolz, Erkelenz; **80:** Georg Bubolz, Erkelenz; **81 links:** Georg Bubolz, Erkelenz; **81 rechts:** Albrecht Dürer, Der heilige Hieronymus, 1521, Öl auf Holz, 59,5 x 48,5 cm. Lissabon, Museu Nacional de Arte Antiga/akg-images; **83:** Georg Bubolz, Erkelenz/© Wilm Weppelmann; **84 beide:** Georg Bubolz, Erkelenz; **85 beide:** Georg Bubolz, Erkelenz; **87:** Georg Bubolz, Erkelenz; **88 oben:** Mit freundlicher Genehmigung des Dompfarramt, Würzburg/Foto: Walter Grübl, Volkach; **88 unten links und unten rechts:** Georg Bubolz, Erkelenz; **91:** Georg Bubolz, Erkelenz; **92 beide:** Georg Bubolz, Erkelenz; **93:** Georg Bubolz, Erkelenz/© Fritz Otto Becker, Osnabrück; **95:** Foto und © Gerhard Glück, Kassel; **96 beide:** Georg Bubolz, Erkelenz; **97:** Georg Bubolz, Erkelenz; **98:** Georg Bubolz, Erkelenz/Bernhard Petz: © VG Bild-Kunst, Bonn 2013; **99:** Georg Bubolz, Erkelenz; **100:** Georg Bubolz, Erkelenz; **101:** Georg Bubolz, Erkelenz; **102:** Georg Bubolz, Erkelenz; **103:** Georg Bubolz, Erkelenz; **105:** © Fondation Antoni Tàpies Barcelona/VG Bild-Kunst, Bonn 2013; **107:** bpk-images/RMN – Grand Palais/Jean-Gilles Berizzi/Alfred Mannessier: © VG Bild-Kunst, Bonn 2013; **109:** Foto mit freundlicher Genehmigung von Rudolf Hurzlmeier/© VG Bild-Kunst, Bonn 2013; **110:** Georg Bubolz, Erkelenz; **111:** Georg Bubolz, Erkelenz; **112:** Georg Bubolz, Erkelenz; **113:** © ARTOTHEK/Westerman/René Magritte: © VG Bild-Kunst, Bonn 2013; **114 beide:** Georg Bubolz, Erkelenz; **117:** © NASA/ESA/ Digitized Sky Survey; **118:** Georg Bubolz, Erkelenz; **122:** Georg Bubolz, Erkelenz; **123:** Georg Bubolz, Erkelenz; **124:** Georg Bubolz, Erkelenz; **125:** Georg Bubolz, Erkelenz; **126:** Meister der Passionsfolgen, Szenen der Passion Christi, Weltgericht, um 1410–1420. Köln, Wallraf-Richartz-Museum + Fondation Corboud/Foto: © Rheinisches Bildarchiv Köln, rba_c010609; **127:** Georg Bubolz, Erkelenz; **128:** Georg Bubolz, Erkelenz; **130 beide:** Georg Bubolz, Erkelenz; **131:** Georg Bubolz, Erkelenz; **132:** Georg Bubolz, Erkelenz; **133:** Georg Bubolz, Erkelenz; **135 beide:** Georg Bubolz, Erkelenz; **136 beide:** Georg Bubolz, Erkelenz; **137:** © Agentur Focus/Thomas Hoepker/Magnum Photos; **139:** Corbis/ Hal Beral; **141:** getty images/Dan Kitwood; **142:** Georg Bubolz, Erkelenz; **149:** Giotto: Das Jüngste Gericht (Detail), 1306, Fresco, Padua, Arenakapelle/Photo: Scala, Florence; **152:** Heiner Blum, Joan Crawford Strikes a Pose (Joan Crawford wirft sich in Pose), 1990/91, Wandobjekt, Glas, Sand, Eisen, DM: 220 cm. Foto mit freundlicher Genehmigung von Heiner Blum/© VG Bild-Kunst, Bonn 2013; **153:** Georg Bubolz, Erkelenz; **154:** Georg Bubolz, Erkelenz; **155:** Nam June Paik, »Buddha«, 1989, Installation, 64 x 49 x 35 cm, ZKM Karlsruhe/Foto: Sonia Alves /© Nam June Paik Estate, New York; **157:** Georg Bubolz, Erkelenz; **158:** Georg Bubolz, Erkelenz; **159:** Georg Bubolz, Erkelenz

VG Bild-Kunst, Bonn 2013: S. 27, 28 unten, 98, 105, 107, 109, 113 und 152

Neue Akzente Religion 6.
Ein Apfelbäumchen pflanzen
Lebensentwürfe und Zukunftserwartungen

erarbeitet von Georg Bubolz und Klaus Otto

Redaktion:	Berthold Frinken
Bildredaktion:	Bettina Schaschke, Miriam Finkeldey und Roman Kos
Umschlaggestaltung:	Elisabeth Fürnstein, München, und MT-Vreden, Vreden
Layout und technische Umsetzung:	Rainer Moers, Viersen

www.oldenbourg-bsv.de

1. Auflage, 1. Druck 2013

Alle Drucke dieser Auflage sind inhaltlich unverändert und können im Unterricht nebeneinander verwendet werden.

Druck: Stürtz GmbH, Würzburg

ISBN 978-3-7627-0431-7

Inhalt gedruckt auf säurefreiem Papier aus nachhaltiger Forstwirtschaft.